Johann Gottlieb Fichte

Reden an die deutsche Nation

„Fichte zielt darauf ab, das Deutsche Nationalgefühl zu wecken. Ihm schwebt ein Deutscher Nationalstaat als Erbe des heiligen römischen Reiches vor – eine Emanzipation vom kleinen französischen Nachbarn. Na und? Vergessen Sie die Versuche von rechten Demagogen, Fichtes Gedankengut für Ihre Zwecke zu missbrauchen. Seine wirkmächtigen staatsphilosophischen Einlassungen gehören heute zum Kernbestand europäischer Kultur.“ *Redaktion Gröls-Verlag* (Edition I Werke der Weltliteratur)

Redaktionelle Hinweise und Impressum

Das vorliegende Werk wurde zugunsten der Authentizität sehr zurückhaltend bearbeitet. So wurden etwa ursprüngliche Rechtschreibfehler regelmäßig *nicht* behoben, denn kleine Unvollkommenheiten machen das Buch – wie im Übrigen den Menschen – erst authentisch. Mitunter wurden jedoch zum Beispiel Absätze behutsam neu getrennt, um den Lesefluss zu erleichtern.

Wir sind bemüht, ein ansprechendes Produkt zu gestalten, welches angemessenen Ansprüchen an das Preis/Leistungsverhältnis und vernünftigen Qualitätserwartungen gerecht wird. Um die Texte zu rekonstruieren, werden antiquarische Bücher von leistungsfähigen Lesegeräten gescannt und dann durch eine Software lesbar gemacht. Der so entstandene Text wird von Menschen gegen eine Aufwandsentschädigung gegengelesen und korrigiert – Hierbei können gelegentlich Fehler auftreten. Wenn Sie ebenfalls antiquarische Texte einreichen möchten, wenden Sie sich für weitere Informationen gerne an

www.groels.de

Informieren Sie sich dort auch gerne über die anderen Werke aus unserer

Edition | Bedeutende Werke der Weltliteratur

Sie werden es mit 93,047 %iger Wahrscheinlichkeit nicht bereuen.

Die Deutsche Nationalbibliothek verzeichnet dieses Werk in der Deutschen Nationalbibliografie.

Verleger: Marcel Hermann-Josef Gröls, Poelchaukamp 20, 22301 Hamburg.
Externer Dienstleister für Distribution und Herstellung: BoD, In de Tarpen 42, 22848 Norderstedt

Inhalt

Erste Rede.

Vorerinnerungen und Uebersicht des Ganzen.

Als eine Fortsetzung der Vorlesungen, die ich im Winter vor drei Jahren allhier an derselben Stätte gehalten, und welche unter dem Titel: »Grundzüge des gegenwärtigen Zeitalters« gedruckt sind, habe ich die Reden, die ich hiermit beginne, angekündigt. Ich hatte in jenen Vorlesungen gezeigt, daß unsere Zeit in dem dritten Hauptabschnitte der gesammten Weltzeit stehe, welcher Abschnitt den blosen sinnlichen Eigennutz zum Antriebe aller seiner lebendigen Regungen und Bewegungen habe; daß diese Zeit in der einzigen Möglichkeit des genannten Antriebes sich selbst auch vollkommen verstehe und begreife; und daß sie durch diese klare Einsicht ihres Wesens in diesem ihren lebendigen Wesen, tief begründet und unerschütterlich befestigt werde.

Mit uns gehet, mehr als mit irgend einem Zeitalter, seitdem es eine Weltgeschichte gab, die Zeit Riesenschritte. Innerhalb der drei Jahre, welche seit dieser meiner Deutung des laufenden Zeitabschnittes verflossen sind, ist irgendwo dieser Abschnitt vollkommen abgelaufen und beschlossen. Irgendwo hat die Selbstsucht durch ihre vollständige Entwickelung sich selbst vernichtet, indem sie darüber ihr Selbst, und dessen Selbständigkeit, verloren; und ihr, da sie gutwillig keinen andern Zweck, denn sich selbst, sich setzen wollte, durch äußerliche Gewalt ein solcher anderer und fremder Zweck aufgedrungen worden. Wer es einmal unternommen hat, seine Zeit zu deuten, der muß mit seiner Deutung auch ihren Fortgang begleiten, falls sie einen solchen Fortgang gewinnt; und so wird es mir denn zur Pflicht, vor demselben Publikum, vor welchem ich etwas als Gegenwart bezeichnete, dasselbe als vergangen anzuerkennen, nachdem es aufgehört hat, die Gegenwart zu sein.

Was seine Selbständigkeit verloren hat, hat zugleich verloren das Vermögen einzugreifen in den Zeitfluß, und den Inhalt desselben frei zu bestimmen; es wird ihm, wenn es in diesem Zustande verharret, seine Zeit, und es selber mit dieser seiner Zeit, abgewickelt durch die fremde Gewalt, die über sein Schicksal gebietet; es hat von nun an gar keine eigne Zeit mehr, sondern zählt seine Jahre nach den Begebenheiten und Abschnitten fremder Völkerschaften und Reiche. Es könnte sich erheben aus diesem Zustande, in welchem die ganze bisherige Welt seinem selbsttätigen Eingreifen entrücket ist, und in dieser ihm nur der Ruhm des Gehorchens übrig bleibt, lediglich unter der Bedingung, daß ihm eine neue Welt aufginge, mit deren Erschaffung es einen neuen und ihm eigenen Abschnitt in der Zeit begönne, und mit ihrer Fortbildung ihn ausfüllte; doch müßte, da es einmal unterworfen ist fremder Gewalt, diese neue Welt also beschaffen sein, daß sie unvernommen bliebe jener Gewalt, und ihre Eifersucht auf keine Weise erregte, ja, daß diese durch ihren eigenen Vortheil bewegt würde, der Gestaltung einer solchen kein Hinderniß in den Weg zu legen. Falls es nun eine also beschaffene Welt, als Erzeugungsmittel eines neuen Selbst und einer neuen Zeit, geben sollte, für ein Geschlecht, das sein bisheriges Selbst, und seine bisherige Zeit und Welt verloren hat, so käme es einer allseitigen Deutung selbst der möglichen Zeit zu, diese also beschaffene Welt anzugeben.

Nun halte ich meines Orts dafür, daß es eine solche Welt gebe, und es ist der Zweck dieser Reden, Ihnen das Dasein und den wahren Eigenthümer derselben nachzuweisen, ein lebendiges Bild derselben vor ihre Augen zu bringen, und die Mittel ihrer Erzeugung anzugeben. In dieser Weise demnach werden diese Reden eine Fortsetzung der ehemals gehaltenen Vorlesungen über die damals gegenwärtige Zeit sein, indem sie enthüllen werden das neue Zeitalter, das der Zerstörung des Reichs der Selbstsucht durch fremde Gewalt unmittelbar folgen kann und soll.

Bevor ich jedoch dieses Geschäft beginne, muß ich Sie ersuchen vorauszusetzen, also daß es Ihnen niemals entfalle, und einverstanden zu sein mit mir, wo und inwieferne dies nöthig ist, über die folgenden Punkte:

1) Ich rede für Deutsche schlechtweg, von Deutschen schlechtweg, nicht anerkennend, sondern durchaus bei Seite setzend und wegwerfend alle die trennenden Unterscheidungen, welche unselige Ereignisse seit Jahrhunderten in der einen Nation gemacht haben. Sie, E. V., sind zwar meinem leiblichen Auge die ersten und unmittelbaren Stellvertreter, welche die geliebten Nationalzüge mir vergegenwärtigen, und der sichtbare Brennpunkt, in welchem die Flamme meiner Rede sich entzündet; aber mein Geist versammelt den gebildeten Theil der ganzen deutschen Nation, aus allen den Ländern, über welche er verbreitet ist, um sich her, bedenkt und beachtet unser aller gemeinsame Lage und Verhältnisse, und wünschet, daß ein Theil der lebendigen Kraft, mit welcher diese Reden vielleicht Sie ergreifen, auch in dem stummen Abdrucke,

welcher allein unter die Augen der Abwesenden kommen wird, verbleibe, und aus ihm athme, und an allen Orten deutsche Gemüther zu Entschluß und That entzünde. Blos von Deutschen und für Deutsche schlechtweg, sagte ich. Wir werden zu seiner Zeit zeigen, daß jedwede andere Einheitsbezeichnung oder Nationalband entweder niemals Wahrheit und Bedeutung hatte, oder, falls es sie gehabt hätte, daß diese Vereinigungspunkte durch unsere dermalige Lage vernichtet, und uns entrissen sind, und niemals wiederkehren können; und daß es lediglich der gemeinsame Grundzug der Deutschheit ist, wodurch wir den Untergang unserer Nation im Zusammenfließen derselben mit dem Auslande, abwehren, und worin wir ein auf ihm selber ruhendes, und aller Abhängigkeit durchaus unfähiges Selbst, wiederum gewinnen können. Es wird, so wie wir dieses letztere einsehen werden, zugleich der scheinbare Widerspruch dieser Behauptung mit anderweitigen Pflichten, und für heilig gehaltenen Angelegenheiten, den vielleicht dermalen mancher fürchtet, vollkommen verschwinden.

Ich werde darum, da ich ja nur von Deutschen überhaupt rede, manches, das von den allhier versammelten nicht zunächst gilt, aussprechen, als dennoch von uns geltend, so wie ich anderes, das zunächst nur von uns gilt, aussprechen werde, als für alle Deutsche geltend. Ich erblicke in dem Geiste, dessen Ausfluß diese Reden sind, die durch einander verwachsene Einheit, in der kein Glied irgend eines andern Gliedes Schicksal, für ein ihm fremdes Schicksal hält, die da entstehen soll und muß, wenn wir nicht ganz zu Grunde gehen sollen, – ich erblicke diese Einheit schon als entstanden, vollendet, und gegenwärtig dastehend.

2) Ich setze voraus solche deutsche Zuhörer, welche nicht etwa mit allem was sie sind, rein aufgehen in dem Gefühle des Schmerzes über den erlittenen Verlust, und in diesem Schmerze sich wohlgefallen, und an ihrer Untröstlichkeit sich weiden, und durch dieses Gefühl sich abzufinden gedenken mit der an sie ergehenden Aufforderung zur That; sondern solche, die selbst über diesen gerechten Schmerz zu klarer Besonnenheit und Betrachtung sich schon erhoben haben, oder wenigstens fähig sind, sich dazu zu erheben. Ich kenne jenen Schmerz, ich habe ihn gefühlt wie einer, ich ehre ihn; die Dumpfheit, welche zufrieden ist, wenn sie Speise und Trank findet, und kein körperlicher Schmerz ihr zugefügt wird, und für welche Ehre, Freiheit, Selbständigkeit leere Namen sind, ist seiner unfähig: aber auch er ist lediglich dazu da, um zu

Besinnung, Entschluß und That uns anzuspornen; dieses Endzwecks verfehlend, beraubt er uns der Besinnung, und aller uns noch übrig gebliebenen Kräfte, und vollendet so unser Elend, indem er noch überdies, als Zeugniß von unserer Trägheit und Feigheit, den sichtbaren Beweis gibt, daß wir unser Elend verdienen. Keineswegs aber gedenke ich Sie zu erheben über diesen Schmerz, durch Vertröstungen auf eine Hilfe, die von außen herkommen solle, und durch Verweisungen auf allerlei mögliche Ereignisse, und Veränderungen, die etwa die Zeit herbeiführen könne; denn, falls auch nicht diese Denkart, die lieber in der wankenden Welt der Möglichkeiten schweifen, als auf das Nothwendige sich heften mag, und die ihre Rettung lieber dem blinden Ohngefähr, als sich selber, verdanken will, schon an sich von dem sträflichsten Leichtsinne, und der tiefsten Verachtung seiner selbst zeugte, so wie sie es thut, so haben auch noch überdies alle Vertröstungen und Verweisungen dieser Art durchaus keine Anwendung auf unsere Lage. Es läßt sich der strenge Beweis führen, und wir werden ihn zu seiner Zeit führen, daß kein Mensch, und kein Gott, und keines von allen im Gebiete der Möglichkeit liegenden Ereignissen uns helfen kann, sondern daß allein wir selber uns helfen müssen, falls uns geholfen werden soll. Vielmehr werde ich Sie zu erheben suchen über den Schmerz, durch klare Einsicht in unsere Lage, in unsere noch übrig gebliebene Kraft, in die Mittel unserer Rettung. Ich werde darum allerdings einen gewissen Grad der Besinnung, eine gewisse Selbstthätigkeit, und einige Aufopferung anmuthen, und rechne darum auf Zuhörer, denen sich soviel anmuthen läßt. Uebrigens sind die Gegenstände dieser Anmuthung insgesammt leicht, und setzen kein größeres Maß von Kraft voraus, als man, wie ich glaube, unserem Zeitalter zutrauen kann; was aber die Gefahr betrifft, so ist dabei durchaus keine.

3) Indem ich eine klare Einsicht der Deutschen, als solcher, in ihre gegenwärtige Lage hervorzubringen gedenke; setze ich voraus Zuhörer, die da geneigt sind, mit eigenen Augen die Dinge dieser Art zu sehen, keineswegs aber solche, die es bequemer finden, ein fremdes und ausländisches Seh-Werkzeug, das entweder absichtlich auf Täuschung berechnet ist, oder das auch natürlich, durch seinen andern Standpunkt, und durch das geringere Maß von Schärfe, niemals auf ein deutsches Auge paßt, bei Betrachtung dieser Gegenstände sich unterschieben zu lassen. Ferner setze ich voraus, daß diese Zuhörer in dieser Betrachtung mit eigenen Augen den Muth haben, redlich hin zu sehen auf das, was da ist, und redlich sich zu gestehen, was sie sehen und daß

sie jene häufig sich zeigende Neigung, über die eigenen Angelegenheiten sich zu täuschen, und ein weniger unerfreuliches Bild von denselben, als mit der Wahrheit bestehen kann, sich vorzuhalten, entweder schon besiegt haben, oder doch fähig sind, sie zu besiegen. Jene Neigung ist ein feiges Entfliehen vor seinen eigenen Gedanken, und kindischer Sinn, der da zu glauben scheint, wenn er nur nicht sehe sein Elend, oder wenigstens sich nicht gestehe, daß er es sehe, so werde dieses Elend dadurch auch in der Wirklichkeit aufgehoben, wie es aufgehoben ist in seinem Denken. Dagegen ist es mannhafte Kühnheit, das Uebel fest ins Auge zu fassen, es zu nötigen Stand zu halten, es ruhig, kalt und frei zu durchdringen, und es aufzulösen in seine Bestandteile. Auch wird man nur durch diese klare Einsicht des Uebels Meister, und geht in der Bekämpfung desselben einher mit sicherem Schritte, indem man, in jedem Theile das Ganze übersehend, immer weiß, wo man sich befinde, und durch die einmal erlangte Klarheit seiner Sache gewiß ist, dagegen der andere, ohne festen Leitfaden, und ohne sichere Gewißheit, blind und träumend herumtappt.

Warum sollten wir denn auch uns scheuen vor dieser Klarheit? Das Uebel wird durch die Unbekanntschaft damit nicht kleiner, noch durch die Erkenntniß größer; es wird nur heilbar durch die letztere; die Schuld aber soll hier gar nicht vorgerückt werden. Züchtige man durch bittere Strafrede, durch beißenden Spott, durch schneidende Verachtung die Trägheit und die Selbstsucht, und reize sie, wenn auch zu nichts besserem, doch wenigstens zum Hasse und zur Erbitterung gegen den Erinnerer selbst, als doch auch einer kräftigen Regung, an, – so lange die nothwendige Folge, das Uebel, noch nicht vollendet ist, und von der Besserung noch Rettung oder Milderung sich erwarten läßt. Nachdem aber dieses Uebel also vollendet ist, daß es uns auch die Möglichkeit auf diese Weise fortzusündigen benimmt, wird es zwecklos, und sieht aus wie Schadenfreude, gegen die nicht mehr zu begehende Sünde noch ferner zu schelten; und die Betrachtung fällt sodann aus dem Gebiete der Sittenlehre in das der Geschichte, für welche die Freiheit vorüber ist, und die das Geschehene als nothwendigen Erfolg aus dem Vorhergegangenen ansieht. Es bleibt für unsere Reden keine andere Ansicht der Gegenwart übrig, als diese letzte, und wir werden darum niemals eine andere nehmen.

Diese Denkart also, daß man sich als Deutschen schlechtweg denke, daß man nicht gefesselt sei durch den Schmerz, daß man die Wahrheit sehen wolle, und den Muth habe ihr ins Auge zu blicken, setze ich voraus, und rechne auf sie bei jedem Worte, das ich sagen werde, und so jemand eine andere in diese Versammlung mitbrächte, so würde derselbe die unangenehmen Empfindungen, die ihm hier gemacht werden könnten, lediglich sich selbst zuzuschreiben haben. Dies sei hiemit gesagt für immer, und abgethan: und ich gehe nun an das andere Geschäft, Ihnen den Grundinhalt aller folgenden Reden in einer allgemeinen Uebersicht vorzulegen.

Irgendwo, sagte ich im Eingange meiner Rede, habe die Selbstsucht durch ihre vollständige Entwickelung sich selbst vernichtet, indem sie darüber ihr Selbst, und das Vermögen, sich selbstständig ihre Zwecke zu setzen, verloren habe. Diese nunmehr erfolgte Vernichtung der Selbstsucht war der von mir angegebene Fortgang der Zeit, und das durchaus neue Ereigniß in derselben, das nach mir eine Fortsetzung meiner ehemaligen Schilderung der Zeit so möglich wie nothwendig machte; diese Vernichtung wäre somit unsere eigentliche Gegenwart, an welche unser neues Leben in einer neuen Welt, deren Dasein ich gleichfalls behauptete, unmittelbar angeknüpft werden müßte, sie wäre daher auch der eigentliche Ausgangspunkt meiner Reden; und ich hätte vor allen Dingen zu zeigen, wie und warum eine solche Vernichtung der Selbstsucht aus ihrer höchsten Entwickelung nothwendig erfolge.

Bis zu ihrem höchsten Grade entwickelt ist die Selbstsucht, wenn, nachdem sie erst mit unbedeutender Ausnahme die Gesammtheit der Regierten ergriffen, sie von diesen aus sich auch der Regierenden bemächtigt, und deren alleiniger Lebenstrieb wird. Es entsteht einer solchen Regierung zuförderst nach außen die Vernachlässigung aller Bande, durch welche ihre eigene Sicherheit an die Sicherheit anderer Staaten geknüpft ist, das Aufgeben des Ganzen, dessen Glied sie ist, lediglich darum, damit sie nicht aus ihrer trägen Ruhe aufgestört werde, und die traurige Täuschung der Selbstsucht, daß sie Frieden habe, so lange nur die eigenen Grenzen nicht angegriffen sind; sodann nach innen jene weichliche Führung der Zügel des Staats, die mit ausländischen Worten sich Humanität, Liberalität und Popularität nennt, die aber richtiger in deutscher Sprache Schlaffheit und ein Betragen ohne Würde zu nennen ist.

Wenn sie auch der Regierenden sich bemächtigt, habe ich gesagt. Ein Volk kann durchaus verdorben sein, d. i. selbstsüchtig, denn die Selbstsucht ist die Wurzel aller andern Verderbtheit, – und dennoch dabei nicht nur bestehen, sondern sogar äußerlich glänzende Thaten verrichten, wenn nur nicht seine Regierung eben also verdirbt; ja die letztere sogar kann auch nach außen treulos und pflicht- und ehrvergessen handeln, wenn sie nur nach innen den Muth hat, die Zügel des Regiments mit straffer Hand anzuhalten, und die größere Furcht für sich zu gewinnen. Wo aber alles eben genannte sich vereinigt, da geht das gemeine Wesen bei dem ersten ernstlichen Angriffe, der auf dasselbe geschieht, zu Grunde, und so, wie es selbst erst treulos sich ablöste von dem Körper, dessen Glied es war, so lösen jetzt seine Glieder, die keine Furcht vor ihm hält, und die die größere Furcht vor dem Fremden treibt, mit derselben Treulosigkeit sich ab von ihm, und gehen hin, ein jeder in das Seine. Hier ergreift die nun vereinzelt stehenden abermals die größere Furcht, und sie geben in reichlicher Spende, und mit erzwungen fröhlichem Gesichte dem Feinde, was sie kärglich und äußerst unwillig dem Verteidiger des Vaterlandes geben; bis späterhin auch die von allen Seiten verlassenen, und verrathenen Regierenden genöthigt werden, durch Unterwerfung und Folgsamkeit gegen fremde Plane ihre Fortdauer zu erkaufen; und so nun auch diejenigen, die im Kampfe für das Vaterland die Waffen wegwarfen, unter fremden Panieren lernen, dieselben gegen das Vaterland tapfer zu führen. So geschieht es, daß die Selbstsucht durch ihre höchste Entwicklung vernichtet, und denen, die gutwillig keinen andern Zweck, denn sich selbst, sich setzen wollten, durch fremde Gewalt ein solcher anderer Zweck aufgedrungen wird.

Keine Nation, die in diesen Zustand der Abhängigkeit herabgesunken, kann durch die gewöhnlichen und bisher gebrauchten Mittel sich aus demselben erheben. War ihr Widerstand fruchtlos, als sie noch im Besitze aller ihrer Kräfte war, was kann derselbe sodann fruchten, nachdem sie des größten Theils derselben beraubt ist? Was vorher hätte helfen können, nämlich wenn die Regierung derselben die Zügel kräftig und straff angehalten hätte, ist nun nicht mehr anwendbar, nachdem diese Zügel nur noch zum Scheine in ihrer Hand ruhen, und diese ihre Hand selbst durch eine fremde Hand gelenkt und geleitet wird. Auf sich selbst kann eine solche Nation nicht länger rechnen; und eben so wenig kann sie auf den Sieger rechnen. Dieser müßte eben so unbesonnen, und eben so feige und verzagt sein, als jene Nation selbst erst war, wenn er die errungenen Vorteile nicht fest hielte, und sie nicht auf alle Weise verfolgte. Oder wenn er einst im Verlauf der Zeiten doch so unbesonnen und feige würde, so würde er zwar eben also zu Grunde gehen, wie wir, aber nicht zu unserem Vortheile, sondern er würde die Beute eines neuen Siegers und wir würden die sich von selbst verstehende, wenig bedeutende Zugabe zu dieser Beute. Sollte eine so gesunkene Nation dennoch sich retten können, so müßte dies durch ein ganz neues, bisher noch niemals gebrauchtes Mittel, vermittelst der Erschaffung einer ganz neuen Ordnung der Dinge, geschehen. Lassen Sie uns also sehen, welches in der bisherigen Ordnung der Dinge der Grund war, warum es mit dieser Ordnung irgend einmal nothwendig ein Ende nehmen mußte, damit wir an dem Gegentheile dieses Grundes des Untergangs das neue Glied finden, welches in die Zeit eingefügt werden müßte, damit an ihm die gesunkene Nation sich aufrichte zu einem neuen Leben.

Man wird in Erforschung jenes Grundes finden, daß in allen bisherigen Verfassungen die Theilnahme am Ganzen geknüpft war an die Theilnahme des Einzelnen an sich selbst, vermittelst solcher Bande, die irgendwo so gänzlich zerrissen, daß es gar keine Theilnahme für das Ganze mehr gab, – durch die Bande der Furcht und Hoffnung für die Angelegenheiten des Einzelnen aus dem Schicksale des Ganzen, in einem künftigen, und in dem gegenwärtigen Leben. Aufklärung des nur sinnlich berechnenden Verstandes war die Kraft, welche die Verbindung eines künftigen Lebens mit dem gegenwärtigen durch Religion aufhob, zugleich auch andere Ergänzungs- und stellvertretende Mittel der sittlichen Denkart, als da sind Liebe zum Ruhm, und Nationalehre, als täuschende Trugbilder begriff; die Schwäche der Regierungen war es, welche die Furcht für die Angelegenheiten des Einzelnen aus seinem Betragen gegen das Ganze, selbst für das gegenwärtige Leben, durch häufige Straflosigkeit der Pflichtvergessenheit aufhob, und eben so auch die Hoffnung unwirksam machte, indem sie dieselbe gar oft, ohne alle Rücksicht auf Verdienste um das Ganze, nach ganz andern Regeln und Bewegungsgründen, befriedigte. Bande solcher Art waren es, die irgendwo gänzlich zerrissen, und durch deren Zerreißung das gemeine Wesen sich auflöste.

Immerhin mag von nun an der Sieger das, was allein auch er kann, emsiglich thun, nämlich den letzten Theil des Bindungsmittels, die Furcht und Hoffnung für das gegenwärtige Leben, wiederum anknüpfen und verstärken; damit ist nur ihm geholfen, keineswegs aber uns, denn so gewiß er seinen Vortheil versteht, knüpft er an dieses erneute Band zu allererst nur seine Angelegenheit, die unsrige aber nur in so weit, inwiefern die Erhaltung unserer, als

Mittel für seine Zwecke, ihm selbst zur Angelegenheit wird. Für eine so verfallene Nation ist von nun an Furcht und Hoffnung völlig aufgehoben, indem deren Leitung ihrer Hand entfallen ist, und sie zwar selber zu fürchten hat und zu hoffen, vor ihr aber von nun an kein Mensch sich weiter fürchtet, oder von ihr etwas hofft; und es bleibt ihr nichts übrig, als ein ganz anderes und neues, über Furcht und Hoffnung erhabenes Bindungsmittel zu finden, um die Angelegenheiten ihrer Gesammtheit an die Theilnahme eines jeden aus ihr für sich selber anzuknüpfen.

Ueber den sinnlichen Antrieb der Furcht oder Hoffnung hinaus, und zunächst an ihn angrenzend, liegt der geistige Antrieb der sittlichen Billigung oder Mißbilligung, und der höhere Affect des Wohlgefallens oder Mißfallens an unserem und anderer Zustande. So wie das an Reinlichkeit und Ordnung gewöhnte äußere Auge durch einen Flecken, der ja unmittelbar dem Leibe keinen Schmerz zufügt, oder durch den Anblick verworren durch einander liegender Gegenstände dennoch gepeinigt, und geängstet wird, wie vom unmittelbaren Schmerze, indeß der des Schmutzes und der Unordnung Gewohnte sich in demselben recht wohl befindet: eben also kann auch das innere geistige Auge des Menschen so gewöhnt und gebildet werden, daß der blose Anblick eines verworrenen und unordentlichen, eines unwürdigen und ehrlosen Daseins seiner selbst und seines verbrüderten Stammes, ohne Rücksicht auf das, was davon für sein sinnliches Wohlsein zu fürchten oder zu hoffen sei, ihm innig wehe thue, und daß dieser Schmerz dem Besitzer eines solchen Auges, abermals ganz unabhängig von sinnlicher Furcht oder Hoffnung, keine Ruhe lasse, bis er, so viel an ihm ist, den ihm mißfälligen Zustand aufgehoben, und den, der ihm allein gefallen kann, an seine Stelle gesetzt habe. Im Besitzer eines solchen Auges ist die Angelegenheit des ihn umgebenden Ganzen, durch das treibende Gefühl der Billigung oder Mißbilligung, an die Angelegenheit seines eignen erweiterten Selbst, das nur als Theil des Ganzen sich fühlt, und nur im gefälligen Ganzen sich ertragen kann, unabtrennbar angeknüpft; die Sichbildung zu einem solchen Auge wäre somit ein sicheres und das einzige Mittel, das einer Nation, die ihre Selbständigkeit, und mit ihr allen Einfluß auf die öffentliche Furcht und Hoffnung verloren hat, übrig bliebe, um aus der erduldeten Vernichtung sich wieder ins Dasein zu erheben, und dem entstandenen neuen und höheren Gefühle ihre National-Angelegenheiten, die seit ihrem Untergange kein Mensch und kein Gott weiter bedenkt, sicher anzuvertrauen. So ergibt sich denn also, daß das Rettungsmittel, dessen Anzeige ich versprochen, bestehe in der Bildung zu einem durchaus neuen, und bisher vielleicht als Ausnahme bei Einzelnen, niemals aber als allgemeines und nationales Selbst, dagewesenen Selbst, und in der Erziehung der Nation, deren bisheriges Leben erloschen, und Zugabe eines fremden Lebens geworden, zu einem ganz neuen Leben, das entweder ihr ausschließendes Besitzthum bleibt, oder, falls es auch von ihr auf an andere kommen sollte ganz und unverringert bleibt bei unendlicher Theilung; mit Einem Worte, eine gänzliche Veränderung des bisherigen Erziehungswesens ist es, was ich, als das einzige Mittel die deutsche Nation im Dasein zu erhalten, in Vorschlag bringe.

Daß man den Kindern eine gute Erziehung geben müsse, ist auch in unserem Zeitalter oft genug gesagt, und bis zum Ueberdrusse wiederholt worden, und es wäre ein geringes, wenn auch wir unseres Ortes dies gleichfalls einmal sagen wollten. Vielmehr wird uns, so wir ein anderes zu vermögen glauben, obliegen, genau und bestimmt zu untersuchen, was eigentlich der bisherigen Erziehung gefehlt habe, und anzugeben, welches durchaus neue Glied die veränderte Erziehung der bisherigen Menschenbildung hinzufügen müsse.

Mau muß, nach einer solchen Untersuchung, der bisherigen Erziehung zugestehen, daß sie nicht ermangelt, irgend ein Bild von religiöser, sittlicher, gesetzlicher Denkart, und von allerhand Ordnung und guter Sitte vor das Auge ihrer Zöglinge zu bringen, auch daß sie hier und da dieselben getreulich ermahnt habe, jenen Bildern in ihrem Leben einen Abdruck zu geben; aber mit höchst seltenen Ausnahmen, die somit nicht durch diese Erziehung begründet waren, indem sie sodann an allen durch diese Bildung hindurchgegangenen, und als die Regel, hätten eintreten müssen, sondern die durch andere Ursachen herbeigeführt worden, – mit diesen höchstseltenen Ausnahmen, sage ich, sind die Zöglinge dieser Erziehung insgesammt nicht jenen sittlichen Vorstellungen und Ermahnungen, sondern sie sind den Antrieben ihrer, ihnen natürlich, und ohne alle Beihilfe der Erziehungskunst, erwachsenden Selbstsucht, gefolgt; zum unwidersprechlichen Beweise, daß diese Erziehungskunst zwar wol das Gedächtniß mit einigen Worten und Redensarten, und die kalte und theilnehmungslose Phantasie mit einigen matten und blassen Bildern anzufüllen vermocht, daß es ihr aber niemals gelungen, ihr Gemälde einer sittlichen Weltordnung bis zu der Lebhaftigkeit zu steigern, daß ihr Zögling von der heißen Liebe und Sehnsucht dafür, und von dem glühenden Affecte, der zur Darstellung im Leben treibt, und vor welchem die Selbstsucht abfällt, wie welkes Laub, ergriffen worden; daß somit diese Erziehung weit davon entfernt gewesen sei, bis zur Wurzel der wirklichen Lebensregung und Bewegung durchzugreifen, und diese zu bilden, indem diese vielmehr, unbeachtet von der blinden und ohnmächtigen, allenthalben wild aufgewachsen sei, wie sie gekonnt habe, zu guter Frucht bei wenigen durch Gott begeisterten, zu schlechter bei der großen Mehrzahl. Auch ist es dermalen vollkommen hinlänglich, diese Erziehung durch diesen ihren Erfolg zu zeichnen, und kann man für unsern Behuf sich des mühsamen Geschäfts überheben, die innern Säfte und Adern eines Baumes zu zergliedern, dessen Frucht dermalen vollständig reif ist, und abgefallen, und vor aller Welt Augen liegt, und höchst deutlich und verständlich ausspricht die innere Natur ihres Erzeugers. Der Strenge nach wäre dieser Ansicht zu Folge, die bisherige Erziehung auf keine Weise die Kunst der Bildung zum Menschen gewesen, wie sie sich denn dessen auch eben nicht gerühmt, sondern gar oft ihre Ohnmacht, durch die Forderung, ihr ein natürliches Talent, oder Genie, als Bedingung ihres Erfolgs voraus zu geben, freimüthig gestanden; sondern es wäre eine solche Kunst erst zu erfinden, und die Erfindung derselben wäre die eigentliche Aufgabe der neuen Erziehung. Das ermangelnde Durchgreifen bis in die Wurzel der Lebens-Regung und -Bewegung hätte diese neue Erziehung der bisherigen hinzuzufügen, und wie die bisherige höchstens etwas am Menschen, so hätte diese den Menschen selbst zu bilden, und ihre Bildung keineswegs, wie bisher, zu einem Besitzthume, sondern vielmehr zu einem persönlichen Bestandteile des Zöglings zu machen.

Ferner wurde bisher diese also beschränkte Bildung nur an die sehr geringe Minderzahl der eben daher gebildet genannten Stände gebracht, die große Mehrzahl aber, auf welcher das gemeine Wesen recht eigentlich ruht, das Volk, wurde von der Erziehungskunst fast ganz vernachlässigt, und dem blinden Ohngefähr übergeben. Wir wollen durch die neue Erziehung die Deutschen zu einer Gesammtheit bilden, die in allen ihren einzelnen Gliedern getrieben und belebt sei durch dieselbe Eine Angelegenheit; so wir aber etwa hierbei abermals einen gebildeten Stand, der etwa durch den neu entwickelten Antrieb der sittlichen Billigung belebt würde, absondern wollten von einem ungebildeten, so würde dieser letzte, da Hoffnung und Furcht, durch welche allein noch auf ihn gewirkt werden könnte, nicht mehr für uns, sondern gegen uns dienen, von uns abfallen, und uns verloren gehen. Es bleibt sonach uns nichts übrig, als schlechthin an alles ohne Ausnahme, was deutsch ist, die neue Bildung zu bringen, so daß dieselbe nicht Bildung eines besondern Standes, sondern daß sie Bildung der Nation schlechthin als solcher, und ohne alle Ausnahme einzelner Glieder derselben, werde, in welcher, in der Bildung zum innigen Wohlgefallen am Rechten nämlich, aller Unterschied der Stände, der in andern Zweigen der Entwicklung auch fernerhin stattfinden mag, völlig aufgehoben sei, und verschwinde; und daß auf diese Weise unter uns keineswegs Volks-Erziehung, sondern eigenthümliche deutsche National-Erziehung entstehe.

Ich werde Ihnen darthun, daß eine solche Erziehungskunst, wie wir sie begehren, wirklich schon erfunden ist und ausgeübt wird, so daß wir nichts mehr zu thun haben, als das sich uns darbietende anzunehmen, welches, so wie ich dies oben von dem vorzuschlagenden Rettungsmittel versprach, ohne Zweifel kein größeres Maß von Kraft erfordert, als man bei unserem Zeitalter billig voraussetzen kann. Ich fügte diesem Versprechen noch ein anderes bei, daß nämlich, was die Gefahr anbelange, bei unserem Vorschlage durchaus keine sei, indem es der eigne Vortheil der über uns gebietenden Gewalt erfordere, die Ausführung jenes Vorschlags eher zu befördern, als zu hindern. Ich finde zweckmäßig, sogleich in dieser ersten Rede über diesen Punkt mich deutlich auszusprechen.

Zwar sind so in alter wie in neuer Zeit gar häufig die Künste der Verführung und der sittlichen Herabwürdigung der Unterworfenen, als ein Mittel der Herrschaft mit Erfolg gebraucht worden; man hat durch lügenhafte Erdichtungen, und durch künstliche Verwirrung der Begriffe und der Sprache, die Fürsten vor den Völkern, und diese vor jenen verleumdet, um die entzweiten sicherer zu beherrschen, man hat alle Antriebe der Eitelkeit und des Eigennutzes listig aufgereizt und entwickelt, um die Unterworfenen verächtlich zu machen, und so mit einer Art von gutem Gewissen sie zu zertreten: aber man würde einen sicher zum Verderben führenden Irrthum begehen, wenn man mit uns Deutschen diesen Weg einschlagen wollte. Das Band der Furcht und der Hoffnung abgerechnet, beruht der Zusammenhang desjenigen Theils des Auslandes, mit dem wir dermalen in Berührung kommen, auf den Antrieben der Ehre und des Nationalruhms; aber die deutsche Klarheit hat vorlängst bis zur unerschütterlichen Ueberzeugung eingesehen, daß dieses leere Trugbilder sind, und daß keine Wunde, und keine Verstümmelung des Einzelnen durch den Ruhm der ganzen Nation geheilt wird; und wir dürften wol, so nicht eine höhere Ansicht des Lebens an uns gebracht wird, gefährliche Prediger dieser sehr begreiflichen und manchen Reiz bei sich führenden Lehre werden. Ohne darum noch neues Verderben an uns zu nehmen, sind wir schon in unserer natürlichen Beschaffenheit eine unheilbringende Beute; nur durch die Ausführung des gemachten Vorschlages können wir eine heilbringende werden: und so wird denn, so gewiß das Ausland seinen Vortheil versteht, dasselbe durch diesen selbst bewegt, uns lieber auf die letzte Weise haben wollen, denn auf die erste.

Insbesondere nun wendet mit diesem Vorschlage meine Rede sich an die gebildeten Stände Deutschlands, indem sie diesen noch am ersten verständlich zu werden hofft, und trägt zu allernächst ihnen an, sich zu den Urhebern dieser neuen Schöpfung zu machen, und dadurch theils mit ihrer bisherigen Wirksamkeit die Welt auszusöhnen, theils ihre Fortdauer in der Zukunft zu verdienen. Wir werden im Fortgange dieser Reden ersehen, daß bis hierher alle Fortentwickelung der Menschheit in der deutschen Nation vom Volke ausgegangen, und daß an dieses immer zuerst die großen Nationalangelegenheiten gebracht, und von ihm besorgt und weiter befördert worden; daß es somit jetzt zum ersten Male geschieht, daß den gebildeten Ständen die ursprüngliche Fortbildung der Nation angetragen wird, und daß, wenn sie diesen Antrag wirklich ergriffen, auch dies das erste Mal geschehen würde. Wir werden ersehen, daß diese Stände nicht berechnen können, auf wie lange Zeit es noch in ihrer Gewalt stehen werde, sich an die Spitze dieser Angelegenheit zu stellen, indem dieselbe bis zum Vortrage an das Volk schon beinahe vorbereitet und reif sei, und an Gliedern aus dem Volke geübt werde, und dieses nach kurzer Zeit ohne alle unsere Beihilfe sich selbst werde helfen können, woraus für uns blos das erfolgen werde, daß die jetzigen Gebildeten und ihre Nachkommen zum Volke werden, aus dem bisherigen Volke aber ein anderer höherer gebildeter Stand emporkomme.

Nach allem ist es der allgemeine Zweck dieser Reden, Muth und Hoffnung zu bringen in die Zerschlagenen, Freude zu verkündigen in die tiefe Trauer, über die Stunde der größten Vedrängniß leicht und sanft hinüber zu leiten. Die Zeit erscheint mir wie ein Schatten, der über seinem Leichname, aus dem so eben ein Heer von Krankheiten ihn heraus getrieben, steht und jammert, und seinen Blick nicht loszureißen vermag von der ehedem so geliebten Hülle, und verzweifelnd alle Mittel versucht, um wieder hineinzukommen in die Behausung der Seuche. Zwar haben schon die belebenden Lüfte der anderen Welt, in die die abgeschiedene eingetreten, sie aufgenommen in sich, und umgeben sie mit warmem Liebeshauche, zwar begrüßen sie schon freudig heimliche Stimmen der Schwestern, und heißen sie willkommen, zwar regt es sich schon und dehnt sich in ihrem Innern nach allen Richtungen hin, um die herrlichere Gestalt, zu der sie erwachsen soll, zu entwickeln; aber noch hat sie kein Gefühl für diese Lüfte, oder Gehör für diese Stimmen, oder wenn sie es hätte, so ist sie aufgegangen in Schmerz über ihren Verlust, mit welchem sie zugleich sich selbst verloren zu haben glaubt. Was ist mit ihr zu thun? Auch die Morgenröthe der neuen Welt ist schon angebrochen, und vergoldet schon die Spitzen der Berge, und bildet vor den Tag, der da kommen soll. Ich will, so ich es kann, die Strahlen dieser Morgenröthe fassen, und sie verdichten zu einem Spiegel, in welchem die trostlose Zeit sich erblicke, damit sie glaube, daß sie noch da ist, und in ihm ihr wahrer Kern sich ihr darstelle, und die Entfaltungen und Gestaltungen desselben in einem weissagenden Gesichte vor ihr vorüber gehen. In diese Anschauung hinein wird ihr denn ohne Zweifel auch das Bild ihres bisherigen Lebens versinken, und verschwinden, und der Todte wird ohne übermäßiges Weheklagen zu seiner Ruhestätte gebracht werden können.

Zweite Rede.

Vom Wesen der neuen Erziehung im Allgemeinen.

Das von mir vorgeschlagene Erhaltungsmittel einer deutschen Nation überhaupt, zu dessen klarer Einsicht diese Reden zunächst Sie, und nebst Ihnen die ganze Nation führen möchten, geht als ein solches Mittel hervor aus der Beschaffenheit der Zeit, so wie der deutschen Nationaleigenthümlichkeiten, so wie dieses Mittel wiederum eingreifen soll in Zeit und Bildung der Nationaleigenthümlichkeiten. Es ist somit dieses Mittel nicht eher vollkommen klar und verständlich gemacht, als bis es mit diesen, und diese mit ihm zusammen gehalten, und beide in vollkommener gegenseitiger Durchdringung dargestellt sind, welche Geschäfte einige Zeit erfordern, und so die vollkommene Klarheit nur am Ende unserer Reden zu erwarten ist. Da wir jedoch bei irgend einem einzelnen Theile anfangen müssen, so wird es am zweckmäßigsten sein, zuvörderst jenes Mittel selbst, abgesondert von seinen Umgebungen in Zeit und Raum, für sich in seinem innern Wesen zu betrachten, und so soll denn diesem Geschäfte unsere heutige und nächstfolgende Rede gewidmet sein.

Das angegebene Mittel war eine durchaus neue, und vorher noch nie also bei irgend einer Nation dagewesene Nationalerziehung der Deutschen. Diese neue Erziehung wurde schon in der vorigen Rede zur Unterscheidung von der bisher üblichen also bezeichnet: die bisherige Erziehung habe zu guter Ordnung und Sittlichkeit höchstens nur ermahnt, aber diese Ermahnungen seien unfruchtbar gewesen für das wirkliche Leben, welches nach ganz andern, dieser Erziehung durchaus unzugänglichen Gründen sich gebildet habe. Im Gegensatze mit dieser müsse die neue Erziehung die wirkliche Lebens-Regung und -Bewegung ihrer Zöglinge, nach Regeln sicher und unfehlbar bilden, und bestimmen können.

So nun etwa hierauf Jemand also gesagt hätte, wie denn auch wirklich Diejenigen, welche die bisherige Erziehung leiten, fast ohne Ausnahme also sagen: Wie könnte man denn auch irgend einer Erziehung mehr anmuthen, als daß sie dem Zöglinge das Recht zeige, und ihn getreulich zu denselben anmahne; ob er diesen Ermahnungen folgen wolle, das sei seine eigene Sache, und wenn er es nicht thue, seine eigene Schuld; er habe freien Willen, den keine Erziehung ihm nehmen könne: so würde ich hierauf, um die von mir gedachte neue Erziehung noch schärfer zu bezeichnen, antworten: daß gerade in diesem Anerkennen, und in diesem Rechnen auf einen freien Willen des Zöglings der erste Irrthum der bisherigen Erziehung, und das deutliche Bekenntniß ihrer Ohnmacht und Nichtigkeit liege. Denn indem sie bekennt, daß nach aller ihrer kräftigsten Wirksamkeit der Wille dennoch frei, d. i. unentschieden schwankend zwischen Gutem und Bösem bleibe, bekennt sie, daß sie den Willen, und da dieser die eigentliche Grundwurzel des Menschen selbst ist, den Menschen selbst zu bilden durchaus weder vermöge, noch wolle oder begehre, und daß dies überhaupt für unmöglich halte. Dagegen würde die neue Erziehung gerade darin bestehen müssen, daß sie auf dem Boden, dessen Bearbeitung sie übernehme, die Freiheit des Willens gänzlich vernichtete, und dagegen strenge Nothwendigkeit der Entschließungen, um die Unmöglichkeit des entgegengesetzten in dem Willen hervorbrächte, auf welchem Willen man nunmehr sicher rechnen und auf ihn sich verlassen könnte.

Alle Bildung strebt an, die Hervorbringung eines festen bestimmten und beharrlichen Seins, das nun nicht mehr wird, sondern ist, und nicht anders sein kann, denn so wie es ist. Strebte sie nicht an ein solches Sein, so wäre sie nicht Bildung, sondern irgend ein zweckloses Spiel; hätte sie ein solches Sein nicht hervorgebracht, so wäre sie eben noch nicht vollendet. Wer sich noch ermahnen muß, und ermahnt werden, das Gute zu wollen, der hat noch kein bestimmtes und stets bereitstehendes Wollen, sondern er will sich dieses erst jedesmal im Falle des Gebrauches machen; wer ein solches festes Wollen hat, der will, was er will, für alle Ewigkeit, und er kann in keinem möglichen Falle anders wollen, denn also, wie er eben immer will; für ihn ist die Freiheit des Willens vernichtet und aufgefangen in der Nothwendigkeit. Dadurch eben hat die bisherige Zeit gezeigt, daß sie von Bildung zum Menschen weder einen rechten Begriff, noch die Kraft hatte, diesen Begriff darzustellen, daß sie durch ermahnende Predigten die Menschen bessern wollte, und verdrießlich ward und schalt, wenn diese Predigten nichts fruchteten. Wie konnten sie doch fruchten? Der Wille des Menschen hat schon vor der Ermahnung vorher, und unabhängig von ihr, seine feste Richtung; stimmt diese zusammen mit deiner Ermahnung, so kommt die Ermahnung zu spät, und der Mensch hätte auch ohne dieselbe gethan, wozu du ihn ermahnest, steht sie mit derselben im Widerspruche, so magst du ihn höchstens einige Augenblicke betäuben; wie die Gelegenheit kommt, vergißt er sich selbst und deine Ermahnung, und folgt seinem natürlichen Hange. Willst du etwas über ihn vermögen, so mußt du mehr thun, als ihn blos anreden, du mußt ihn machen, ihn also machen, daß er gar nicht anders wollen könne, als du willst, daß er wolle. Es ist vergebens zu sagen, fliege – dem der keine Flügel hat, und er wird durch alle deine Ermahnungen nie zwei Schritte über den Boden empor kommen; aber entwickle, wenn du kannst, seine geistigen Schwungfedern, und lasse ihn dieselben üben und kräftig machen, und er wird ohne alle dein Ermahnen gar nicht anders mehr wollen oder können, denn fliegen.

Diesen festen und nicht weiter schwankenden Willen muß die neue Erziehung hervorbringen nach einer sichern, und ohne Ausnahme wirksamen Regel; sie muß selber mit Nothwendigkeit erzeugen die Nothwendigkeit, die sie beabsichtiget. Was bisher gut geworden ist, ist gut geworden durch seine natürliche Anlage, durch welche die Einwirkung der schlechten Umgebung überwogen wurde; keineswegs aber durch die Erziehung, denn sonst hätte alles durch dieselbe hindurch gegangene gut werden müssen: was da verdarb, verdarb eben so wenig durch die Erziehung, denn sonst hätte alles durch sie hindurchgehende verderben müssen, sondern durch sich selber und seine natürliche Anlage; die Erziehung war in dieser Rücksicht nur nichtig, keineswegs verderblich, das eigentliche bildende Mittel war die geistige Natur. Aus den Händen dieser dunklen, und nicht zu berechnenden Kraft nun soll hinfür die Bildung zum Menschen unter die Botmäßigkeit einer besonnenen Kunst gebracht werden, die an allem ohne Ausnahme, was ihr anvertraut wird, ihren Zweck sicher erreiche, oder, wo sie ihn etwa nicht erreichte, wenigstens weiß, daß sie ihn nicht erreicht hat, und daß somit die Erziehung noch nicht geschlossen ist. Eine sichere und besonnene Kunst, einen festen und unfehlbaren guten Willen im Menschen zu bilden, soll also die von mir vorgeschlagene Erziehung sein, und dieses ist ihr erstes Merkmal.

Weiter – der Mensch kann nur dasjenige wollen, was er liebt; seine Liebe ist der einzige, zugleich auch der unfehlbare Antrieb seines Wollens und aller seiner Lebens-Regung und Bewegung. Die bisherige Staatskunst, als die Erziehung des gesellschaftlichen Menschen, setzte als sichere und ohne Ausnahme geltende Regel voraus, daß Jedermann sein eigenes sinnliches Wohlsein liebe und wolle, und sie knüpfte an diese natürliche Liebe durch Furcht und Hoffnung künstlich den guten Willen, den sie wollte, das Interesse für das gemeine Wesen. Abgerechnet, daß bei dieser Erziehungsweise der äußerlich zum unschädlichen oder brauchbaren Bürger gewordene dennoch innerlich ein schlechter Mensch bleibt, denn darin eben besteht die Schlechtigkeit, daß man nur sein sinnliches Wohlsein liebe, und nur durch Furcht oder Hoffnung für dieses, sei es nun im gegenwärtigen, oder in einem künftigen Leben bewegt werden könne; – dieses abgerechnet, haben wir schon oben ersehen, daß diese Maßregel für uns nicht mehr anwendbar ist, indem Furcht und Hoffnung nicht mehr für uns, sondern gegen uns dienen, und die sinnliche Selbstliebe auf keine Weise in unsern Vortheil gezogen werden kann. Wir sind daher sogar durch die Noth gedrungen, innerlich und im Grunde gute Menschen bilden zu wollen, indem nur in solchen die deutsche Nation noch fortdauern kann, durch schlechte aber nothwendig mit dem Auslande zusammenfließt. Wir müssen darum an die Stelle jener Selbstliebe, an welche nichts

Gutes für uns sich länger knüpfen läßt, eine andere Liebe, die unmittelbar auf das Gute, schlechtweg als solches, und um sein selbst willen gehe, in den Gemüthern aller, die wir zu unserer Nation rechnen, setzen und begründen.

Die Liebe für das Gute schlechtweg als solches, und nicht etwa um seiner Nützlichkeit willen für uns selber, trägt, wie wir schon ersehen haben, die Gestalt des Wohlgefallens an demselben: eines so innigen Wohlgefallens, daß man dadurch getrieben werde, es in seinem Leben darzustellen. Dieses innige Wohlgefallen also wäre es, was die neue Erziehung als festes und unwandelbares Sein ihres Zöglings hervorbringen müßte; worauf denn dieses Wohlgefallen durch sich selbst den unwandelbar guten Willen desselben Zöglings als nothwendig begründen würde.

Ein Wohlgefallen, das da treibt einen gewissen Zustand der Dinge, der in der Wirklichkeit nicht vorhanden ist, hervorzubringen in derselben, setzt voraus ein Bild dieses Zustandes, das vor dem wirklichen Sein desselben vorher dem Geiste vorschwebt, und jenes zur Ausführung treibende Wohlgefallen auf sich ziehet. Somit setzt dieses Wohlgefallen in der Person, die von ihm ergriffen werden soll, voraus das Vermögen, selbsttätig dergleichen Bilder, die unabhängig seien von der Wirklichkeit, und keineswegs Nachbilder derselben, sondern vielmehr Vorbilder, zu entwerfen. Ich habe jetzt zu allernächst von diesem Vermögen zu sprechen, und ich bitte, während dieser Betrachtung ja nicht zu vergessen, daß ein durch dieses Vermögen hervorgebrachtes Bild eben als bloses Bild, und als dasjenige, worin wir unsre bildende Kraft fühlen, gefallen könne, ohne doch darum genommen zu werden als Vorbild einer Wirklichkeit, und ohne in dem Grade zu gefallen, daß es zur Ausführung treibe; daß dies letztere ein ganz anderes, und unser eigentlicher Zweck ist, von dem wir später zu reden nicht unterlassen werden, jenes nächste aber lediglich die vorläufige Bedingung enthält zur Erreichung des wahren letzten Zwecks der Erziehung.

Jenes Vermögen, Bilder, die keineswegs blose Nachbilder der Wirklichkeit seien, sondern die da fähig sind, Vorbilder derselben zu werden, selbstthätig zu entwerfen, wäre das Erste, wovon die Bildung des Geschlechts durch die neue Erziehung ausgehen müßte. Selbsttätig zu entwerfen, habe ich gesagt, und also, daß der Zögling durch eigene Kraft sie sich erzeuge, keineswegs etwa, daß er nur fähig werde, das durch die Erziehung ihm hingegebene Bild, leidend aufzufassen, es hinlänglich zu verstehen, und es, also wie es ihm gegeben ist, zu wiederholen, als ob es nur um das Vorhandensein eines solchen Bildes zu thun wäre. Der Grund dieser Forderung der eigenen Selbstthätigkeit in diesem Bilden ist folgender: nur unter dieser Bedingung kann das entworfene Bild das thätige Wohlgefallen des Zöglings an sich ziehen. Es ist nämlich ganz etwas anderes, sich etwas nur gefallen zu lassen, und nichts dagegen zu haben, dergleichen leidendes Gefallenlassen allein höchstens aus einem leidenden Hingeben entstehen kann; wiederum aber etwas anderes, von dem Wohlgefallen an etwas also ergriffen werden, daß dasselbe schöpferisch werde, und alle unsere Kraft zum Bilden anrege. Von dem ersten, das in allewege in der bisherigen Erziehung wol auch vorkam, sprechen wir nicht, sondern von dem letzten. Dieses letzte Wohlgefallen aber wird allein dadurch angezündet, daß die Selbsttätigkeit des Zöglings zugleich angereizt, und an dem gegebenen Gegenstande ihm offenbar werde, und so dieser Gegenstand nicht blos für sich, sondern zugleich auch als ein Gegenstand der geistigen Kraftäußerung gefalle, welche letztere unmittelbar, nothwendig und ohne alle Ausnahme wohlgefällt.

Diese im Zöglinge zu entwickelnde Thätigkeit des geistigen Bildens ist ohne Zweifel eine Thätigkeit nach Regeln, welche Regeln dem Thätigen kund werden, bis zur Einsicht ihrer einzigen Möglichkeit in unmittelbarer Erfahrung an sich selber; also, diese Thätigkeit bringt hervor Erkenntniß, und zwar allgemeiner und ohne Ausnahme geltender Gesetze. Auch in dem von diesem Punkte aus sich anhebenden freien Fortbilden ist unmöglich, was gegen das Gesetz unternommen wird, und es erfolgt keine That, bis das Gesetz befolgt ist; wenn daher auch diese freie Fortbildung anfangs von blinden Versuchen ausginge, so müßte sie doch enden mit erweiterter Erkenntniß des Gesetzes. Diese Bildung ist daher in ihrem letzten Erfolge Bildung des Erkenntnißvermögens des Zöglings, und zwar keineswegs die historische an den stehenden Beschaffenheiten der Dinge, sondern die höhere und philosophische, an den Gesetzen, nach denen eine solche stehende Beschaffenheit der Dinge nothwendig wird. Der Zögling lernt.

Ich setze hinzu: der Zögling lernt gern und mit Lust, und er mag, so lange die Spannung der Kraft vorhält, gar nichts lieber thun, denn lernen, denn er ist selbstthätig, indem er lernt, und dazu hat er unmittelbar die allerhöchste Lust. Wir haben hieran ein äußeres, theils unmittelbar ins Auge fallendes, theils untrügliches Kennzeichen der wahren Erziehung gefunden, dies, daß ohne alle Rücksicht auf die Verschiedenheit der natürlichen Anlagen und ohne alle Ausnahme jedweder Zögling, an den diese Erziehung gebracht wird, rein um des Lernens selbst willen, und aus keinem andern Grunde, mit Lust und Liebe lerne. Wir haben das Mittel gefunden, diese reine Liebe zum Lernen anzuzünden, dies, die unmittelbare Selbstthätigkeit des Zöglings anzuregen, und diese zur Grundlage aller Erkenntniß zu machen, also, daß an ihr gelernt werde, was gelernt wird.

Diese eigene Thätigkeit des Zöglings in irgend einem uns bekannten Punkte nur erst anzuregen, ist das erste Hauptstück der Kunst. Ist dieses gelungen, so kommt es nur noch darauf an, die angeregte von diesem Punkte aus immer im frischen Leben zu erhalten, welches allein durch regelmäßiges Fortschreiten möglich ist, und wo jeder Fehlgriff der Erziehung auf der Stelle durch Mißlingen des beabsichtigten sich entdeckt. Wir haben also auch das Band gefunden, wodurch der beabsichtigte Erfolg unabtrennlich angeknüpft wird an die angegebene Wirkungsweise, das ewige und ohne alle Ausnahme waltende Grundgesetz der geistigen Natur des Menschen, daß er geistige Tätigkeit unmittelbar anstrebe.

Sollte Jemand, durch die gewöhnliche Erfahrung unserer Tage irre geleitet, sogar gegen das Vorhandensein eines solchen Grundgesetzes Zweifel hegen, so merken wir für einen solchen zum Ueberflusse an, daß der Mensch von Natur allerdings blos sinnlich und selbstsüchtig ist, so lange die unmittelbare Noth, und das gegenwärtige sinnliche Bedürfniß ihn treibt, und daß er durch kein geistiges Bedürfniß, oder irgend eine schonende Rücksicht sich abhalten läßt, dieses zu befriedigen; daß er aber, nachdem nur diesem abgeholfen ist, wenig Neigung hat, das schmerzhafte Bild desselben in seiner Phantasie zu bearbeiten, und es sich gegenwärtig zu erhalten, sondern daß er es weit mehr liebt, den losgebundenen Gedanken auf die freie Betrachtung dessen, was die Aufmerksamkeit seiner Sinne reizt, zu richten, ja daß er auch einen dichterischen Ausflug in ideale Welten gar nicht verschmäht, indem ihm von Natur ein leichter Sinn beiwohnt für das Zeitliche, damit sein Sinn für das Ewige einigen Spielraum zur Entwickelung erhalte. Das letzte wird bewiesen durch die Geschichte aller alten Völker, und die mancherlei Beobachtungen und Entdeckungen, die von ihnen auf uns gekommen sind; es wird bewiesen bis auf unsere Tage durch die Beobachtung der noch übrigen wilden Völker, falls nämlich sie von ihrem Klima nur nicht gar zu stiefmütterlich behandelt werden, und durch die unserer eigenen Kinder; es wird sogar bewiesen durch das freimüthige Geständniß unserer Eiferer gegen Ideale, welche sich beklagen, daß es ein weit verdrießlicheres Geschäft sei, Namen und Jahreszahlen zu lernen, denn aufzufliegen in das, wie es ihnen vorkommt, leere Feld der Ideen, welche sonach selber, wie es scheint, lieber das zweite thäten, wenn sie sich's erlauben dürften, denn das erste. Daß an die Stelle dieses naturgemäßen Leichtsinns der schwere Sinn trete, wo auch dem Gesättigten der künftige Hunger, und die ganzen langen Reihen alles möglichen künftigen Hungers, als das einzige seine Seele füllende, vorschweben, und ihn immerfort stacheln und treiben, wird in unsrem Zeitalter durch Kunst bewirkt, beim Knaben durch Züchtigung seines natürlichen Leichtsinns, beim Manne durch das Bestreben für einen klugen Mann zu gelten, welcher Ruhm nur demjenigen zu Theil wird, der jenen Gesichtspunkt keinen Augenblick aus den Augen läßt; es ist daher dies keineswegs Natur, auf die wir zu rechnen hätten, sondern ein der widerstrebenden Natur mit Mühe aufgedrungenes Verderben, das da wegfällt, so wie nur jene Mühe nicht mehr angewendet wird.

Diese unmittelbar die geistige Selbstthätigkeit des Zöglings anregende Erziehung, erzeugt Erkenntniß, sagten wir oben; und dies gibt uns Gelegenheit, die neue Erziehung im Gegensatze mit der bisherigen, noch tiefer zu bezeichnen. Eigentlich nämlich, und unmittelbar geht die neue Erziehung nur auf Anregung regelmäßig fortschreitender Geistesthätigkeit. Die Erkenntniß ergibt sich, wie wir schon oben gesehen haben, nur neben bei, und als nicht außenbleibende Folge. Ob es daher nun zwar wol diese Erkenntniß ist, in welcher allein das Bild für das wirkliche Leben, das die künftige ernstliche Thätigkeit unsers zum Manne gewordenen Zöglings anregen soll, erfaßt werden kann; die Erkenntniß daher allerdings ein wesentlicher Bestandtheil der zu erlangenden Bildung ist, so kann man dennoch nicht sagen, daß die neue Erziehung diese Erkenntniß unmittelbar beabsichtige, sondern die Erkenntniß fällt derselben nur zu. Im Gegenteile beabsichtigte die bisherige Erziehung geradezu Erkenntniß, und ein gewisses Maß eines Erkenntnißstoffes. Ferner ist ein großer Unterschied zwischen der Art der Erkenntniß, welche der neuen Erziehung nebenbei entsteht, und derjenigen, welche die bisherige Erziehung beabsichtigte. Jener entsteht die Erkenntniß der die Möglichkeit aller geistigen Thätigkeit bedingenden Gesetze dieser Thätigkeit. Z. B. wenn der Zögling in freier Phantasie durch gerade Linien einen Raum zu begrenzen versucht, so ist dies die zuerst angeregte geistige Thätigkeit desselben. Wenn er in diesen Versuchen findet, daß er mit weniger denn drei geraden Linien keinen Raum begrenzen könne, so ist dieses letztere die nebenbei entstehende Erkenntniß einer zweiten ganz andern Thätigkeit des, das zuerst angeregte freie Vermögen beschränkenden Erkenntnißvermögens. Dieser Erziehung entsteht sonach gleich bei ihrem Beginnen eine wahrhaft über alle Erfahrung erhabene, übersinnliche, streng nothwendige und allgemeine Erkenntniß, die alle nachher mögliche Erfahrung schon im Voraus unter sich befaßt. Dagegen ging der bisherige Unterricht in der Regel nur auf die stehenden Beschaffenheiten der Dinge, wie sie eben, ohne daß man dafür einen Grund angeben könne, seien, und geglaubt, und gemerkt werden müßten; also auf ein blos leidendes Auffassen durch das lediglich im Dienste der Dinge stehende Vermögen des Gedächtnisses, wodurch es überhaupt gar nicht zur Ahnung des Geistes, als eines selbstständigen und uranfänglichen Prinzips der Dinge selber kommen konnte. Es vermeine die neuere Pädagogik ja nicht durch die Berufung auf ihren oft bezeugten Abscheu gegen mechanisches Auswendiglernen, und auf ihre bekannten Meisterstücke in sokratischer Manier, gegen diesen Vorwurf sich zu decken; denn hierauf hat sie schon längst wo anders den gründlichen Bescheid erhalten, daß diese sokratischen Raisonnements gleichfalls nur mechanisch auswendig gelernt werden, und daß dies ein um so gefährlicheres Auswendiglernen ist, da es dem Zöglinge, der nicht denkt, dennoch den Schein gibt, daß er denken könne; daß dies bei dem Stoffe, den sie zur Entwickelung des Selbstdenkens anwenden wollte, nicht anders erfolgen konnte, und daß man für diesen Zweck mit einem ganz andern Stoffe anheben müsse. Aus dieser Beschaffenheit des bisherigen Unterrichts erhellet, theils warum in der Regel der Zögling bisher ungern, und darum langsam und spärlich lernte, und in Ermangelung des Reizes aus dem Lernen selber, fremdartige Antriebe untergelegt werden mußten, theils geht daraus hervor der Grund von bisherigen Ausnahmen von der Regel. Das Gedächtniß, wenn es allein, und ohne irgend einem andern geistigen Zwecke dienen zu sollen, in Anspruch genommen wird, ist vielmehr ein Leiden des Gemüths, als eine Tätigkeit desselben, und es läßt sich einsehen, daß der Zögling dieses Leiden höchst ungern übernehmen werde. Auch ist die Bekanntschaft mit ganz fremden, und nicht das mindeste Interesse für ihn habenden Dingen, und mit ihren Eigenschaften, ein schlechter Ersatz für jenes ihm zugefügte Leiden; deswegen mußte seine

Abneigung durch die Vertröstung auf die künftige Nützlichkeit dieser Erkenntnisse, und daß man nur vermittelst ihrer Brod und Ehre finden könne, und sogar durch unmittelbar gegenwärtige Strafe und Belohnung überwunden werden; – daß somit die Erkenntniß gleich von vornherein als Dienerin des sinnlichen Wohlseins aufgestellt wurde, und diese Erziehung, welche in Absicht ihres Inhalts oben als blos unkräftig für Entwickelung einer sittlichen Denkart aufgestellt wurde, um nur an den Zögling zu gelangen, das moralische Verderben desselben sogar pflanzen und entwickeln, und ihr Interesse an das Interesse dieses Verderbens anknüpfen mußte. Man wird ferner finden, daß das natürliche Talent, welches als Ausnahme von der Regel, in der Schule dieser bisherigen Erziehung gern lernte, und deswegen gut, und durch diese in ihm waltende höhere Liebe das moralische Verderben der Umgebung überwand, und seinen Sinn rein erhielt, durch seinen natürlichen Hang, jenen Gegenständen ein praktisches Interesse abgewann, und daß es, von seinem glücklichen Instinkte geleitet, vielmehr darauf ausging, dergleichen Erkenntnisse selbst hervorzubringen, denn darauf, sie blos aufzufassen; sodann, daß in Absicht der Lehrgegenstände, mit denen, als Ausnahme von der Regel, es dieser Erziehung noch am allgemeinsten und glücklichsten gelang, dieses insgesammt solche sind, die sie thätig ausüben ließ, so wie z. B. diejenige gelehrte Sprache, in der bis aufs Schreiben und Reden derselben ausgegangen wurde, beinah allgemein ziemlich gut, dagegen diejenige andere, in der die Schreibe- und Rede-Uebungen vernachlässigt wurden, in der Regel sehr schlecht und oberflächlich gelernt, und in reiferen Jahren vergessen worden. Daß daher auch aus der bisherigen Erfahrung hervorgeht, daß es allein die Entwickelung der geistigen Thätigkeit durch den Unterricht sei, die da Lust an der Erkenntniß, rein als solcher, hervorbringe, und so auch das Gemüth der sittlichen Bildung offen erhalte, dagegen das blos leidende Empfangen eben so die Erkenntniß lähme und tödte, wie es ihr Bedürfniß sei, den sittlichen Sinn in Grund und Boden hinein zu verderben.

Um wieder zurückzukehren zum Zöglinge der neuen Erziehung: es ist klar, daß derselbe, von seiner Liebe getrieben, viel, und da er alles in seinem Zusammenhange faßt, und das Gefaßte unmittelbar durch ein Thun übt, dieses Viele richtig und unvergeßlich lernen werde. Doch ist dieses nur Nebensache. Bedeutender ist, daß durch diese Liebe sein Selbst erhöhet, und in eine ganz neue Ordnung der Dinge, in welche bisher nur wenige von Gott begünstigte von ungefähr kamen, besonnen, und nach einer Regel eingeführt wird. Ihn treibt eine Liebe, die durchaus nicht auf irgend einen sinnlichen Genuß ausgeht, indem dieser, als Antrieb, für ihn gänzlich schweigt, sondern auf die geistige Thätigkeit, um der Thätigkeit willen, und auf das Gesetz derselben, um des Gesetzes willen. Ob nun zwar nicht diese geistige Thätigkeit überhaupt es ist, auf welche die Sittlichkeit geht, sondern dazu noch eine besondere Richtung jener Tätigkeit kommen muß, so ist dennoch jene Liebe die allgemeine Beschaffenheit und Form des sittlichen Willens, und so ist denn diese Weise der geistigen Bildung die unmittelbare Vorbereitung zu der sittlichen; die Wurzel der Unsittlichkeit aber rottet sie, indem sie den sinnlichen Genuß durchaus niemals Antrieb werden läßt, gänzlich aus. Bisher war dieser Antrieb der erste, der da angeregt und ausgebildet wurde, weil man außerdem den Zögling gar nicht bearbeiten, und einigen Einfluß auf denselben gewinnen zu können glaubte; sollte hinterher der sittliche Antrieb entwickelt werden, so kam derselbe zu spät und fand das Herz schon eingenommen und angefüllt von einer andern Liebe. Durch die neue Erziehung soll umgekehrt die Bildung zum reinen Wollen das erste werden, damit, wenn späterhin doch die Selbstsucht innerlich erwachen, oder von außen angeregt werden sollte, diese zu spät komme, und in dem schon von etwas anderem eingenommenen Gemüthe keinen Platz für sich finde.

Wesentlich ist schon für diesen ersten, so wie für den demnächst anzuhebenden zweiten Zweck, daß der Zögling von Anbeginn an ununterbrochen, und ganz unter dem Einflusse dieser Erziehung stehe, und daß er von dem Gemeinen gänzlich abgesondert, und vor aller Berührung damit verwahrt werde. Daß man um seiner Erhaltung und seines Wohlseins willen im Leben sich regen und bewegen könne, muß er gar nicht hören, und eben so wenig, daß man um deßwillen lerne, oder daß das Lernen dazu etwas helfen könne. Es folgt daraus, daß die geistige Entwickelung in der oben angegebenen Weise, die einzige sein müsse, die an ihn gebracht werde, und daß er mit derselben ohne Unterlaß beschäftigt werden müsse, daß aber keinesweges diese Weise des Unterrichts mit demjenigen, der des entgegengesetzten sinnlichen Antriebs bedarf, abwechseln dürfe.

Ob nun aber wol diese geistige Entwickelung die Selbstsucht nicht zum Leben kommen läßt, und die Form eines sittlichen Willens gibt, so ist dies doch darum noch nicht der sittliche Wille selbst; und falls die von uns vorgeschlagene neue Erziehung nicht weiter ginge, so würde sie höchstens treffliche Bearbeiter der Wissenschaften erziehen, deren es auch bisher gegeben hat, und deren es nur wenige bedarf, und die für unsern eigentlichen menschlichen und nationalen Zweck, nicht mehr vermögen würden, als dergleichen Männer auch bisher vermocht haben; ermahnen und wieder ermahnen, und sich anstaunen und nach Gelegenheit schmähen zu lassen. Aber es ist klar, und ist auch schon oben gesagt, daß diese freie Thätigkeit des Geistes in der Absicht entwickelt worden, damit der Zögling mit derselben frei das Bild einer sittlichen Ordnung des wirklich vorhandenen Lebens entwerfe, dieses Bild mit der in ihm gleichfalls schon entwickelten Liebe fasse, und durch diese Liebe getrieben werde, dasselbe in und durch sein Leben wirklich darzustellen. Es fragt sich, wie die neue Erziehung sich den Beweis führen könne, daß sie diesen ihren eigentlichen und letzten Zweck an ihrem Zöglinge erreicht habe?

Zuvörderst ist klar, daß die schon früher an andern Gegenständen geübte geistige Thätigkeit des Zöglings angeregt werden müsse, ein Bild von der gesellschaftlichen Ordnung der Menschen, so wie dieselbe nach dem Vernunftgesetze schlecht hin sein soll, zu entwerfen. Ob dieses vom Zöglinge entworfene Bild richtig sei, ist von einer Erziehung, die nur selbst im Besitze dieses richtigen Bildes sich befindet, am leichtesten zu beurtheilen; ob dasselbe durch die eigne Selbstthätigkeit des Zöglings entworfen, keineswegs aber nur leidend aufgefaßt, und der Schule gläubig nachgesagt werde, ferner ob es zur gehörigen Klarheit und Lebhaftigkeit gesteigert sei, wird die Erziehung auf dieselbe Weise beurtheilen können, wie sie früher in derselben Rücksicht bei andern Gegenständen ein treffendes Urtheil gefällt hat. Alles dies ist noch Sache der blosen Erkenntniß, und verbleibt auf dem in dieser Beziehung sehr zugänglichen Gebiete derselben. Eine ganz andere aber und höhere Frage ist die, ob der Zögling also von brennender Liebe für eine solche Ordnung der Dinge ergriffen sei, daß es ihm, der Leitung der Erziehung entlassen und selbstständig hingestellt, schlechterdings unmöglich sein werde, diese Ordnung nicht zu wollen, und nicht aus allen seinen Kräften für die Beförderung derselben zu arbeiten; über welche Frage ohne Zweifel nicht Worte und in Worten anzustellende Prüfungen, sondern allein der Anblick von Thaten entscheiden können.

Ich löse die durch diese letzte Betrachtung uns gestellte Aufgabe also: Ohne Zweifel werden doch die Zöglinge dieser neuen Erziehung, obwol abgesondert von der schon erwachsenen Gemeinheit, dennoch untereinander selbst in Gemeinschaft leben, und so ein abgesondertes und für sich selbst bestehendes Gemeinwesen bilden, das seine genau bestimmte, in der Natur der Dinge gegründete, und von der Vernunft durchaus geforderte Verfassung habe. Das allererste Bild einer geselligen Ordnung, zu dessen Entwerfung der Geist des Zöglings angeregt werde, sei das der Gemeinde, in der er selber lebt, also, daß er innerlich gezwungen sei, diese Ordnung Punkt für Punkt gerade also sich zu bilden, wie sie wirklich vorgezeichnet ist, und daß er dieselbe in allen ihren Theilen, als durchaus nothwendig aus ihren Gründen verstehe. Dies ist nun abermals bloses Werk der Erkenntniß. In dieser gesellschaftlichen Ordnung muß nun im wirklichen Leben jeder Einzelne um des Ganzen willen immerfort gar Vieles unterlassen, was er, wenn er sich allein befände, unbedenklich thun könnte; und es wird zweckmäßig sein, daß in der Gesetzgebung, und in dem darauf zu bauenden Unterrichte über die Verfassung, jedem Einzelnen alle die übrigen mit einer zum Ideal gesteigerten Ordnungsliebe vorgestellt werden, welche also vielleicht kein einziger wirklich hat, die aber alle haben sollten; und daß somit diese Gesetzgebung einen hohen Grad von Strenge erhalte, und der Unterlassungen gar viele auflege. Diese, als etwas das schlechthin sein muß, und auf welchem das Bestehen der Gesellschaft beruht, sind auf den Nothfall sogar durch Furcht vor gegenwärtiger Strafe zu erzwingen; und muß dieses Strafgesetz schlechthin ohne Schonung oder Ausnahme vollzogen werden. Der Sittlichkeit des Zöglings geschieht durch diese Anwendung der Furcht, als eines Triebes, gar kein Eintrag, indem hier ja nicht zum Thun des Guten, sondern nur zur Unterlassung des in dieser Verfassung Bösen getrieben werden soll; überdies muß im Unterrichte über die Verfassung vollkommen verständlich gemacht werden, daß der, welcher der Vorstellung von der Strafe, oder wol gar der Anfrischung dieser Vorstellung durch die Erduldung der Strafe selbst noch bedürfe, auf einer sehr niedrigen Stufe der Bildung stehe. Jedennoch ist bei allem diesen klar, daß, da man niemals wissen kann, ob da wo gehorcht wird, aus Liebe zur Ordnung oder aus Furcht vor der Strafe gehorcht werde, in diesem Umkreise der Zögling seinen guten Willen nicht äußerlich darthun, noch die Erziehung ihn ermessen könne.

Dagegen ist der Umkreis, wo ein solches Ermessen möglich ist, der folgende. Die Verfassung muß nämlich ferner also eingerichtet sein, daß der Einzelne für das Ganze nicht blos unterlassen müsse, sondern daß er für dasselbe auch thun und handelnd leisten könne. Außer der geistigen Entwicklung im Lernen finden in diesem Gemeinwesen der Zöglinge auch noch körperliche Uebungen, und die mechanischen aber hier zum Ideale veredelten Arbeiten des Ackerbaues, und die von mancherlei Handwerken statt. Es sei Grundregel der Verfassung, daß jedem, der in irgend einem dieser Zweige sich hervorthut, zugemuthet werde, die andern darin unterrichten zu helfen, und mancherlei Aufsichten und Verantwortlichkeiten zu übernehmen; jedem, der irgend eine Verbesserung findet, oder die von einem Lehrer vorgeschlagene zuerst und am klarsten begreift, dieselbe mit eigener Mühe auszuführen, ohne daß er doch darum von seinen ohnedies sich verstehenden persönlichen Aufgaben des Lernens und Arbeitens losgesprochen sei; daß jeder dieser Anmuthung freiwillig genüge, und nicht aus Zwang, indem es dem Nichtwollenden auch freisteht, sie abzulehnen; daß er dafür keine Belohnung zu erwarten habe, indem in dieser Verfassung alle in Beziehung auf Arbeit und Genuß ganz gleich gesetzt sind, nicht einmal Lob, indem es die herrschende Denkart ist in der Gemeinde, daß daran jeder eben nur seine Schuldigkeit thue, sondern daß er allein genieße die Freude an seinem Thun und Wirken für das Ganze, und an dem Gelingen desselben, falls ihm dieses zu Theil wird. In dieser Verfassung wird sonach aus erworbener größerer Geschicklichkeit, und aus der hierauf verwendeten Mühe, nur neue Mühe und Arbeit folgen, und gerade der Tüchtigere wird oft wachen müssen, wenn andere schlafen, und nachdenken müssen, wenn andere spielen.

Die Zöglinge, welche, ohnerachtet ihnen dieses alles vollkommen klar und verständlich ist, dennoch fortgesetzt, und also, daß man mit Sicherheit auf sie rechnen könne, jene erste Mühe und dies aus ihr folgenden weitern Mühen freudig übernehmen, und in dem Gefühle ihrer Kraft und Tätigkeit stark bleiben und stärker werden, – diese kann die Erziehung ruhig entlassen in die Welt; an ihnen hat sie diesen ihren Zweck erreicht; in ihnen ist die Liebe angezündet und brennt bis in die Wurzel ihrer lebendigen Regung hinein, und sie wird von nun an weiter alles ohne Ausnahme ergreifen, was an diese Lebensregung gelangen wird; und sie werden in dem größeren Gemeinwesen, in das sie von nun an eintreten, niemals etwas anderes zu sein vermögen, denn dasjenige, was sie in dem kleinen Gemeinwesen, das sie jetzt verlassen, unverrückt und unwandelbar waren.

Auf diese Weise ist der Zögling vollendet für die nächsten und ohne Ausnahme eintretenden Anforderungen der Welt an ihn, und es ist geschehen, was die Erziehung im Namen dieser Welt von ihm verlangt. Noch aber ist er nicht in sich und für sich selber vollendet, und es ist noch nicht geschehen, was er selbst von der Erziehung fordern kann. So wie auch diese Forderung erfüllt wird, wird er zugleich tüchtig, den Anforderungen, die eine höhere Welt im Namen der gegenwärtigen in besondern Fällen an ihn machen dürfte, zu genügen.

Dritte Rede.

Fortsetzung der Schilderung der neuen Erziehung.

Das eigentliche Wesen der in Vorschlag gebrachten neuen Erziehung, inwiefern dieselbe in der vorigen Rede beschrieben worden, bestand darin, daß sie die besonnene und sichere Kunst sei, den Zögling zu reiner Sittlichkeit zu bilden. Zu reiner Sittlichkeit, sagte ich; die Sittlichkeit, zu der sie erziehet, stehet als ein erstes, unabhängiges und selbstständiges da, das aus sich selber lebet sein eigenes Leben: keineswegs aber, so wie die bisher oft beabsichtigte Gesetzmäßigkeit, angeknüpft ist und eingeimpft einem andern nicht sittlichen Triebe, dessen Befriedigung es diene. Sie ist die besonnene und sichere Kunst dieser sittlichen Erziehung, sagte ich. Sie schreitet nicht planlos und auf gutes Glück, sondern nach einer festen und ihr wohlbekannten Regel einher, und ist ihres Erfolges gewiß. Ihr Zögling geht zu rechter Zeit als ein festes und unwandelbares Kunstwerk dieser ihrer Kunst hervor, das nicht etwa auch anders gehen könne, denn also, wie es durch sie gestellt worden, und das nicht etwa einer Nachhilfe bedürfe, sondern das durch sich selbst nach seinem eigenen Gesetze fortgeht.

Zwar bildet diese Erziehung auch den Geist ihres Zöglings; und diese geistige Bildung ist sogar ihr erstes, mit welchem sie ihr Geschäft anhebt. Doch ist diese geistige Entwickelung nicht erster und selbstständiger Zweck, sondern nur das bedingende Mittel, um sittliche Bildung an den Zögling zu bringen. Inzwischen bleibt auch diese nur gelegentlich erworbene geistige Bildung ein aus dem Leben des Zöglings unaustilgbarer Besitz, und die ewig fortbrennende Leuchte seiner sittlichen Liebe. Wie groß auch, oder wie geringfügig die Summe der Erkenntnisse sein möge, die er aus der Erziehung mitgebracht; einen Geist, der sein ganzes Leben hindurch jedwede Wahrheit, deren Erkenntniß ihm nothwendig wird, zu fassen vermag, und welcher ebenso der Belehrung durch andere empfänglich, als des eigenen Nachdenkens fähig ohn' Unterlaß bleibt, hat er von derselben sicherlich mit davon gebracht.

Soweit waren wir in der Beschreibung dieser neuen Erziehung in der vorigen Rede gekommen. Wir bemerkten am Schlusse derselben, daß durch dieses alles sie dennoch noch nicht vollendet sei, sondern noch eine andere, von den bis jetzt aufgestellten verschiedene Aufgabe zu lösen habe; und wir gehen jetzt an das Geschäft, diese Aufgabe näher zu bezeichnen.

Der Zögling dieser Erziehung ist ja nicht blos Mitglied der menschlichen Gesellschaft hier auf dieser Erde und für die kurze Spanne Lebens, die ihm auf derselben vergönnt ist, sondern er ist auch, und wird ohne Zweifel von der Erziehung anerkannt für ein Glied in der ewigen Kette eines geistigen Lebens überhaupt, unter einer höhern gesellschaftlichen Ordnung. Ohne Zweifel muß auch zur Einsicht in diese höhere Ordnung eine Bildung, die sein ganzes Wesen zu umfassen sich vorgenommen hat, ihn anführen, und so wie sie ihn leitete, ein Bild jener sittlichen Weltordnung, die da niemals ist, sondern ewig werden soll, durch eigene Selbstthätigkeit sich vorzuzeichnen, ebenso muß sie ihn leiten, ein Bild jener übersinnlichen Weltordnung, in der nichts wird, und die auch niemals geworden ist, sondern die da ewig nur ist, in dem Gedanken zu entwerfen, mit gleicher Selbstthätigkeit und also, daß er innigst verstehe und einsehe, daß es nicht anders sein könne. Er wird, richtig geleitet, mit den Versuchen eines solchen Bildes zu Ende kommen, und an diesem Ende finden, daß nichts wahrhaftig da sei, außer das Leben, und zwar das geistige Leben, das da lebet in dem Gedanken; und daß alles Uebrige nicht wahrhaftig da sei, sondern nur dazusein scheine, welches Scheines aus dem Gedanken hervorgehenden Grund er gleichfalls, sei es auch nur im Allgemeinen, begreifen wird. Er wird ferner einsehen, daß jenes allein wahrhaft daseiende geistige Leben, in den mannichfaltigen Gestaltungen, die es nicht durch ein Ohngefähr, sondern durch ein in Gott selber gegründetes Gesetz erhielt, wiederum Eins sei, das göttliche Leben selber, welches göttliche Leben allein in dem lebendigen Gedanken da ist und sich offenbar macht. So wird er sein

Leben, als ein ewiges Glied in der Kette der Offenbarung des göttlichen Lebens und jedwedes andere geistige Leben, als eben ein solches Glied erkennen und heilig halten lernen; und nur in der unmittelbaren Berührung mit Gott und dem nicht vermittelten Ausströmen seines Lebens aus jenem Leben, Licht und Seligkeit; in jeder Entfernung aber aus der Unmittelbarkeit Tod, Finsterniß und Elend finden. Mit einem Worte: diese Entwickelung wird ihn zur Religion bilden; und diese Religion des Einwohnens unsers Lebens in Gott soll allerdings auch in der neuen Zeit herrschen und in derselben sorgfältig gebildet werden. Dagegen soll die Religion der alten Zeit, die das geistige Leben von dem göttlichen abtrennte, und dem erstern nur vermittelst eines Abfalls von dem zweiten das absolute Dasein zu verschaffen wußte, das sie ihm zugedacht hatte, und welche Gott als Faden brauchte, um die Selbstsucht noch über den Tod des sterblichen Leibes hinaus in andere Welten einzuführen, und durch Furcht und Hoffnung in diesen die für die gegenwärtige Welt schwach gebliebene, zu verstärken – diese Religion, die offenbar eine Dienerin der Selbstsucht war, soll allerdings mit der alten Zeit zugleich zu Grabe getragen werden; denn in der neuen Zeit bricht die Ewigkeit nicht erst jenseit des Grabes an, sondern sie kommt ihr mitten in ihre Gegenwart hinein, die Selbstsucht ist aber sowol des Regiments, als des Dienstes entlassen, und zieht demnach auch ihre Dienerschaft mit ihr ab.

Die Erziehung zur wahren Religion ist somit das letzte Geschäft der neuen Erziehung. Ob in der Entwerfung eines hiezu erforderlichen Bildes der übersinnlichen Weltordnung der Zögling wahrhaft selbstthätig verfahren sei; und ob das entworfene Bild allenthalben richtig und durchaus klar und verständlich sei, wird die Erziehung leicht, auf dieselbe Weise wie bei den übrigen Gegenständen der Erkenntniß beurtheilen können; denn auch dies bleibt auf dem Gebiete der Erkenntniß. Bedeutender aber ist auch hier die Frage, wie die Erziehung ermessen, und sich die Gewährschaft leisten könne, daß diese Religionskenntnisse nicht todt und kalt bleiben, sondern daß sie sich ausdrücken werden im wirken Leben ihres Zöglings; welcher Frage die Beantwortung einer andern Frage vorauszuschicken ist, der folgenden: wie und auf welche Weise zeigt sich die Religion überhaupt im Leben?

Unmittelbar, im gewöhnlichen Leben und in einer wohlgeordneten Gesellschaft bedarf es der Religion durchaus nicht, um das Leben zu bilden, sondern es reicht für diese Zwecke die wahre Sittlichkeit vollkommen hin. In dieser

Rücksicht ist also die Religion nicht praktisch und kann und soll gar nicht praktisch werden, sondern sie ist lediglich Erkenntniß: sie macht blos den Menschen sich selber vollkommen klar und verständlich, beantwortet die höchste Frage, die er aufwerfen kann, löset ihm den letzten Widerspruch auf, und bringt so vollkommene Einigkeit mit sich selbst, und durchgeführte Klarheit in seinen Verstand. Sie ist seine vollständige Erlösung und Befreiung von allem fremden Bande; und so ist sie ihm denn die Erziehung, als etwas, das ihm schlechtweg und ohne weitern Zweck gebührt, schuldig. Ein Gebiet, um als Antrieb zu wirken, erhält die Religion nur entweder in einer höchst unsittlichen und verdorbenen Gesellschaft, oder wenn die Wirkungssphäre des Menschen nicht innerhalb der gesellschaftlichen Ordnung, sondern über dieselbe hinaus liegt, und dieselbe vielmehr immerfort neu zu erschaffen und zu erhalten hat, wie beim Regenten, welcher in vielen Fällen ohne Religion sein Amt gar nicht mit gutem Gewissen führen könnte. Von dem letztern Falle ist in einer auf alle und auf die ganze Nation berechneten Erziehung nicht die Rede. Wo in der ersten Rücksicht bei klarer Einsicht des Verstandes in die Unverbesserlichkeit des Zeitalters dennoch unablässig fortgearbeitet wird an demselben; wo muthig der Schweiß des Säens erduldet wird, ohne einige Aussicht auf eine Ernte; wo wohlgethan wird auch den Undankbaren, und gesegnet werden mit Thaten und Gütern Diejenigen, die da fluchen, und in der klaren Vorhersicht, daß sie abermals fluchen werden; wo nach hundertfältigem Mißlingen dennoch ausgeharrt wird im Glauben und in der Liebe: da ist es nicht die blose Sittlichkeit, die da treibt, denn diese will einen Zweck, sondern es ist die Religion, die Ergebung in ein höheres uns unbekanntes Gesetz, das demüthige Verstummen vor Gott, die innige Liebe zu seinem in uns ausgebrochenen Leben, welches allein und um sein selbst willen gerettet werden soll, wo das Auge nichts anders zu retten sieht.

Auf diese Weise kann die erlangte Religionseinsicht der Zöglinge der neuen Erziehung in ihrem kleinen Gemeinwesen, in dem sie zunächst aufwachsen, nicht praktisch werden, noch soll sie es auch. Dieses Gemeinwesen ist wohlgeordnet, und in ihm gelingt das geschickt Unternommene immer; auch soll das noch zarte Alter des Menschen erhalten werden in der Unbefangenheit und im ruhigen Glauben an sein Geflecht. Die Erkenntniß seiner Tücken bleibe vorbehalten der eigenen Erfahrung des gereiften und befestigten Alters.

Nur in diesem gereifteren Alter sonach und in dem ernstlich gemeinten Leben, nachdem die Erziehung längst ihn sich selber überlassen hat, könnte der Zögling derselben, falls seine gesellschaftlichen Verhältnisse aus der Einfachheit zu höhern Stufen fortschreiten sollten, seiner Religionskenntniß, als eines Antriebes bedürfen. Wie soll nun die Erziehung, welche über diesen Punkt den Zögling, so lange er unter ihren Händen ist, nicht prüfen kann, dennoch sicher sein können, daß, wenn nur dieses Bedürfniß eintreten werde, auch dieser Antrieb unfehlbar wirken werde? Ich antworte: dadurch, daß ihr Zögling überhaupt so gebildet ist, daß keine Erkenntniß, die er hat, in ihm todt und kalt bleibt, wenn die Möglichkeit eintritt, daß sie ein Leben bekomme, sondern jedwede nothwendig sogleich eingreift in das Leben, so wie das Leben derselben bedarf. Ich werde diese Behauptung sogleich noch tiefer begründen, und dadurch den ganzen in dieser und der vorigen Rede behandelten Begriff erheben und einfügen in ein größeres Ganzes der Erkenntniß, welchem größeren Ganzen selber ich auf diesem Begriffe ein neues Licht und eine höhere Klarheit geben werde, nachdem ich nur vorher das wahre Wesen der neuen Erziehung, deren allgemeine Beschreibung ich so eben geschlossen habe, bestimmt werde angegeben haben.

Diese Erziehung erscheint nun nicht mehr, so wie im Anfange unserer heutigen Rede, blos als die Kunst den Zögling zu reiner Sittlichkeit zu bilden, sondern sie leuchtet vielmehr ein als die Kunst, den ganzen Menschen durchaus und vollständig zum Menschen zu bilden. Hierzu gehören zwei Hauptstücke, zuerst in Absicht der Form, daß der wirkliche lebendige Mensch, bis in die Wurzel seines Lebens hinein, keineswegs aber der blose Schatten und Schemen eines Menschen gebildet werde, sodann in Absicht des Inhalts, daß alle nothwendigen Bestandtheile des Menschen ohne Ausnahme und gleichmäßig ausgebildet werden. Diese Bestandtheile sind Verstand und Wille, und die Erziehung hat zu beabsichtigen die Klarheit des ersten, und die Reinheit des zweiten. Zur Klarheit des ersten aber sind zu erheben zwei Hauptfragen: zuerst was es sei, das der reine Wille eigentlich wolle, und durch welche Mittel dieses Gewollte zu erreichen sei, durch welches Hauptstück die übrigen dem Zöglinge beizubringenden Erkenntnisse befaßt werden; sodann, was dieser reine Wille in seinem Grunde und Wesen selber sei, wodurch die Religionserkenntniß befaßt wird. Die genannten Stücke nun, entwickelt bis zum Eingreifen ins Leben, fordert die Erziehung schlechtweg, und gedenkt keinem das

Mindeste davon zu erlassen, denn jeder soll eben ein Mensch sein; was Jemand nun noch weiter werde, und welche besondere Gestalt die allgemeine Menschheit in ihm annehme oder erhalte, geht die allgemeine Erziehung nichts an, und liegt außerhalb ihres Kreises. – Ich gehe jetzt fort zu der versprochenen tieferen Begründung des Satzes, daß im Zöglinge der neuen Erziehung gar keine Erkenntniß todt bleiben könne, und zu dem Zusammenhange, in den ich alles Gesagte erheben will, vermittelst folgender Sätze.

1) Es gibt zufolge des Gesagten zwei durchaus verschiedene und völlig entgegengesetzte Classen unter den Menschen in Absicht ihrer Bildung. Gleich zuvörderst ist alles, was Mensch ist, und so auch diese beiden Classen darin, daß den mannichfaltigen Aeußerungen ihres Lebens ein Trieb zu Grunde liegt, der in allem Wechsel unverändert beharret, und sich selbst gleich bleibt. – Im Vorbeigehen: das Sichverstehen dieses Triebes und die Übersetzung desselben in Begriffe erzeugt die Welt, und es gibt keine andere Welt, als diese auf diese Weise in dem, jedoch keineswegs freien, sondern nothwendigen Gedanken sich erzeugende Welt. Dieser, immer in ein Bewußtsein zu übersetzende Trieb, worin somit abermals die beiden Classen einander gleich sind, kann nun auf eine doppelte Weise, nach den zwei verschiedenen Grundarten des Bewußtseins, in dasselbe übersetzt werden, und in dieser Weise der Uebersetzung und des sich selbst Verstehens sind die beiden Classen verschieden.

Die erste, zu allererst der Zeit nach sich entwickelnde Grundart des Bewußtseins ist die des dunklen Gefühls. Mit diesem Gefühle wird am gewöhnlichsten und in der Regel der Grundtrieb erfaßt als Liebe des Einzelnen zu sich selbst, und zwar gibt das dunkle Gefühl dieses Selbst zunächst nur als ein solches, das da leben will und wohl sein. Hieraus entsteht die sinnliche Selbstsucht, als wirklicher Grundtrieb und entwickelnde Kraft eines solchen, in dieser Uebersetzung seines ursprünglichen Grundtriebes befangenen Lebens. So lange der Mensch fortfährt, also sich zu verstehen, so lange muß er selbstsüchtig handeln, und kann nicht anders; und diese Selbstsucht ist das einzig beharrende, sich gleichbleibende und sicher zu erwartende in dem unaufhörlichen Wandel seines Lebens. Als außergewöhnliche Ausnahme von der Regel kann dieses dunkle Gefühl auch das persönliche Selbst überspringen und den Grundtrieb erfassen, als ein Verlangen nach einer dunkel gefühlten andern Ordnung der Dinge. Hieraus entspringt das, an andern Orten von uns sattsam beschriebene Leben, das da, erhaben über Selbstsucht, durch Ideen, die zwar dunkel sind, aber dennoch Ideen, getrieben wird, und in welchem die Vernunft als Instinkt waltet. Dieses Erfassen des Grundtriebes, überhaupt nur im dunklen Gefühle, ist der Grundzug der ersten Classe unter den Menschen, die nicht durch Erziehung, sondern durch sich selbst gebildet wird, und welche Classe wiederum zwei Unterarten in sich faßt, die durch einen unbegreiflichen, der menschlichen Kunst durchaus unzugänglichen Grund geschieden werden. Die zweite Grundart des Bewußtseins, welche in der Regel sich nicht von selbst entwickelt, sondern in der Gesellschaft sorgfältig gepflegt werden muß, ist die klare Erkenntniß. Würde der Grundtrieb der Menschheit in diesem Elemente erfaßt, so würde dies eine zweite, von der ersten ganz verschiedene Classe von Menschen geben. Eine solche, die Grundliebe selbst erfassende Erkenntniß läßt nun nicht, wie eine andere Erkenntniß dies wol kann, kalt und untheilnehmend, sondern der Gegenstand derselben wird geliebt über Alles, da dieser Gegenstand ja nur die Deutung und Uebersetzung unserer ursprünglichen Liebe selbst ist. Andere Erkenntniß erfaßt fremdes, und dieses bleibt fremd, und läßt kalt; diese erfaßt den Erkennenden selbst und seine Liebe, und diese liebt er. Unerachtet es nun bei beiden Classen dieselbe ursprüngliche nur in anderer Gestalt erscheinende Liebe ist, die sie treibt, so kann man dennoch, von jenem Umstande absehend, sagen, daß dort der Mensch durch dunkle Gefühle, hier durch klare Erkenntniß getrieben werde.

Daß nun eine solche klare Erkenntniß unmittelbar antreibend werde im Leben, und man hierauf sicher zählen könne, hängt, wie gesagt, davon ab, daß es die wirkliche und wahre Liebe des Menschen sei, die durch dieselbe gedeutet werde; auch daß ihm unmittelbar klar werde, daß es also sei, und mit der Deutung zugleich das Gefühl jener Liebe in ihm angeregt und von ihm empfunden werde; daß daher niemals die Erkenntniß in ihm entwickelt werde, ohne daß zugleich die Liebe es werde, indem im entgegengesetzten Falle er kalt bleiben würde, und niemals die Liebe, ohne daß die Erkenntniß zugleich es werde, indem im Gegentheile sein Antrieb ein dunkles Gefühl werden würde; daß daher mit jedem Schritte seiner Bildung der ganze vereinigte Mensch gebildet werde. Ein von der Erziehung also als ein untheilbares Ganzes immerfort behandelter Mensch wird es auch fernerhin bleiben, und jede Erkenntniß wird ihm nothwendig Lebensantrieb werden.

2) Indem auf diese Weise statt des dunkeln Gefühls die klare Erkenntniß zu dem allerersten, und zu der wahrem Grundlage und Ausgangspunkte des Lebens gemacht wird, wird die Selbstsucht ganz übergangen, und um ihre Entwicklung betrogen. Denn nur das dunkle Gefühl gibt dem Menschen sein Selbst als ein genußbedürftiges und schmerzscheuendes; keineswegs aber gibt es ihm also der klare Begriff, sondern dieser zeigt es als Glied einer sittlichen Ordnung, und es gibt eine Liebe zu dieser Ordnung, welche bei der Entwicklung des Begriffs zugleich mit angezündet und entwickelt wird. Mit der Selbstsucht bekommt diese Erziehung gar nichts zu thun, weil sie die Wurzel derselben, das dunkle Gefühl, durch Klarheit erstickt; sie bestreitet sie nicht, ebensowenig als sie dieselbe entwickelt, sie weiß gar nicht von ihr. Wäre es möglich, daß diese Sucht später dennoch sich regen sollte, so würde sie das Herz schon angefüllt finden von einer höhern Liebe, die ihr den Platz versagt.

3) Dieser Grundtrieb des Menschen nun, wenn er in klare Erkenntniß übersetzt wird, geht nicht auf eine schon gegebene und vorhandene Welt, welche ja nur leidend genommen werden kann, wie sie eben ist, und in der eine zu ursprünglich schöpferischer Thätigkeit treibende Liebe keinen Wirkungskreis für sich fände; sondern er geht, zur Erkenntniß gesteigert auf eine Welt, die da werden soll, eine apriorische, eine solche, die da zukünftig ist, und ewig fort zukünftig bleibt. Das aller Erscheinung zu Grunde liegende göttliche Leben tritt darum niemals ein als ein bestehendes und gegebenes Sein, sondern als etwas, das da werden soll, und nachdem ein solches, das da werden sollte, geworden ist, wird es abermals eintreten als ein werden sollendes in alle Ewigkeit, daß daher jenes göttliche Leben niemals eintritt in den Tod des stehenden Seins, sondern immerfort bleibt in der Form des fortfließenden Lebens. Die unmittelbare Erscheinung und Offenbarung Gottes ist die Liebe; erst die Deutung dieser Liebe durch die Erkenntniß setzt ein Sein, und zwar ein solches, das ewig fort nur werden soll, und dieses, als die einzige wahre Welt, in wiefern an einer Welt überhaupt Wahrheit ist. Dagegen ist die zweite gegebene und von uns als vorhanden vorgefundene Welt nur der Schatten und Schemen, aus welchem die Erkenntniß ihrer Deutung der Liebe eine feste Gestalt und einen sichtbaren Leib erbaut; diese zweite Welt das Mittel und die Bedingung der Anschaulichkeit der für sich selbst unsichtbaren höhern Welt. Nicht einmal in diese letztere höhere Welt tritt Gott unmittelbar ein, sondern auch hier nur vermittelt durch die eine, reine, unwandelbare und gestaltlose Liebe, in welcher Liebe allein er unmittelbar erscheint. Zu dieser Liebe tritt

hinzu die anschauende Erkenntniß, welche aus sich selber ein Bild mitbringt, in das sie den an sich unsichtbaren Gegenstand der Liebe kleidet; widersprochen jedoch jedesmal von der Liebe, und darum fortgetrieben zu neuer Gestaltung, welcher abermals eben also widersprochen wird; wodurch allein nun die Liebe, welche rein für sich eins ist, des Fortfließens, der Unendlichkeit und der Ewigkeit durchaus unfähig, in dieser Verschmelzung mit der Anschauung auch ein Ewiges und Unendliches wird so wie diese. Das so eben erwähnte aus der Erkenntniß selbst hergegebene Bild, – für sich allein und noch ohne Anwendung auf die deutlich erkannte Liebe dasselbe genommen – ist die stehende und gegebene Welt, oder die Natur. Der Wahn, daß in diese Natur Gottes Wesen auf irgend eine Weise unmittelbar, und anders, als durch die angegebenen Zwischenglieder vermittelt, eintrete, stammt aus Finsternis im Geiste und aus Unheiligkeit im Willen.

4) Daß nun das dunkle Gefühl, als Auflösungsmittel der Liebe in der Regel ganz übersprungen und an die Stelle desselben die klare Erkenntniß als das gewöhnliche Auflösungsmittel gesetzt werde, kann, wie schon erinnert, nur durch eine besonnene Kunst der Erziehung des Menschen geschehen, und ist bisher nicht also geschehen. Da nun, wie wir gleichfalls ersehen haben, auf die letzte Weise eine von den bisherigen gewöhnlichen Menschen durchaus verschiedene Menschen-Art eingeführt, und als die Regel gesetzt wird, so würde durch eine solche Erziehung allerdings eine ganz neue Ordnung der Dinge, und eine neue Schöpfung beginnen. Zu dieser neuen Gestalt würde nun die Menschheit sich selber durch sich selbst, eben indem sie als gegenwärtiges Geschlecht sich selbst als zukünftiges Geschlecht erzieht, erschaffen; auf die Weise, wie sie allein dies kann, durch die Erkenntniß, als das einzige gemeinschaftliche und frei mitzuteilende, und das wahre, die Geisterwelt zur Einheit verbindende Licht und Luft dieser Welt. Bisher wurde die Menschheit, was sie eben wurde und werden konnte; mit diesem Werden durch das Ohngefähr ist es vorbei; denn da, wo sie am allerweitesten sich entwickelt hat, ist sie zu Nichts geworden. Soll sie nicht bleiben in diesem Nichts, so muß sie von nun an zu allem, was sie noch weiter werden soll, sich selbst machen. Dies sei die eigentliche Bestimmung des Menschengeschlechts auf der Erde, sagte ich in den Vorlesungen, deren Fortsetzung diese sind, daß es mit Freiheit sich zu dem mache, was es eigentlich ursprünglich ist. Dieses Sichselbstmachen, im Allgemeinen mit Besonnenheit und nach einer Regel, muß nun irgendwo

und irgendwann im Raum und in der Zeit einmal anheben, wodurch ein zweiter Hauptabschnitt der freien und besonnenen Entwickelung des Menschengeschlechts an die Stelle des ersten Abschnitts einer nicht freien Entwickelung treten würde. Wir sind der Meinung, daß, in Absicht der Zeit, diese Zeit eben jetzt sei, und daß dermalen das Geschlecht in der wahren Mitte seines Lebens auf der Erde zwischen seinen beiden Hauptepochen stehe; in Absicht des Raums aber glauben wir, daß zu allernächst den Deutschen es anzumuthen sei, die neue Zeit, vorangehend und vorbildend für die übrigen, zu beginnen.

5) Dennoch wird auch sogar diese ganz neue Schöpfung nicht durch einen Sprung erfolgen aus dem Vorhergehenden, sondern sie ist die wahre natürliche Fortsetzung und Folge der bisherigen Zeit, ganz besonders unter den Deutschen. Sichtbar, und wie ich glaube, allgemein zugestanden, ging ja alles Regen und Streben der Zeit darauf, die dunklen Gefühle zu verbannen und allein der Klarheit und der Erkenntniß die Herrschaft zu verschaffen. Dieses Streben ist auch insofern vollkommen gelungen, daß das bisherige Nichts vollkommen enthüllt ist. Keineswegs soll nun dieser Trieb nach Klarheit ausgerottet, oder das dumpfe Beruhen beim dunkeln Gefühle wieder herrschend werden; jener Trieb soll nur noch weiter entwickelt und in höhere Kreise eingeführt werden, also, daß nach der Enthüllung des Nichts auch das Etwas, die bejahende und wirklich etwas setzende Wahrheit, ebenfalls offenbar werde. Die aus dem dunklen Gefühle stammende Welt des gegebenen und sich durch sich selbst machenden Seins ist versunken, und sie soll versunken bleiben; dagegen soll die aus der ursprünglichen Klarheit stammende Welt des ewig fort aus dem Geiste zu entbindenden Seins aufstrahlen und anbrechen in ihrem ganzen Glanze.

Zwar dürfte die Weissagung eines neuen Lebens in solchen Formen der Zeit sonderbar dünken, und es dürfte diese kaum den Muth haben, diese Verheißung sich zuzueignen; wenn sie lediglich auf den ungeheuern Abstand ihrer herrschenden Meinungen über die so eben zur Sprache gebrachten Gegenstände von dem, was als Grundsätze der neuen Zeit ausgesprochen worden, sehen wollte. Ich will von der Bildung, welche jedoch, als ein nicht gemein zu machendes Vorrecht, bisher in der Regel nur die höhern Stände erhielten, die von einer übersinnlichen Welt ganz schwieg, und lediglich einige Geschicklichkeit für die Geschäfte der sinnlichen zu bewirken strebte, als von der offenbar schlechteren, nicht reden, sondern nur auf diejenige sehen, welche Volksbildung war und in einem gewissen sehr beschränkten Sinne auch Nationalerziehung genannt werden könnte, die über eine übersinnliche Welt nicht durchaus Stillschweigen beobachtete. Welches waren die Lehren dieser Erziehung? Wenn wir als allererste Voraussetzung der neuen Erziehung aufstellen, daß in der Wurzel des Menschen ein reines Wohlgefallen am Guten sei und daß dieses Wohlgefallen so sehr entwickelt werden könne, daß es dem Menschen unmöglich werde, das für gut Erkannte zu unterlassen, und statt dessen das für bös Erkannte zu thun; so hat dagegen die bisherige Erziehung nicht blos angenommen, sondern auch ihre Zöglinge von früher Jugend an belehrt, theils, daß dem Menschen eine natürliche Abneigung gegen Gottes Gebote beiwohne, theils, daß es ihm schlechthin unmöglich sei, dieselben zu erfüllen. Was läßt von einer solchen Belehrung, wenn sie für Ernst genommen wird und Glauben findet, anderes sich erwarten, als daß jeder Einzelne sich in seine nun einmal nicht abzuändernde Natur ergebe, nicht versuche zu leisten, was ihm nun als einmal unmöglich vorgestellt ist, und nicht besser zu sein begehre, denn er und alle übrigen zu sein vermögen; ja, daß er sich sogar die ihm angemuthete Niederträchtigkeit gefallen lasse, sich selbst in seiner radikalen Sündhaftigkeit und Schlechtigkeit anzurennen; indem diese Niederträchtigkeit vor Gott ihm als das einzige Mittel vorgestellt wird, mit demselben sich abzufinden: und daß er, falls etwa eine solche Behauptung, wie die unsrige, an sein Ohr trifft, nicht anders denken könne, als daß man blos einen schlechten Scherz mit ihm treiben wolle, indem er allgegenwärtig fühlt in seinem Innern, und mit den Händen greift, daß dieses nicht wahr, sondern das Gegenteil davon allein wahr sei? Wenn wir eine von allem gegebenen Sein ganz unabhängige und vielmehr diesem Sein selbst das Gesetz gebende Erkenntniß annehmen, und in diese gleich vom Anbeginn jedes menschliche Kind eintauchen, und es von nun an in dem Gebiete derselben immerfort erhalten wollen, wogegen wir die nur historisch zu erlernende Beschaffenheit der Dinge als eine geringfügige Nebensache, die von selbst sich ergibt, betrachten: so treten die reifsten Früchte der bisherigen Bildung uns entgegen und erinnern uns, daß es ja bekanntermaßen gar keine apriorische Erkenntniß gebe, und daß sie wol wissen möchten, wie man erkennen könne, außer durch Erfahrung. Und damit diese übersinnliche und apriorische Welt auch sogar an derjenigen Stelle sich nicht verrathe, wo es gar nicht zu vermeiden schien – an der Möglichkeit einer Erkenntniß von Gott, und selbst an Gott nicht die geistige Selbstthätigkeit sich erhebe, sondern das leidende Hingeben Alles in Allem bliebe, hat gegen diese Gefahr die bisherige Menschenbildung das kühne Mittel gefunden, das Dasein Gottes zu einem historischen Factum zu machen, dessen Wahrheit durch ein Zeugenverhör ausgemittelt wird.

So verhält es sich wol freilich; dennoch aber wolle das Zeitalter darum nicht an sich selber verzagen. Denn diese und alle andere ähnliche Erscheinungen sind selber nichts Selbstständiges, sondern nur Blüten und Früchte der wilden Wurzel der alten Zeit. Gebe nur das Zeitalter sich ruhig hin der Einimpfung einer neuen edlern und kräftigern Wurzel, so wird die alte ersticken, und die Blüten und Früchte derselben, denen auf jener keine weitere Nahrung zugefügt wird, werden von selbst verwelken und abfallen. Jetzt vermag es das Zeitalter noch gar nicht, unsern Worten zu glauben, und es ist nothwendig, daß ihm dieselben vorkommen wie Märchen. Wir wollen auch diesen Glauben nicht; wir wollen nur Raum zum Schaffen und Handeln. Nachmals wird es sehen, und es wird glauben seinen eigenen Augen. So wird z. B. Jedermann, der mit den Erzeugungen der letzten Zeit bekannt ist, schon längst bemerkt haben, daß hier abermals die Sätze und Ansichten ausgesprochen werden, welche die neuere deutsche Philosophie seit ihrer Entstehung geprediget hat, und wiederum gepredigt, weil sie eben nichts weiter vermochte, denn zu predigen. Daß diese Predigten fruchtlos verhallet sind in der leeren Luft, ist nun hinlänglich klar, auch ist der Grund klar, warum sie also verhallen mußten. Nur auf Lebendiges wirkt Lebendiges; in dem wirklichen Leben der Zeit aber ist gar keine Verwandtschaft zu dieser Philosophie, indem diese Philosophie ihr Wesen treibt in einem Kreise, der für jene noch gar nicht aufgegangen, und für Sinnenwerkzeuge, die jener noch nicht erwachsen sind. Sie ist gar nicht zu Hause in diesem Zeitalter, sondern sie ist ein Vorgriff der Zeit und ein schon im Voraus fertiges Lebenselement eines Geschlechts, das in demselben erst zum Lichte erwachsen soll. Auf das gegenwärtige Geschlecht muß sie Verzicht thun; damit sie aber bis dahin nicht müßig sei, so übernehme sie dermalen die Aufgabe, das Geschlecht, zu welchem sie gehört, sich zu bilden. Erst wie dies ihr nächstes Geschäft ihr klar geworden, wird sie friedlich und freundlich zusammen leben können mit einem Geschlechte, das übrigens ihr nicht gefällt. Die Erziehung, die wir bisher beschrieben haben, ist zugleich die Erziehung für sie: wiederum kann in einem gewissen Sinn nur sie die Erzieherin sein in dieser Erziehung; und so mußte sie ihrer Verständlichkeit und Annehmbarkeit zuvoreilen. Aber es wird die Zeit kommen, in der sie verstanden und mit Freuden angenommen werden wird; und darum wolle das Zeitalter nicht an sich selbst verzagen.

Höre dieses Zeitalter ein Gesicht eines alten Sehers, das auf eine wol nicht weniger beklagenswerte Lage berechnet war. So sagt der Seher am Wasser Chebar, der Tröster der Gefangenen nicht im eigenen sondern im fremden Lande: »Des Herrn Hand kam über mich und führte mich hinaus im Geiste des Herrn, und stellte mich auf ein weit Feld, das voller Gebeine lag, und er führte mich allenthalben herum, und siehe, des Gebeines lag sehr viel auf dem Felde, und siehe, sie waren sehr verdorret. Und der Herr sprach zu mir: du Menschenkind, meinest du wol, daß diese Gebeine werden wieder lebendig werden? Und ich sprach: Herr, das weißest nur du wol. Und er sprach zu mir: Weissage von diesen Gebeinen, und sprich zu ihnen: ihr verdorrten Gebeine, höret des Herrn Wort. So spricht der Herr von euch verdorrten Gebeinen, ich will euch durch Flechsen und Sehnen wieder verbinden, und Fleisch lassen über euch wachsen; und euch mit Haut überziehen, und will euch Odem geben, daß ihr wieder lebendig werdet, und ihr sollet erfahren, daß ich der Herr sei. Und ich weissagte, wie mir befohlen war, und siehe, da rauschte es, als ich weissagte, und regte sich, und die Gebeine fügten sich wieder aneinander, ein jegliches an seinen Ort, und es wuchsen darauf Adern und Fleisch, und er überzog sie mit Haut; noch aber war kein Odem in ihnen. Und der Herr sprach zu mir: Weissage zum Winde, du Menschenkind, und sprich zum Winde: so spricht der Herr: Wind, komm herzu aus den vier Winden, und blase an diese Getödteten, daß sie wieder lebendig werden. Und ich weissagete, wie er mir befohlen hatte. Da kam Odem in sie, und sie wurden wieder lebendig, und richteten sich auf ihre Füße, und ihrer war ein sehr großes Heer.« Lasset immer die Bestandteile unsres höhern geistigen Lebens ebenso ausgedorret, und eben darum auch die Bande unserer Nationaleinheit eben so zerrissen, und in wilder Unordnung durcheinander zerstreut herumliegen, wie die Todtengebeine des Sehers; lasset unter Stürmen, Regengüssen und sengendem Sonnenscheine mehrere Jahrhunderte dieselben gebleicht und ausgedorrt haben; – der belebende Odem der Geisterwelt hat noch nicht aufgehört zu wehen. Er wird auch unsers Nationalkörpers erstorbene Gebeine ergreifen und sie aneinanderfügen, daß sie herrlich dastehen in neuem und verklärtem Leben.

Vierte Rede.

Hauptverschiedenheit zwischen den deutschen und den übrigen Völkern germanischer Abkunft.

Das in diesen Reden vorgeschlagene Bildungsmittel eines neuen Menschengeschlechts müsse zu allererst von Deutschen an Deutschen angewendet werden, und es komme dasselbe ganz eigentlich und zunächst unserer Nation zu, ist gesagt worden. Auch dieser Satz bedarf eines Beweises, und wir werden auch hier, so wie bisher, anheben von dem höchsten und allgemeinsten, zeigend, was der Deutsche an und für sich, unabhängig von dem Schicksale, das ihn dermalen betroffen hat, in seinem Grundzuge sei und von jeher gewesen sei, seitdem er ist; und darlegend, daß schon in diesem Grundzuge die Fähigkeit und Empfänglichkeit einer solchen Bildung, ausschließend vor allen andern europäischen Nationen, liege.

Der Deutsche ist zuvörderst ein Stamm der Germanier überhaupt, über welche letztere hier hinreicht die *Bestimmung*anzugeben, daß sie da waren, die im alten Europa errichtete gesellschaftliche Ordnung mit der im alten Asien aufbewahrten wahren Religion zu vereinigen, und so an und aus sich selbst eine neue Zeit, im Gegensatze des untergegangenen Alterthums, zu entwickeln. Ferner reicht es hin den Deutschen insbesondere nur im Gegensatze mit den andern neben ihm entstandenen germanischen Völkerstämmen zu bezeichnen; indem andere neueuropäische Nationen, als z. B. die von slavischer Abstammung, sich vor dem übrigen Europa noch nicht so klar entwickelt zu haben scheinen, daß eine bestimmte Zeichnung von ihnen möglich sei, andere aber von der gleichen germanischen Abstammung, von denen der zugleich anzuführende Hauptunterscheidungsgrund nicht gilt, wie die Skandinavier hier unbezweifelt für Deutsche genommen werden, und unter allen den allgemeinen Folgen unserer Betrachtung mit begriffen sind.

Vor allem voraus aber ist der jetzt insbesondere anzustellenden Betrachtung folgende Bemerkung voranzusenden. Ich werde als Grund des erfolgten Unterschiedes in dem ursprünglich Einen Grundstamme eine Begebenheit angeben, die blos als Begebenheit klar und unwidersprechlich vor aller Augen liegt;

ich werde sodann einzelne Erscheinungen dieses erfolgten Unterschiedes aufstellen, welche als blose Begebenheiten wol ebenso einleuchtend dürften gemacht werden können. Was aber die Verknüpfung der letztern, als Folgen, mit dem ersten, als ihrem Grunde, und die Ableitung der Folge aus dem Grunde betrifft, kann ich im allgemeinen nicht auf dieselbe Klarheit und überzeugende Kraft für alle rechnen. Zwar spreche ich auch in dieser Rücksicht nicht eben ganz neue und bisher unerhörte Sätze aus, sondern es gibt unter uns viele einzelne, die für eine solche Ansicht der Sache entweder sehr gut vorbereitet, oder auch wol mit derselben schon vertraut sind. Unter der Mehrheit aber sind über den anzuregenden Gegenstand Begriffe im Umlaufe, die von den unsrigen sehr abweichen, und welche zu berichtigen, und alle, von solchen die keinen geübten Sinn für ein Ganzes haben, auf einzelnen Fällen beizubringenden Einwürfe zu widerlegen, die Grenze unsrer Zeit und unseres Planes bei weitem überschreiten würde. Den letztern muß ich mich begnügen das in dieser Rücksicht zu sagende, das in meinem gesammten Denken nicht so einzeln und abgerissen und nicht ohne Begründung bis in die Tiefe des Wissens dastehen dürfte, wie es hier sich gibt, nur als Gegenstand ihres weitern Nachdenkens hinzulegen. Ganz übergehen durfte ich es, noch abgerechnet die für das Ganze nicht zu erlassende Gründlichkeit, auch schon nicht in Rücksicht der wichtigen Folgen daraus, die sich im spätern Verlaufe unserer Reden ergeben werden, und die ganz eigentlich zu unserem nächsten Vorhaben gehören. Der zu allererst und unmittelbar der Betrachtung sich darbietende Unterschied zwischen den Schicksalen der Deutschen und der übrigen aus derselben Wurzel erzeugten Stämme ist der, daß die ersten in den ursprünglichen Wohnsitzen des Stammvolks blieben, die letzten in andere Sitze auswanderten, die ersten die ursprüngliche Sprache des Stammvolks behielten und fortbildeten, die letzten eine fremde Sprache annahmen, und dieselbe allmählich nach ihrer Weise umgestalteten. Aus dieser früheren Verschiedenheit müssen erst die spätern erfolgten, z. B. daß im ursprünglichen Vaterlande, angemessen germanischer Ursitte, ein Staatenbund unter einem beschränken Oberhaupte blieb, in den fremden Ländern mehr auf bisherige römische Weise, die Verfassung in Monarchien überging, und dergleichen erklärt werden, keineswegs aber in umgekehrter Ordnung.

Von den angegebenen Veränderungen ist nun die erste, die Veränderung der Heimat, ganz unbedeutend. Der Mensch wird leicht unter jedem Himmelsstriche einheimisch, und die Volkseigenthümlichkeit, weit entfernt durch den

Wohnort sehr verändert zu werden, beherrscht vielmehr diesen, und verändert ihn nach sich. Auch ist die Verschiedenheit der Natureinflüsse in dem von Germaniern bewohnten Himmelsstriche nicht sehr groß. Eben so wenig wolle man auf den Umstand ein Gewicht legen, daß in den eroberten Ländern die germanische Abstammung mit den frühern Bewohnern vermischt worden; denn Sieger und Herrscher und Bildner des aus der Vermischung entstehenden neuen Volks waren doch nur die Germanen. Ueberdies erfolgte dieselbe Mischung, die im Auslande mit Galliern, Kantabriern, u. s. w. geschah, im Mutterlande mit Slaven wol nicht in geringerer Ausdehnung; so daß es keinem der aus Germaniern entstandenen Völker heut zu Tage leicht fallen dürfte, eine größere Reinheit seiner Abstammung vor den übrigen darzuthun. Bedeutender aber, und wie ich dafür halte, einen vollkommenen Gegensatz zwischen den Deutschen und den übrigen Völkern germanischer Abkunft begründend, ist die zweite Veränderung, die der Sprache; und kommt es dabei, welches ich gleich zu Anfange bestimmt aussprechen will, weder auf die besondere Beschaffenheit derjenigen Sprache an, welche von diesem Stamme beibehalten, noch auf die der andern, welche von jenem andern Stamme angenommen wird, sondern allein darauf, daß dort Eigenes behalten, hier Fremdes angenommen wird; noch kommt es an auf die vorige Abstammung derer, die eine ursprüngliche Sprache fortsprechen, sondern nur darauf, daß diese Sprache ohne Unterbrechung fortgesprochen werde, indem weit mehr die Menschen von der Sprache gebildet werden, denn die Sprache von den Menschen.

Um die Folgen eines solchen Unterschiedes in der Völkererzeugung und die bestimmte Art des Gegensatzes in den Nationalzügen, die auf dieser Verschiedenheit nothwendig erfolgt, klar zu machen, soweit es hier möglich und nöthig ist, muß ich Sie zu einer Betrachtung über das Wesen der Sprache überhaupt einladen. Die Sprache überhaupt, und besonders die Bezeichnung der Gegenstände in derselben durch das Lautwerden der Sprachwerkzeuge hängt keineswegs von willkürlichen Beschlüssen und Verabredungen ab, sondern es gibt zuförderst ein Grundgesetz, nach welchem jedweder Begriff in den menschlichen Sprachwerkzeugen zu diesem und keinem andern Laute wird. So wie die Gegenstände sich in den Sinnenwerkzeugen des Einzelnen mit dieser bestimmten Figur, Farbe u. s. w. abbilden, so bilden sie sich im Werkzeuge des gesellschaftlichen Menschen, in der Sprache mit diesem bestimmten Laute ab. Nicht eigentlich redet der Mensch, sondern in ihm redet die menschliche Natur, und verkündiget sich andern seines Gleichen. Und so müßte man sagen: die Sprache ist eine einzige und durchaus nothwendige. Nun mag zwar, welches das zweite ist, die Sprache in dieser ihrer Einheit für den Menschen schlechtweg, als solchen, niemals und nirgends hervorgebrochen sein, sondern allenthalben weiter geändert und gebildet durch die Wirkungen, welche der Himmelsstrich, und häufigerer oder seltenerer Gebrauch, auf die Sprachwerkzeuge und die Aufeinanderfolge der beobachteten und bezeichneten Gegenstände auf die Aufeinanderfolge der Bezeichnung hatten. Jedoch findet auch hierin nicht Willkür oder Ohngefähr, sondern strenges Gesetz statt; und es ist nothwendig, daß in einem durch die erwähnten Bedingungen also bestimmten Sprachwerkzeuge nicht die Eine und reine Menschensprache, sondern daß eine Abweichung davon, und zwar, daß gerade diese bestimmte Abweichung davon hervorbreche

Nenne man die unter denselben äußern Einflüssen auf das Sprachwerkzeug stehenden, zusammenlebenden und in fortgesetzter Mittheilung ihre Sprache fortbildenden Menschen ein Volk, so muß man sagen: die Sprache dieses Volks ist nothwendig so wie sie ist, und nicht eigentlich dieses Volk spricht seine Erkenntniß aus, sondern seine Erkenntniß selbst spricht sich aus aus demselben.

Bei allen im Fortgange der Sprache durch dieselben oben erwähnten Umstände erfolgten Veränderungen bleibt ununterbrochen diese Gesetzmäßigkeit; und zwar für alle, die in ununterbrochener Mittheilung bleiben, und so das von jedem einzelnen ausgesprochene Neue an das Gehör aller gelangt, dieselbe Eine Gesetzmäßigkeit. Nach Jahrtausenden, und nach allen den Veränderungen, welche in ihnen die äußere Erscheinung der Sprache dieses Volks erfahren hat, bleibt es immer dieselbe Eine, ursprünglich also ausbrechen müssende lebendige Sprachkraft der Natur, die ununterbrochen durch alle Bedingungen herabgeflossen ist und in jeder so werden mußte, wie sie ward, am Ende derselben so sein mußte, wie sie jetzt ist, und in einiger Zeit also sein wird, wie sie sodann müssen wird. Die reinmenschliche Sprache zusammengenommen zuvörderst mit dem Organe des Volks, als sein erster Laut ertönte, was hieraus sich ergibt, ferner zusammengenommen mit allen Entwicklungen, die dieser erste Laut unter den gegebenen Umständen gewinnen mußte, gibt als letzte Folge die gegenwärtige Sprache des Volks. Darum bleibt auch die Sprache immer dieselbe Sprache. Lasset immer nach einigen Jahrhunderten die Nachkommen die damalige Sprache ihrer Vorfahren nicht verstehen, weil für sie die Uebergänge verloren gegangen sind; dennoch gibt es vom Anbeginn an einen stetigen Uebergang, ohne Sprung, immer unmerklich in der Gegenwart, und nur durch Hinzufügung neuer Uebergänge bemerklich gemacht, und als Sprung erscheinend. Niemals ist ein Zeitpunkt eingetreten, da die Zeitgenossen aufgehört hätten sich zu verstehen, indem ihr ewiger Vermittler und Dolmetscher die aus ihnen allen sprechende gemeinsame Naturkraft immerfort war und blieb. So verhält es sich mit der Sprache als Bezeichnung der Gegenstände unmittelbar sinnlicher Wahrnehmung, und dieses ist alle menschliche Sprache anfangs. Erhebt von dieser das Volk sich zu Erfassung des übersinnlichen, so vermag dieses übersinnliche zur beliebigen Wiederholung und zur Vermeidung der Verwirrung mit dem sinnlichen für den ersten Einzelnen, und zur Mittheilung und zweckmäßigen Leitung für andere, zuvörderst nicht anders festgehalten zu werden, denn also, daß ein Selbst als Werkzeug einer übersinnlichen Welt bezeichnet, und von demselben Selbst, als Werkzeug der sinnlichen Welt, genau unterschieden werde – eine Seele, Gemüth und dergl. einem körperlichen Leib entgegengesetzt werde. Ferner könnten die verschiedenen Gegenstände dieser übersinnlichen Welt, da sie insgesammt nur in jenem übersinnlichen Werkzeuge erscheinen, und für dasselbe da sind, in der Sprache nur dadurch bezeichnet werden, daß gesagt werde, ihr besonderes Verhältniß zu ihrem Werkzeuge sei also wie das Verhältniß der und der bestimmten sinnlichen Gegenstände zum sinnlichen Werkzeuge, und das in diesem Verhältniß ein besonderes übersinnliches einem besondern sinnlichen gleichgesetzt, und durch diese Gleichsetzung sein Ort im übersinnlichen Werkzeuge durch die Sprache angedeutet werde. Weiter vermag in diesem Umkreise die Sprache nichts; sie gibt ein sinnliches Bild des Uebersinnlichen blos mit der Bemerkung, daß es ein solches Bild sei; wer zur Sache selbst kommen will, muß nach der durch das Bild ihm angegebenen Regel sein eigenes geistiges Werkzeug in Bewegung setzen. – Im allgemeinen erhellt, daß diese sinnbildliche Bezeichnung des Uebersinnlichen jedesmal nach der Stufe der Entwicklung des sinnlichen Erkenntnißvermögens unter dem gegebenen Volke sich richten müsse; daß daher der Anfang und Fortgang dieser sinnbildlichen Bezeichnung in verschiedenen Sprachen sehr verschieden ausfallen werde, nach der Verschiedenheit des Verhältnisses, das zwischen der sinnlichen und geistigen Ausbildung des Volkes, das eine Sprache redet, stattgefunden und fortwährend stattfindet.

Wir beleben zuvörderst diese in sich klare Bemerkung durch ein Beispiel. Etwas, das zufolge der in der vorigen Rede erklärten Erfassung des Grundtriebes nicht erst durch das dunkle Gefühl, sondern sogleich durch klare Erkenntniß entsteht, dergleichen jedesmal ein übersinnlicher Gegenstand ist, heißt mit einem griechischen, auch in der deutschen Sprache häufig gebrauchten Worte, eine *Idee*, und dieses Wort gibt genau dasselbe Sinnbild, was in der deutschen das Wort *Gesicht*, wie dieses in folgenden Wendungen der lutherischen Bibelübersetzung: ihr werdet Gesichte sehen, ihr werdet Träume haben, vorkommt. Idee oder Gesicht in sinnlicher Bedeutung wäre etwas, das nur durch das Auge des Leibes, keineswegs aber durch einen andern Sinn, etwa der Betastung. des Gehörs u. s. w. erfaßt werden könnte, so wie etwa ein Regenbogen, oder die Gestalten, welche im Traume vor uns vorübergehen. Dasselbe in übersinnlicher Bedeutung hieße zuvörderst, zufolge des Umkreises, in dem das Wort gelten soll, etwas, das gar nicht durch den Leib, sondern nur durch den Geist erfaßt wird, sodann, das auch nicht durch das dunkle Gefühl des Geistes, wie manches andere, sondern allein durch das Auge desselben, die klare Erkenntniß, erfaßt werden kann. Wollte man nun etwa ferner annehmen, daß den Griechen bei dieser sinnbildlichen Bezeichnung allerdings der Regenbogen und die Erscheinungen der Art zum Grunde gelegen, so müßte man gestehen, daß ihre sinnliche Erkenntniß schon vorher sich zur Bemerkung des Unterschiedes zwischen den Dingen, daß einige sich allen oder mehreren Sinnen, einige sich blos dem Auge offenbaren, erhoben haben müsse, und daß außerdem sie den entwickelten Begriff, wenn er ihnen klar geworden wäre, nicht also, sondern anders hätten bezeichnen müssen. Es würde sodann auch ihr Vorzug in geistiger Klarheit erhellen etwa vor einem andern Volke, das den Unterschied zwischen Sinnlichem und Uebersinnlichem nicht durch ein aus dem besonnenen Zustande des Wachens hergenommenes Sinnbild habe bezeichnen können, sondern zum Traume seine Zuflucht genommen, um ein Bild für eine andere Welt zu finden; zugleich würde einleuchten, daß dieser Unterschied nicht etwa durch die größere oder geringere Stärke des Sinns fürs Uebersinnliche in den beiden Völkern, sondern daß er lediglich durch die Verschiedenheit ihrer sinnlichen Klarheit, damals, als sie Uebersinnliches bezeichnen wollten, begründet sei. So richtet alle Bezeichnung des Uebersinnlichen sich nach dem Umfang und der Klarheit der sinnlichen Erkenntniß desjenigen, der da bezeichnet. Das Sinnbild ist ihm klar, und drückt ihm das Verhältniß des Begriffenen zum geistigen Werkzeuge vollkommen verständlich aus, denn dieses Verhältniß wird ihm erklärt durch ein anderes unmittelbar lebendiges Verhältniß zu seinem sinnlichen Werkzeuge. Diese also entstandene neue Bezeichnung, mit aller der neuen Klarheit, die durch diesen erweiterten Gebrauch des Zeichens die sinnliche Erkenntniß selber bekommt, wird nun niedergelegt in der Sprache; und die mögliche künftige übersinnliche Erkenntniß wird nun nach ihrem Verhältnisse zu der ganzen in der gesammten Sprache niedergelegten übersinnlichen und sinnlichen Erkenntniß bezeichnet; und so geht es ununterbrochen fort; und so wird denn die unmittelbare Klarheit und Verständlichkeit der Sinnbilder niemals abgebrochen, sondern sie bleibt ein stetiger Fluß. – Ferner, da die Sprache nicht durch Willkür vermittelt, sondern als unmittelbare Naturkraft aus dem verständigen Leben ausbricht, so hat eine ohne Abbruch nach diesem Gesetze fortentwickelte Sprache auch die Kraft, unmittelbar einzugreifen in das Leben und dasselbe anzuregen. Wie die unmittelbar gegenwärtigen Dinge den Menschen bewegen, so müssen auch die Worte einer solchen Sprache den bewegen, der sie versteht, denn auch sie sind Dinge, keineswegs willkürliches Machwerk. So zunächst im Sinnlichen. Nicht anders jedoch auch im Uebersinnlichen. Denn obwol in Beziehung auf das letztere der stetige Fortgang der Naturbeobachtung durch freie Besinnung und Nachdenken unterbrochen wird, und hier gleichsam der unbildliche Gott eintritt; so versetzt dennoch die Bezeichnung durch die Sprache das Unbildliche auf der Stelle in den stetigen Zusammenhang des Bildlichen zurück; und so bleibt auch in dieser Rücksicht der stetige Fortgang der zuerst als Naturkraft ausgesprochenen Sprache unterbrochen, und es tritt in den Fluß der Bezeichnung keine Willkür ein. Es kann darum auch dem übersinnlichen Theile einer also stetig fortentwickelten Sprache seine Leben anregende Kraft auf den, der nur sein geistiges Werkzeug in Bewegung setzt, nicht entgehen. Die Worte einer solchen Sprache in allen ihren Theilen sind Leben und schaffen Leben. – Machen wir auch in Rücksicht der Entwicklung der Sprache für das Uebersinnliche die Voraussetzung, daß das Volk dieser Sprache in ununterbrochener Mittheilung geblieben, und daß, was Einer gedacht und ausgesprochen, bald an alle gekommen, so gilt, was bisher im allgemeinen gesagt worden, für alle, die diese Sprache reden. Allen, die nur denken wollen, ist das in der Sprache niedergelegte Sinnbild klar; allen, die da wirklich denken, ist es lebendig und anregend ihr Leben.

So verhält es sich, sage ich, mit einer Sprache, die von dem ersten Laute an, der in demselben Volke ausbrach, ununterbrochen aus dem wirklichen gemeinsamen Leben dieses Volkes sich entwickelt hat, und in die niemals ein Bestandtheil gekommen, der nicht eine wirklich erlebte Anschauung dieses Volks und eine mit allen übrigen Anschauungen desselben Volks im allseitig eingreifenden Zusammenhange stehende Anschauung ausdrückte. Lasset dem Stammvolke dieser Sprache noch so viele Einzelne andern Stammes und anderer Sprache einverleibt werden; wenn es diesen nur nicht verstattet wird, den Umkreis ihrer Anschauungen zu dem Standpunkte, von welchem von nun an die Sprache sich fortentwickle, zu erheben, so bleiben diese stumm in der Gemeinde, und ohne Einfluß auf die Sprache, so lange, bis sie selbst in den Umkreis der Anschauung des Stammvolks hineingekommen sind, und so bilden nicht sie die Sprache, sondern die Sprache bildet sie.

Ganz das Gegentheil aber von allem bisher Gesagten erfolgt alsdann, wenn ein Volk mit Aufgebung seiner eigenen Sprache eine fremde, für übersinnliche Bezeichnung schon sehr gebildete annimmt; und zwar nicht also, daß es sich der Einwirkung dieser fremden Sprache ganz frei hingebe, und sich bescheide sprachlos zu bleiben, so lange, bis es in den Kreis der Anschauungen dieser fremden Sprache hineingekommen; sondern also, daß es seinen eigenen Anschauungskreis der Sprache aufdringe, und diese, von dem Standpunkte aus, wo sie dieselbe fanden, von nun an in diesem Anschauungsweise sich fortbewegen müsse. – In Absicht des sinnlichen Theils der Sprache zwar ist diese Gegebenheit ohne Folgen. In jedem Volke müssen ja ohnedies die Kinder diesen Theil der Sprache, gleich als ob die Zeichen willkürlich wären, lernen und so die ganze frühere Sprachentwicklung der Nation hierin nachholen; jedes Zeichen aber in diesem sinnlichen Umkreise kann durch die unmittelbare Ansicht, oder Berührung des Bezeichneten vollkommen klar gemacht werden. Höchstens würde daraus folgen, daß das erste Geschlecht eines solchen seine Sprache ändernden Volks als Männer wieder in die Kinderjahre zurückzugehen genöthigt gewesen; mit den nachgebornen aber und an den künftigen Geschlechtern war alles wieder in der alten Ordnung. Dagegen ist diese Veränderung von den bedeutendsten Folgen in Rücksicht des übersinnlichen Theils der Sprache. Dieser hat zwar für die ersten Eigentümer der Sprache sich gemacht auf die bisher beschriebene Weise; für die spätern Eroberer derselben aber enthält das Sinnbild eine Vergleichung mit einer sinnlichen Anschauung, die sie entweder schon längst, ohne die beiliegende geistige Ausbildung, übersprungen haben, oder die sie dermalen noch nicht gehabt haben, auch wol niemals haben können. Das höchste, was sie hiebei thun können, ist, daß sie das Sinnbild und die geistige Bedeutung derselben sich erklären lassen, wodurch sie die flache und todte Geschichte einer fremden Bildung, keineswegs aber eigene Bildung erhalten und Bilder bekommen, die für sie weder unmittelbar klar, noch auch lebenanregend sind, sondern völlig also willkürlich erscheinen müssen, wie der sinnliche Theil der Sprache. Für sie ist nun, durch diesen Eintritt der blosen Geschichte als Erklärerin, die Sprache in Absicht des ganzen Umkreises ihrer Sinnbildlichkeit todt, abgeschlossen und ihr stetiger Fortfluß abgebrochen; und obwol über diesen Umkreis hinaus sie nach ihrer Weise, und in wiefern dies von einem solchen Ausgangspunkte aus möglich ist, diese Sprache wieder lebendig fortbilden mögen; so bleibt doch jener Bestandteil die Scheidewand, an welcher der ursprüngliche Ausgang der Sprache, als eine Naturkraft, aus dem Leben und die Rückkehr der wirklichen Sprache in das Leben, ohne Ausnahme sich bricht. Obwol eine solche Sprache auf der Oberfläche durch den Wind des Lebens bewegt werden, und so den Schein eines Lebens von sich geben mag, so hat sie doch tiefer einen todten Bestandteil, und ist durch den Eintritt des neuen Anschauungskreises und die Abbrechung des alten abgeschnitten von der lebendigen Wurzel.

Wir beleben das so eben Gesagte durch ein Beispiel; indem wir zum Behuf dieses Beispiels noch beiläufig die Bemerkung machen, daß eine solche im Grunde todte und unverständliche Sprache sich auch sehr leicht verdrehen und zu allen Beschönigungen des menschlichen Verderbens mißbrauchen läßt, was in einer niemals erstorbenen nicht also möglich ist. Ich bediene mich als solchen Beispiels der drei berüchtigten Worte, Humanität, Popularität, Liberalität. Diese Worte, vor dem Deutschen, der keine andere Sprache gelernt hat, ausgesprochen, sind ihm ein völlig leerer Schall, der an nichts ihm schon Bekanntes durch Verwandtschaft des Lautes erinnert und so aus dem Kreise seiner Anschauung und aller möglichen Anschauung ihn vollkommen herausreißt. Reizt nun doch etwa das unbekannte Wort durch seinen fremden vornehmen und wohltönenden Klang seine Aufmerksamkeit, und denkt er, was so hoch töne, müsse auch etwas Hohes bedeuten; so muß er sich diese Bedeutung ganz von vornherein und als etwas ihm ganz Neues erklären lassen und kann dieser Erklärung eben nur blind glauben und wird so stillschweigend gewöhnt, etwas für wirklich daseiend und würdig anzuerkennen, das er, sich selbst überlassen, vielleicht niemals des Erwähnens werth gefunden hätte. Man glaube nicht, daß es sich mit den neulateinischen Völkern, welche jene Worte vermeintlich als Worte ihrer Muttersprache aussprechen, viel anders verhalte. Ohne gelehrte Ergründung des Alterthums und seiner wirklichen Sprache verstehen sie die Wurzeln dieser Wörter eben so wenig, als der Deutsche. Hätte man nun etwa dem Deutschen statt des Wortes Humanität das Wort Menschlichkeit, wie jenes wörtlich übersetzt werden muß, ausgesprochen, so hätte er uns ohne weitere historische Erklärung verstanden; aber er hätte gesagt: da ist man nicht eben viel, wenn man ein Mensch ist und kein wildes Thier. Also aber, wie wol nie ein Römer gesagt hätte, würde der Deutsche sagen, deswegen, weil die Menschheit überhaupt in seiner Sprache nur ein sinnlicher Begriff geblieben, niemals aber wie bei den Römern zum Sinnbilde eines übersinnlichen geworden; indem unsere Vorfahren vielleicht lange vorher die einzelnen menschlichen Tugenden bemerkt, und sinnbildlich in der Sprache bezeichnet, ehe sie darauf gefallen, dieselben in einem Einheitsbegriffe, und zwar als Gegensatz mit der tierischen Natur, zusammenzufassen, welches denn auch unsern Vorfahren den Römern gegenüber zu gar keinem Tadel gereicht. Wer nun den Deutschen dennoch dieses fremde und römische Sinnbild künstlich in die Sprache spielen wollte, der würde ihre sittliche Denkart offenbar herunterstimmen, indem er ihnen als etwas Vorzügliches und Lobenswürdiges hingäbe, was in der fremden Sprache auch wol ein solches sein mag, was er aber, nach der unaustilgbaren Natur seiner Nationaleinbildungskraft nur faßt, als das Bekannte, das gar nicht zu erlassen ist. Es ließe sich vielleicht durch eine nähere Untersuchung darthun, daß dergleichen Herabstimmungen der frühern sittlichen Denkart durch unpassende und fremde Sinnbilder den germanischen Stämmen, die die römische Sprache annahmen, schon zu Anfange begegnet: doch wird hier auf diesen Umstand nicht gerade das größte Gewicht gelegt.

Würde ich ferner dem Deutschen statt der Wörter Popularität und Liberalität die Ausdrücke Haschen nach Gunst beim großen Haufen, und Entfernung vom Sklavensinn, wie jene wörtlich übersetzt werden müssen, sagen, so bekäme derselbe zuvörderst nicht einmal ein klares und lebhaftes sinnliches Bild, dergleichen der frühere Römer allerdings bekam. Dieser sah alle Tage die schmiegsame Höflichkeit des ehrgeizigen Candidaten gegen alle Welt, so wie die Ausbrüche des Sklavensinns vor Augen, und jene Worte bildeten sie ihm wieder lebendig vor. Durch die Veränderung der Regierungsform und die Einführung des Christentums waren schon dem späten Römer diese Schauspiele entrissen; wie denn überhaupt diesem, besonders durch das fremdartige Christenthum, das er weder abzuwehren, noch sich einzuverleiben vermochte, die eigene Sprache guten Theils abzusterben anfing im eigenen Munde. Wie hätte diese, schon in der eigenen Heimat halbtodte Sprache, lebendig überliefert werden können an ein fremdes Volk? Wie sollte sie es jetzt können an uns Deutsche? Was ferner das in jenen beiden Ausdrücken liegende Sinnbild eines geistigen betrifft, so liegt in der Popularität schon ursprünglich eine Schlechtigkeit, die durch das Verderben der Nation und ihrer Verfassung in ihrem Munde zur Tugend verdreht wurde. Der Deutsche geht in diese Verdrehung, so wie sie ihm nur in seiner eigenen Sprache dargeboten wird, nimmer ein. Zur Uebersetzung der Liberalität aber dadurch, daß ein Mensch keine Sklavenseele, oder, wenn es in die neue Sitte eingeführt wird, keine Lakaiendenkart habe, antwortet er abermals, daß auch dies sehr wenig gesagt heiße.

Nun hat man aber noch ferner in diese, schon in ihrer reinen Gestalt bei den Römern auf einer tiefen Stufe der sittlichen Bildung entstandenen, oder geradezu eine Schlechtigkeit bezeichnenden Sinnbilder in der Fortentwicklung der neulateinischen Sprachen den Begriff von Mangel an Ernst über die gesellschaftlichen Verhältnisse, den des Sichwegwerfens, den der gemüthlosen Lockerheit, hineingespielt und dieselben auch in die deutsche Sprache gebracht, um durch das Ansehen des Alterthums und des Auslandes, ganz in der Stille und ohne daß Jemand so recht deutlich merke, wovon die Rede sei, die letztgenannten Dinge auch unter uns in Ansehen zu bringen. Dies ist von jeher der Zweck und der Erfolg aller Einmischung gewesen; zuvörderst aus der unmittelbaren Verständlichkeit und Bestimmtheit, die jede ursprüngliche Sprache bei sich führt, den Hörer in Dunkel und Unverständlichkeit einzuhüllen; darauf an den dadurch erregten blinden Glauben desselben sich mit der nun nöthig gewordenen Erklärung zu wenden, in dieser endlich Laster und Tugend so durcheinander zu rühren, daß es kein leichtes Geschäft ist, dieselben wieder zu sondern. Hätte man das, was jene drei ausländischen Worte eigentlich wollen müssen, wenn sie überhaupt etwas wollen, dem Deutschen in seinen Worten, und in seinem sinnbildlichen Kreise also ausgesprochen: Menschenfreundlichkeit, Leutseligkeit, Edelmuth, so hätte er uns verstanden; die genannten Schlechtigkeiten aber hätten sich niemals in jene

Bezeichnungen einschieben lassen. Im Umfange deutscher Rede entsteht eine solche Einhüllung in Unverständlichkeit und Dunkel, entweder aus Ungeschicktheit, oder aus böser Tücke; sie ist zu vermeiden, und die Uebersetzung in rechtes wahres Deutsch liegt als stets fertiges Hilfsmittel bereit. In den neulateinischen Sprachen aber ist diese Unverständlichkeit natürlich und ursprünglich, und sie ist durch gar kein Mittel zu vermeiden, indem diese überhaupt nicht im Besitze irgend einer lebendigen Sprache, woran sie die todte prüfen könnten, sich befinden, und die Sache genau genommen, eine Muttersprache gar nicht haben. Das an diesem einzelnen Beispiele dargelegte, was gar leicht durch den ganzen Umkreis der Sprache sich würde hindurch führen lassen, und allenthalben also sich wieder finden würde, soll Ihnen das bis hieher Gesagte so klar machen, als es hier werden kann. Es ist vom übersinnlichen Theile der Sprache die Rede, vom sinnlichen zunächst und unmittelbar gar nicht. Dieser übersinnliche Theil ist in einer immerfort lebendig gebliebenen Sprache sinnbildlich, zusammenfassend bei jedem Schritte das Ganze des sinnlichen und geistigen, in der Sprache niedergelegten Lebens der Nation in vollendeter Einheit, um einen, ebenfalls nicht willkürlichen, sondern auf dem ganzen bisherigen Leben der Nation nothwendig hervorgehenden Begriff zu bezeichnen, aus welchem, und seiner Bezeichnung, ein scharfes Auge die ganze Bildungsgeschichte der Nation rückwärtsschreitend wieder müßte herstellen können. In einer todten Sprache aber, in der dieser Theil, als sie noch lebte, dasselbige war, wird er durch die Ertödtung zu einer zerrissenen Sammlung willkürlicher, und durchaus nicht weiter zu erklärender Zeichen eben so willkürlicher Begriffe, wo mit beiden sich nichts weiter anfangen läßt, als daß man sie eben lerne.

Somit ist unsre nächste Aufgabe, den unterscheidenden Grundzug des Deutschen vor den andern Völkern germanischer Abkunft zu finden, gelöst. Die Verschiedenheit ist sogleich bei der ersten Trennung des gemeinschaftlichen Stamms entstanden, und besteht darin, daß der Deutsche eine bis zu ihrem ersten Ausströmen aus der Naturkraft lebendige Sprache redet, die übrigen germanischen Stämme eine nur auf der Oberfläche sich regende, in der Wurzel aber todte Sprache. Allein in diesen Umstand, in die Lebendigkeit und in den Tod, setzen wir den Unterschied; keineswegs aber lassen wir uns ein auf den übrigen innern Werth der deutschen Sprache. Zwischen Leben und Tod findet gar keine Vergleichung statt, und das erste hat vor dem letzten unendlichen Werth; darum sind alle unmittelbare Vergleichungen der deutschen und der neulateinischen Sprachen durchaus nichtig, und sind gezwungen von Dingen zu reden, die der Rede nicht werth sind. Sollte vom innern Werthe der deutschen Sprache die Rede entstehen, so müßte wenigstens eine von gleichem Range, eine ebenfalls ursprüngliche, als etwa die griechische, den Kampfplatz betreten; unser gegenwärtiger Zweck aber liegt tief unter einer solchen Vergleichung.

Welchen unermeßlichen Einfluß auf die ganze menschliche Entwicklung eines Volks die Beschaffenheit seiner Sprache haben möge, die Sprache, welche den Einzelnen bis in die geheimste Tiefe seines Gemüths bei Denken und Wollen begleitet, und beschränkt oder beflügelt, welche die gesammte Menschenmenge, die dieselbe redet, auf ihrem Gebiete zu einem einzigen gemeinsamen Verstande verknüpft, welche der wahre gegenseitige Durchströmungspunkt der Sinnenwelt und der der Geister ist, und die Enden dieser beiden also in einander verschmilzt, daß gar nicht zu sagen ist, zu welcher von beiden sie selber gehöre; wie verschieden die Folge dieses Einflusses ausfallen möge, da, wo das Verhältniß ist, wie Leben und Tod, läßt sich im Allgemeinen errathen. Zunächst bietet sich dar, daß der Deutsche ein Mittel hat seine lebendige Sprache durch Vergleichung mit der abgeschlossenen römischen Sprache, die von der seinigen im Fortgange der Sinnbildlichkeit gar sehr abweicht, noch tiefer zu ergründen, wie hinwiederum jene auf demselben Wege klarer zu verstehen, welches dem Neulateiner, der im Grunde in dem Umkreise derselben Einen Sprache gefangen bleibt, nicht also möglich ist; daß der Deutsche, indem er die römische Stammsprache lernt, die abgestammten gewissermaßen zugleich mit erhält, und falls er etwa die erste gründlicher lernen sollte, denn der Ausländer, welches er aus dem angeführten Grunde gar wol vermag, er zugleich auch dieses Ausländers eigene Sprachen weit gründlicher verstehen und weit eigentümlicher besitzen lernt, denn jener selbst, der sie redet; daß daher der Deutsche, wenn er sich nur aller seiner Vortheile bedient, den Ausländer immerfort übersehen und ihn vollkommen, sogar besser denn er sich selbst, verstehen, und ihn nach seiner ganzen Ausdehnung übersetzen kann; dagegen der Ausländer ohne eine höchst mühsame Erlernung der deutschen Sprache den wahren Deutschen niemals verstehen kann, und das ächt Deutsche ohne Zweifel unübersetzt lassen wird. Was in diesen Sprachen man nur vom Ausländer selbst lernen kann, sind meistens aus Langeweile und Grille entstandene neue Moden des Sprechens, und man ist sehr bescheiden, wenn man auf diese Belehrungen eingeht. Meistens würde man statt dessen ihnen zeigen können, wie sie der Stammsprache und ihrem Verwandlungsgesetze gemäßig sprechen sollten, und daß die neue Mode nichts tauge, und gegen die althergebrachte gute Sitte verstoße. –

Jener Reichthum an Folgen überhaupt, so wie die besondere zuletzt erwähnte Folge ergeben sich, wie gesagt, von selbst.

Unsere Absicht aber ist es, diese Folgen insgesammt im Ganzen nach ihrem Einheitsbande und aus der Tiefe zu erfassen, um dadurch eine gründliche Schilderung des Deutschen im Gegensatze mit den übrigen germanischen Stämmen zu geben. Ich gebe diese Folgen vorläufig in der Kürze also an: 1) Beim Volke der lebendigen Sprache greift die Geistesbildung ein ins Leben; beim Gegentheile geht geistige Bildung und Leben jedes seinen Gang für sich fort. 2) Aus demselben Grunde ist es einem Volke der ersten Art mit aller Geistesbildung rechter eigentlicher Ernst, und es will, daß dieselbe ins Leben eingreife; dagegen einem von der letztern Art diese vielmehr ein genialisches Spiel ist, mit dem sie nichts weiter wollen. Die letztern haben Geist; die erstern haben zum Geiste auch noch Gemüth. 3) Was aus dem zweiten folgt: die erstern haben redlichen Fleiß und Ernst in allen Dingen und sind mühsam, dagegen die letztern sich im Geleite ihrer glücklichen Natur gehen lassen. 4) Was aus allem zusammen folgt: In einer Nation von der ersten Art ist das große Volk bildsam, und die Bildner einer solchen erproben ihre Entdeckungen an dem Volke, und wollen auf dieses einfließen; dagegen in einer Nation von der zweiten Art die gebildeten Stände vom Volke sich scheiden, und des letztern nicht weiter, denn als eines blinden Werkzeugs ihrer Pläne achten. Die weitere Erörterung dieser angegebenen Merkmale behalte ich der folgenden Rede vor.

Fünfte Rede.

Folgen aus der aufgestellten Verschiedenheit.

Zum Behuf einer Schilderung der Eigentümlichkeit der Deutschen ist der Grundunterschied zwischen diesen und den andern Völkern germanischer Abkunft angegeben worden, daß die ersteren in dem ununterbrochenen Fortflusse einer aus wirklichem Leben sich fortentwickelnden Sprache geblieben, die letztern aber eine ihnen fremde Sprache angenommen, die unter ihrem

Einflusse ertödtet worden. Wir haben zu Ende der vorigen Rede andre Erscheinungen an diesen also verschiedenen Volksstämmen angegeben, welche aus jenem Grundunterschiede nothwendig erfolgen mußten; und werden heute diese Erscheinungen weiter entwickeln und fester auf ihrem gemeinsamen Boden begründen.

Eine Untersuchung, die sich der Gründlichkeit befleißet, kann manches Streites und der Erregung von mancherlei Scheelsucht sich überheben. Wie wir ehemals in der Untersuchung, von der die gegenwärtige die Fortsetzung ist, thaten, so werden wir auch hier thun. Wir werden Schritt vor Schritt ableiten, was aus dem aufgestellten Grundunterschiede folgt, und nur darauf sehen, daß diese Ableitung richtig sei. Ob nun die Verschiedenheit der Erscheinungen, die dieser Ableitung zufolge sein sollte, in der wirklichen Erfahrung eintrete oder nicht, dies zu entscheiden, will ich lediglich Ihnen und jedem Beobachter überlassen. Zwar werde ich, was insbesondere den Deutschen betrifft, zu seiner Zeit darlegen, daß er sich wirklich also gezeigt habe, wie er unserer Ableitung zufolge sein mußte. Was aber die germanischen Ausländer betrifft, so werde ich nichts dagegen haben, wenn einer unter ihnen wirklich versteht, wovon eigentlich hier die Rede sei, und wenn diesem hernach auch der Beweis gelingt, daß seine Landsleute eben auch dasselbe gewesen seien, was die Deutschen, und wenn er sie von den entgegengesetzten Zügen völlig loszusprechen vermag. Im Allgemeinen wird unsre Beschreibung auch in diesen gegenteiligen Zügen keineswegs in das Nachtheilige und Grelle hinzeichnen, was den Sieg leichter macht denn ehrenvoll, sondern nur das nothwendig Erfolgende angeben, und dieses so ehrbar ausdrücken, als es mit der Wahrheit bestehen kann.

Die erste Folge von dem aufgestellten Grundunterschiede, die ich angab, war die: beim Volke der lebendigen Sprache greife die Geistesbildung ein in das Leben; beim Gegentheile gehe geistige Bildung und Leben jedes für sich seinen Gang fort. Es wird nützlich sein, zuvörderst den Sinn des aufgestellten Satzes tiefer zu erklären. Zuvörderst, indem hier vom Leben, und von dem Eingreifen der geistigen Bildung in dasselbe geredet wird, so ist darunter zu verstehen das ursprüngliche Leben und sein Fortfluß aus dem Quell alles geistigen Lebens, aus Gott, die Fortbildung der menschlichen Verhältnisse nach ihrem Urbilde, und so die Erschaffung eines neuen und vorher nie dagewesenen; keineswegs aber ist die Rede von der blosen Erhaltung jener Verhältnisse auf der Stufe, wo sie schon stehen, gegen Herabsinken, und noch weniger, vom Nachhelfen einzelner Glieder, die hinter der allgemeinen Ausbildung zurückgeblieben.

Sodann, wenn von geistiger Bildung die Rede ist, so ist darunter zu allererst die Philosophie – wie wir dies mit dem ausländischen Namen bezeichnen müssen, da die Deutschen sich den vorlängst vorgeschlagenen deutschen Namen nicht haben gefallen lassen, – die Philosophie, sage ich, ist zu allererst darunter zu verstehen; denn diese ist es, welche das ewige Urbild alles geistigen Lebens wissenschaftlich erfasset. Von dieser und von aller auf sie gegründeten Wissenschaft wird nun gerühmt, daß beim Volke der lebendigen Sprache sie einfließe in das Leben. Nun aber ist, in scheinbarem Widerspruche mit dieser Behauptung, oftmals und auch von den unsern gesagt worden, daß Philosophie, Wissenschaft, schöne Kunst, und dergleichen Selbstzwecke seien, und dem Leben nicht dienten, und daß es Herabwürdigung derselben sei, sie nach ihrer Nützlichkeit in diesem Dienste zu schätzen. Es ist hier der Ort, diese Ausdrücke näher zu bestimmen und vor aller Mißdeutung zu verwahren. Sie sind wahr in folgendem doppelten aber beschränkten Sinne: zuvörderst, daß Wissenschaft oder Kunst dem Leben auf einer gewissen niedern Stufe, z. B. dem irdischen und sinnlichen Leben oder der gemeinen Erbaulichkeit, wie einige gedacht haben, nicht müsse dienen wollen; sodann daß ein einzelner zufolge seiner persönlichen Abgeschiedenheit vom Ganzen einer Geisterwelt, in diesen besonderen Zweigen des allgemeinen göttlichen Lebens völlig ausgehen könne, ohne eines außer ihnen liegenden Antriebes zu bedürfen; und volle Befriedigung in ihnen finden könne. Keineswegs aber sind sie wahr in strenger Bedeutung; denn es ist eben so unmöglich, daß es mehrere Selbstzwecke gebe, als es unmöglich ist, daß es mehrere Absolute gebe. Der einzige Selbstzweck, außer welchem es keinen andern geben kann, ist das geistige Leben. Dieses äußert sich nur zum Theil und erscheint als ein ewiger Fortfluß aus ihm selber, als Quell, d. i. als ewige Thätigkeit. Diese Thätigkeit erhält ewig fort ihr Musterbild von der Wissenschaft, die Geschicklichkeit, nach diesem Bilde sich zu gestalten, von der Kunst; und insoweit könnte es scheinen, daß Wissenschaft und Kunst da seien als Mittel für das thätige Leben, als den Zweck. Nun aber ist in dieser Form der Thätigkeit das Leben selber niemals vollendet und zur Einheit geschlossen, sondern es geht fort ins

Unendliche. Soll nun doch das Leben als eine solche geschlossene Einheit da sein, so muß es also da sein in einer andern Form.

Diese Form ist nun die des reinen Gedankens, der die in der dritten Rede beschriebene Religionseinsicht gibt; eine Form, die als geschlossene Einheit mit der Unendlichkeit des Thuns schlechthin auseinanderfällt, und in dem letztern, dem Thun, niemals vollständig ausgedrückt werden kann. Beide demnach, der Gedanke, so wie die Thätigkeit, sind nur in der Erscheinung auseinanderfallende Formen, jenseit der Erscheinung aber sind sie, eine wie die andere, dasselbe Eine absolute Leben; und man kann gar nicht sagen, daß der Gedanke um des Thuns, oder das Thun um des Gedankens willen sei und also sei, sondern daß beides schlechthin sein solle, indem auch in der Erscheinung das Leben ein vollendetes Ganze sein solle, also, wie es dies ist jenseit aller Erscheinung. Innerhalb dieses Umkreises demnach und zufolge dieser Betrachtung ist es noch viel zu wenig gesagt, daß die Wissenschaft einfließe aufs Leben; sie ist vielmehr selber, und in sich selbstbeständiges Leben. – Oder, um dasselbe an eine bekannte Wendung anzuknüpfen. Was hilft alles Wissen, hört man zuweilen sagen, wenn nicht darnach gehandelt wird? In diesem Ausspruche wird das Wissen als Mittel für das Handeln, und dieses letztere als der eigentliche Zweck angesehen. Man könnte umgekehrt sagen, wie kann man doch gut handeln, ohne das Gute zu kennen? und es würde in diesem Ausspruche das Wissen als das bedingende des Handelns betrachtet. Beide Aussprüche aber sind einseitig; und das Wahre ist, daß beides, Wissen so wie Handeln, auf dieselbe Weise unabtrennliche Bestandteile des vernünftigen Lebens sind. In sich selbstbeständiges Leben aber, wie wir soeben uns ausdrückten, ist die Wissenschaft nur alsdann, wenn der Gedanke der wirkliche Sinn und die Gesinnung des Denkenden ist, also daß er, ohne besondere Mühe, und sogar ohne dessen sich klar bewußt zu sein, alles andere, was er denkt, ansieht, beurtheilt, zufolge jenes Grundgedankens ansieht und beurtheilt, und falls derselbe aufs Handeln einfließt, nach ihm eben so nothwendig handelt. Keineswegs aber ist der Gedanke Leben und Gesinnung, wenn er nur als Gedanke eines fremden Lebens gedacht wird; so klar und vollständig er auch als ein solcher blos möglicher Gedanke begriffen sein mag, und so hell man sich auch denken möge, wie etwa Jemand also denken könne. In diesem letztern Falle liegt zwischen unserm gedachten Denken und zwischen unserm wirklichen Denken ein großes Feld von Zufall und Freiheit, welche letzte wir nicht vollziehen mögen; und so bleibt jenes gedachte Denken von uns abstehend, und ein blos mögliches und ein von uns frei gemachtes und immer fort frei zu wiederholendes Denken. In jenem ersten Falle hat der Gedanke unmittelbar durch sich selbst unser Selbst ergriffen und es zu sich selbst gemacht, und durch diese also entstandene Wirklichkeit des Gedankens für uns geht unsre Einsicht hindurch zu dessen Nothwendigkeit. Daß nun das letztere also erfolge, kann, wie eben gesagt, keine Freiheit erzwingen, sondern es muß eben sich selbst machen, und der Gedanke selber muß uns ergreifen, und uns nach sich bilden.

Diese lebendige Wirksamkeit des Gedankens wird nun sehr befördert, ja, wenn das Denken nur von der gehörigen Tiefe und Stärke ist, sogar nothwendig gemacht, durch Denken und Bezeichnen in einer lebendigen Sprache. Das Zeichen in der letzten ist selbst unmittelbar lebendig und sinnlich, und wieder darstellend das ganze eigene Leben, und so dasselbe ergreifend und eingreifend in dasselbe; mit dem Besitzer einer solchen Sprache spricht unmittelbar der Geist, und offenbart sich ihm, wie ein Mann dem Manne. Dagegen regt das Zeichen einer todten Sprache unmittelbar nichts an; um in den lebendigen Fluß desselben hineinzukommen, muß man erst historisch erlernte Kenntnisse aus einer abgestorbenen Welt sich wiederholen, und sich in eine fremde Denkart hineinversetzen. Wie überschwenglich wol müßte der Trieb des eignen Denkens sein, wenn er in diesem langen und breiten Gebiete der Historie nicht ermattete, und nicht zuletzt auf dem Felde dieser bescheiden sich begnügte. So eines Besitzers der lebendigen Sprache Denken nicht lebendig wird, so kann man einen solchen ohne Bedenken beschuldigen, daß er gar nicht gedacht, sondern nur geschwärmt habe. Den Besitzer einer todten Sprache kann man in demselben Falle dessen nicht sofort beschuldigen; gedacht mag er allerdings haben nach seiner Weise, die in seiner Sprache niedergelegten Begriffe sorgfältig entwickelt; er hat nur das nicht gethan, was, falls es ihm gelänge, einem Wunder gleich zu achten wäre. Es erhellet im Vorbeigehen, daß beim Volke einer todten Sprache im Anfange, wo die Sprache noch nicht allseitig klar genug ist, der Trieb des Denkens noch am kräftigsten walten und die scheinbarsten Erzeugnisse hervorbringen werde; daß aber dieser, so wie die Sprache klarer und bestimmter wird, in den Fesseln derselben immermehr ersterben müsse, so daß zuletzt die Philosophie eines solchen Volks mit eignem Bewußtsein sich bescheiden wird, da sie nur eine Erklärung des Wörterbuchs, oder wie undeutscher Geist unter uns dies hochtönender ausgedrückt hat, eine Metakritik der Sprache sei; zu allerletzt, daß ein solches Volk etwa ein mittelmäßiges Lehrgedicht über die Heuchelei in Comödienform für ihr größtes philosophisches Werk anerkennen wird.

In dieser Weise, sage ich, fließt die geistige Bildung, und hier insbesondere das Denken in einer Ursache nicht ein in das Leben, sondern es ist selbst Leben des also Denkenden. Doch strebt es nothwendig, aus diesem also denkenden Leben einzufließen auf anderes Leben außer ihm, und so auf das vorhandene allgemeine Leben, und dieses nach sich zu gestalten. Denn eben weil jenes Denken Leben ist, wird es gefühlt von seinem Besitzer mit innigem Wohlgefallen in seiner belebenden, verklärenden und befreienden Kraft. Aber jeder, dem Heil aufgegangen ist in seinem Innern, will nothwendig, daß allen andern dasselbe Heil widerfahre, und er ist so getrieben und muß arbeiten, daß die Quelle, auf der ihm sein Wohlsein aufging, auch über andre sich verbreite. Anders derjenige, der blos ein fremdes Denken als ein mögliches begriffen hat. So wie ihm selber dessen Inhalt weder Wohl noch Wehe gibt, sondern es nur seine Muße angenehm beschäftigt und unterhält, so kann er auch nicht glauben, daß es einem andern wohl oder wehe machen könne, und hält es zuletzt für einerlei, woran Jemand seinen Scharfsinn übe, und womit er seine müßigen Stunden ausfülle.

Unter den Mitteln, das Denken, das im einzelnen Leben begonnen, in das allgemeine Leben einzuführen, ist das vorzüglichste die Dichtung, und so ist denn diese der zweite Hauptzweig der geistigen Bildung eines Volkes. Schon unmittelbar der Denker, wie er seinen Gedanken in der Sprache bezeichnet, welches nach Obigem nicht anders denn sinnbildlich geschehen kann, und zwar über den bisherigen Umkreis der Sinnbildlichkeit hinaus neu erschaffend, ist Dichter; und falls er dies nicht ist, wird ihm schon beim ersten Gedanken die Sprache, und beim Versuche des zweiten das Denken selber ausgehen. Diese durch den Denker begonnene Erweiterung und Ergänzung des sinnbildlichen Kreises der Sprache durch dieses ganze Gebiet der Sinnbilder zu verflößen, also daß jedwedes an seiner Stelle den ihm gebührenden Antheil von der neuen geistigen Veredlung erhalte, und so das ganze Leben bis auf seinen letzten sinnlichen Boden herab in den neuen Lichtstrahl getaucht erscheine, wohlgefalle, und in bewußtloser Täuschung wie von selbst sich veredle, dieses ist das Geschäft der eigentlichen Dichtung. Nur eine lebendige

Sprache kann eine solche Dichtung haben; denn nur in ihr ist der sinnbildliche Kreis durch erschaffendes Denken zu erweitern, und nur in ihr bleibt das schon Geschaffene lebendig und dem Einströmen verschwisterten Lebens offen. Eine solche Sprache führt in sich Vermögen unendlicher, ewig zu erfrischender und zu verjüngender Dichtung, denn jede Regung des lebendigen Denkens in ihr eröffnet eine neue Ader dichterischer Begeisterung; und so ist ihr denn diese Dichtung das vorzüglichste Verflößungsmittel der erlangten geistigen Ausbildung in das allgemeine Leben. Eine todte Sprache kann in diesem höhern Sinne gar keine Dichtung haben, indem alle die angezeigten Bedingungen der Dichtung in ihr nicht vorhanden sind. Dagegen kann eine solche auf eine Zeitlang einen Stellvertreter der Dichtung haben auf folgende Weise. Die in der Stammsprache vorhandenen Ausflüsse der Dichtkunst werden die Aufmerksamkeit reizen. Zwar kann die neu entstandene Volksart nicht fortdichten auf der angehobenen Bahn, denn diese ist ihrem Leben fremd; aber sie kann ihr eigenes Leben und die neuen Verhältnisse desselben in den sinnbildlichen und dichterischen Kreis, in welchem ihre Vorwelt ihr eignes Leben aussprach, einführen, und z. B. ihren Ritter ankleiden als Heros und umgekehrt, und die alten Götter mit den neuen das Gewand tauschen lassen. Gerade durch diese fremde Einhüllung des Gewöhnlichen wird dasselbe einen dem idealisirten ähnlichen Reiz erhalten, und es werden ganz wohlgefällige Gestalten hervorgehen. Aber beides, sowol der sinnbildliche und dichterische Kreis der Stammsprache, als die neuen Lebensverhältnisse, sind endliche und beschränkte Größen, ihre gegenseitige Durchdringung ist irgendwo vollendet; da aber, wo sie vollendet ist, feiert das Volk sein goldenes Zeitalter, und der Quell seiner Dichtung ist versiegt. Irgendwo gibt es nothwendig einen höchsten Punkt des Anpassens der geschlossenen Wörter an die geschlossenen Begriffe, und der geschlossenen Sinnbilder an die geschlossenen Lebensverhältnisse. Nachdem dieser Punkt erreicht ist, kann das Volk nicht mehr, denn entweder seine gelungensten Meisterstücke verändert wiederholen, also, daß sie aussehen, als ob sie etwas Neues seien, da sie doch nur das wohlbekannte Alte sind; oder, wenn sie durchaus neu sein wollen, zum Unpassenden und Unschicklichen ihre Zuflucht nehmen, und ebenso in der Dichtkunst das Häßliche mit dem Schönen zusammenmischen, und sich auf die Caricatur und das Humoristische legen, wie sie in der Prosa genöthigt sind, die Begriffe zu verwirren, und Laster und Tugend mit einander zu vermengen, wenn sie in neuen Weisen reden wollen.

Indem auf diese Weise in einem Volke geistige Bildung und Leben jedes für sich seinen besonderen Gang fortgehen: so erfolgt von selbst, daß die Stände, die zu der ersten keinen Zugang haben, und an die auch nicht einmal, wie in einem lebendigen Volke, die Folgen dieser Bildung kommen sollen, gegen die gebildeten Stände zurückgesetzt, und gleichsam für eine andere Menschenart gehalten werden, die an Geisteskräften ursprünglich, und durch die blose Geburt den ersten nicht gleich seien; daß darum die gebildeten Stände gar keine wahrhaft liebende Theilnahme an ihnen, und keinen Trieb haben, ihnen gründlich zu helfen, indem sie eben glauben, daß ihnen, wegen ursprünglicher Ungleichheit, gar nicht zu helfen sei, und daß die Gebildeten vielmehr gereizt werden, dieselben zu brauchen, wie sie sind, und sie also brauchen zu lassen. Auch diese Folge der Ertödtung der Sprache kann beim Beginn des neuen Volkes durch eine menschenfreundliche Religion, und durch den Mangel an eigner Gewandtheit der höhern Stände gemildert werden, im Fortgange aber wird diese Verachtung des Volkes immer unverhohlener und grausamer. Mit diesem allgemeinen Grunde des Sicherhebens und Vornehmthuns der gebildeten Stände hat noch ein besonderer sich vereinigt, welcher, da er auch selbst auf die Deutschen einen sehr verbreiteten Einfluß gehabt, hier nicht übergangen werden darf. Nämlich die Römer, welche anfangs den Griechen gegenüber, sehr unbefangen jenen nachsprechend, sich selbst Barbaren, und ihre eigne Sprache barbarisch nannten. Wie nun, jene höhern Grundsätze vorausgesetzt, das Urtheil über die deutsche Sprache in dieser Rücksicht ausfallen werde, mag hier unentschieden bleiben. Die römische Stammsprache selbst wird von jeder neueuropäischen Nation ausgesprochen nach der derselben eigenen Mundart, und ihre wahre Aussprache dürfte sich nicht leicht wieder herstellen lassen. Es bliebe demnach nur noch die Frage übrig, ob denn den neulateinischen Sprachen gegenüber die deutsche so übel, hart und rauh töne, wie einige zu glauben geneigt sind.

Bis einmal diese Frage gründlich entschieden werde, mag wenigstens vorläufig erklärt werden, wie es komme, daß Ausländern und selbst Deutschen, auch wenn sie unbefangen sind und ohne Vorliebe oder Haß, dieses also scheine. Ein noch ungebildetes Volk von sehr regsamer Einbildungskraft, bei großer Kindlichkeit des Sinnes und Freiheit von Nationaleitelkeit (die Germanier scheinen dieses alles gewesen zu sein), wird angezogen durch die Ferne und versetzt gern in diese, in entlegene Länder und ferne Inseln, die

Gegenstände seiner Wünsche und die Herrlichkeiten, die es ahnt. Es entwickelt sich in ihm ein *romantischer* Sinn (das Wort erklärt sich selbst und könnte nicht passender gebildet sein). Laute und Töne aus jenen Gegenden treffen nun auf diesen Sinn und regen seine ganze Wunderwelt auf, und darum gefallen sie. Daher mag es kommen, daß unsere ausgewanderten Landsleute so leicht die eigene Sprache für die fremde aufgaben, und daß noch bis jetzt uns, ihren sehr entfernten Anverwandten, jene Töne so wunderbar gefallen.

gaben nachher die auf sich geladene Benennung weiter, und fanden bei den Germaniern dieselbe gläubig Treuherzigkeit, die erst sie selbst den Griechen gezeigt hatten. Die Germanier glaubten der Barbarei nicht anders los werden zu können, als wenn sie Römer würden. Die auf ehemaligem römischen Boden Eingewanderten wurden es nach allem ihrem Vermögen. In ihrer Einbildungskraft bekam aber barbarisch gar bald die Nebenbedeutung gemein, pöbelhaft, tölpisch, und so ward das Römische im Gegentheil gleichgeltend mit vornehm. Bis in das Allgemeine und Besondere ihrer Sprachen geht dieses hinein, indem, wo Anstalten zur besonnenen und bewußten Bildung der Sprache getroffen wurden, diese darauf gingen, die germanischen Wurzeln auszuwerfen und aus römischen Wurzeln die Wörter zu bilden, und so die Romance, als die Hof- und gebildete Sprache zu erzeugen; im Besondern aber, indem fast ohne Ausnahme bei gleicher Bedeutung zweier Worte das aus germanischer Wurzel das Unedle und Schlechte, das aus römischer Wurzel aber das Edlere und Vornehmere bedeutet.

Dieses, gleich als ob es eine Grundseuche des ganzen germanischen Stammes wäre, fällt auch im Mutterlande den Deutschen an, falls er nicht durch hohen Ernst dagegen gerüstet ist. Auch unsern Ohren tönt gar leicht römischer Laut vornehm, auch unsern Augen erscheint römische Sitte edler, dagegen das Deutsche gemein; und da wir nicht so glücklich waren, dieses alles aus der ersten Hand zu erhalten, so lassen wir es uns auch aus der zweiten, und durch den Zwischenhandel der neuen Römer recht wohl gefallen. So lange wir deutsch sind, erscheinen wir uns als Männer, wie andre auch; wenn wir halb oder auch über die Hälfte undeutsch reden, und abstechende Sitten und Kleidung an uns tragen, die gar weit herzukommen scheinen, so dünken wir uns vornehm, der Gipfel aber unsers Triumphs ist es, wenn man uns gar nicht mehr für Deutsche, sondern etwa für Spanier oder Engländer hält, je nachdem nun einer von diesen gerade am meisten Mode ist. Wir haben recht. Naturgemäßheit von deutscher Seite, Willkürlichkeit und Künstelei von der Seite des Auslandes sind die Grundunterschiede; bleiben wir bei der ersten, so sind wir eben, wie unser ganzes Volk, dieses begreift uns und nimmt uns als seines Gleichen; nur wenn wir zur letzten unsre Zuflucht nehmen, werden wir ihm unverständlich, und es hält uns für andere Naturen. Dem Auslande kommt diese Unnatur von selbst in sein Leben, weil es ursprünglich und in einer Hauptsache von der Natur abgewichen; wir müssen sie erst aufsuchen, und an den Glauben, daß etwas schön, schicklich und bequem sei, das auf natürliche Weise uns nicht also erscheint, uns erst gewöhnen. Von diesem allen ist nun beim Deutschen der Hauptgrund sein Glaube an die größere Vornehmigkeit des romanisirten Auslandes, nebst der Sucht, ebenso vornehm zu thun, und auch in Deutschland die Kluft zwischen den höhern Ständen und dem Volke, die im Auslande natürlich erwuchs, künstlich aufzubauen. Es sei genug, hier den Grundquell dieser Ausländerei unter den Deutschen angegeben zu haben; wie ausgebreitet diese gewirkt, und daß alle die Uebel, an denen wir jetzt zu Grunde gegangen, ausländischen Ursprungs sind, welche freilich nur in der Vereinigung mit deutschem Ernste und Einfluß aufs Leben das Verderben nach sich ziehen mußten, werden wir zu einer andern Zeit zeigen.

Außer diesen beiden aus dem Gradunterschiede erfolgenden Erscheinungen, daß geistige Bildung ins Leben eingreife, oder nicht, und daß zwischen den gebildeten Ständen und dem Volke eine Scheidewand bestehe, oder nicht, führte ich noch die folgende an, daß das Volk der lebendigen Sprache Fleiß und Ernst haben und Mühe anwenden werde in allen Dingen, dagegen das der todten Sprache die geistige Beschäftigung mehr für ein genialisches Spiel halte, und im Geleite seiner glücklichen Natur sich gehen lasse. Dieser Umstand ergibt aus dem oben Gesagten sich von selbst. Beim Volke der lebendigen Sprache geht die Untersuchung aus von einem Bedürfnisse des Lebens, welches durch sie befriedigt werden soll, und erhält so alle die nöthigenden Antriebe, die das Leben selbst bei sich führt. Bei dem der todten will sie weiter nichts, denn die Zeit auf eine angenehme und dem Sinne fürs Schöne angemessene Weise hinbringen, und sie hat ihren Zweck vollständig erreicht, wenn sie dies gethan hat. Bei den Ausländern ist das letzte fast nothwendig; beim Deutschen, wo diese Erscheinung sich einstellt, ist das Pochen auf Genie und glückliche Natur eine seiner unwürdige Ausländerei, die, so wie alle Ausländerei aus der Sucht, vornehm zu thun, entsteht. Zwar wird in keinem Volke der Welt ohne einen ursprünglichen Antrieb im Menschen, der, als ein Uebersinnliches, mit dem ausländischen Namen mit Recht Genius genannt wird, irgend etwas Treffliches entstehen. Aber dieser Antrieb für sich allein regt nur die Einbildungskraft an, und entwirft in ihr über dem Boden schwebende, niemals vollkommen bestimmte Gestalten. Daß diese bis auf den Boden des wirklichen Lebens herab vollendet, und bis zur Haltbarkeit in diesem bestimmt werden, dazu bedarf es des fleißigen, besonnenen und nach einer festen Regel einhergehenden Denkens. Genialität liefert dem Fleiße den Stoff zur Bearbeitung, und der letzte würde ohne die erste entweder nur das schon bearbeitete, oder nichts zu bearbeiten haben. Der Fleiß aber führt diesen Stoff, der ohne ihn ein leeres Spiel bleiben würde, ins Leben ein; und so vermögen beide nur in ihrer Vereinigung etwas, getrennt aber sind sie nichtig. Nun kann überdies im Volke einer todten Sprache gar keine wahrhaft erschaffende Genialität zum Ausbruche kommen, weil es ihnen am ursprünglichen Bezeichnungsvermögen fehlt, sondern sie können nur schon Angehobenes fortbilden, und in die ganze schon vorhandene und vollendete Bezeichnung verflößen.

Was insbesondere die größere Mühe anbelangt, so ist natürlich, daß diese auf das Volk der lebendigen Sprache falle. Eine lebendige Sprache kann in Vergleichung mit einer andern auf einer hohen Stufe der Bildung stehen, aber sie kann niemals in sich selber diejenige Vollendung und Ausbildung erhalten, die eine todte Sprache gar leichtlich erhält. In der letzten ist der Umfang der Wörter geschlossen, die möglichen schicklichen Zusammenstellungen derselben werden allmählich auch erschöpft, und so muß der, der diese Sprache reden will, sie eben reden, so wie sie ist; nachdem er dieses aber einmal gelernt hat, redet die Sprache in seinem Munde sich selbst, und denkt und dichtet für ihn. In einer lebendigen Sprache aber, wenn nur in ihr wirklich gelebt wird, vermehren und verändern die Worte und ihre Bedeutungen sich immerfort, und eben dadurch werden neue Zusammenstellungen möglich und die Sprache, die niemals ist, sondern ewig fort wird, redet sich nicht selbst, sondern wer sie gebrauchen will, muß eben selber nach seiner Weise und schöpferisch für sein Bedürfniß sie reden. Ohne Zweifel erfordert das letzte weit mehr Fleiß und Uebungen, denn das erste. Ebenso gehen, wie schon oben gesagt, die Untersuchungen des Volks einer lebendigen Sprache bis auf die Wurzel der Ausströmung der Begriffe aus der geistigen Natur selbst; dagegen die einer todten Sprache nur einen fremden Begriff zu durchdringen und sich begreiflich zu machen suchen, und so in der That nur geschichtlich und auslegend, jene ersten aber wahrhaft philosophisch sind. Es begreift sich, daß eine Untersuchung von der letzten Art eher und leichter abgeschlossen werden möge, denn eine von der ersten. Nach Allem wird der ausländische Genius die betretenen Heerbahnen des Alterthums mit Blumen bestreuen, und der Lebensweisheit, die leicht ihm für Philosophie gelten wird, ein zierliches Gewand weben; dagegen wird der deutsche Geist neue Schachten eröffnen, und Licht und Tag einführen in ihre Abgründe und Felsmassen von Gedanken schleudern, aus denen die künftigen Zeitalter sich Wohnungen erbauen. Der ausländische Genius wird sein ein lieblicher Sylphe, der mit leichtem Fluge über den seinem Boden von selbst entkeimten Blumen hinschwebt, und sich niederläßt auf dieselben, ohne sie zu beugen, und ihren erquickenden Thau in sich zieht; oder eine Biene, die aus denselben Blumen mit geschäftiger Kunst den Honig sammelt, und ihn in regelmäßig gebauten Zellen zierlich geordnet niederlegt; der deutsche Geist ein Adler, der mit Gewalt seinen gewichtigen Leib emporreißt, und mit starkem und vielgeübtem Flügel viel Luft unter sich bringt, um sich näher zu heben der Sonne, deren Anschauung ihn entzückt.

Um alles bisher Gesagte in Einen Hauptgesichtspunkt zusammenzufassen. In Beziehung auf die Bildungsgeschichte überhaupt eines Menschengeschlechts, das historisch in ein Alterthum und in eine neue Welt zerfallen ist, werden zur ursprünglichen Fortbildung dieser neuen Welt im Großen und Ganzen die beiden beschriebenen Hauptstämme sich also verhalten. Der ausländisch gewordene Theil der frischen Nation hat durch seine Annahme der Sprache des Alterthums eine weit größere Verwandtschaft zu diesem erhalten. Es wird diesem Theile anfangs weit leichter werden, die Sprache desselben auch in ihrer ersten und unveränderten Gestalt zu erfassen, in die Denkmale ihrer Bildung einzudringen, und in dieselben ungefähr so viel frisches Leben zu bringen, daß sie sich an das entstandene neue Leben anfügen können. Kurz es wird von ihnen das Studium des classischen Alterthums über das neuere Europa ausgegangen sein. Von den ungelöst gebliebenen Aufgaben desselben begeistert wird es dieselben fortbearbeiten, aber freilich nur also, wie man eine, keineswegs durch ein Bedürfniß des Lebens, sondern durch blose Wißbegier gegebene Aufgabe bearbeitet, leicht sie nehmend, nicht mit ganzem Gemüthe, sondern nur mit der Einbildungskraft sie erfassend, und lediglich in dieser zu einem luftigen Leibe sie gestaltend. Bei dem Reichthume des Stoffs, den das Alterthum hinterlassen, bei der Leichtigkeit, mit der in dieser

Weise sich arbeiten läßt, werden sie eine Fülle solcher Bilder in den Gesichtskreis der neuen Welt einführen. Diese schon in die neue Form gestalteten Bilder der alten Welt, angekommen bei demjenigen Theile des Urstamms, der durch beibehaltene Sprache im Flusse ursprünglicher Bildung blieb, werden auch dessen Aufmerksamkeit und Selbstthätigkeit reizen, sie, welche vielleicht, wenn sie in der alten Form geblieben wären, unbeachtet und unvernommen vor ihm vorübergegangen wären. Aber er wird, so gewiß er sie nur wirklich erfaßt und nicht etwa nur sie weiter gibt von Hand in Hand, dieselben erfassen gemäß seiner Natur, nicht im blosen Wissen eines fremden, sondern als Bestandteil seines Lebens; und so sie aus dem Leben der neuen Welt nicht nur ableiten, sondern sie auch in dasselbe wiederum einführen, verkörpernd die vorher blos luftigen Gestalten zu gediegenen, und im wirklichen Lebenselemente haltbaren Leibern. In dieser Verwandlung, die das Ausland selbst ihm zu geben niemals vermocht hätte, erhält nun dieses es von ihnen zurück, und vermittelst dieses Durchgangs allein wird eine Fortbildung des Menschengeschlechts auf der Bahn des Alterthums, eine Vereinigung der beiden Haupthälften und ein regelmäßiger Fortfluß der menschlichen Entwicklung möglich. In dieser neuen Ordnung der Dinge wird das Mutterland nicht eigentlich erfinden, sondern im Kleinsten wie im Größten wird es immer bekennen müssen, daß es durch irgend einen Wink des Auslandes angeregt worden, welches Ausland selbst wieder angeregt wurde durch die Alten; aber das Mutterland wird ernsthaft nehmen und ins Leben einführen, was dort nur obenhin und flüchtig entworfen wurde. An treffenden und tiefgreifenden Beispielen dieses Verhältniß darzulegen, ist, wie schon oben gesagt, hier nicht der Ort, und wir behalten es uns vor auf die künftige Rede.

Beide Theile der gemeinsamen Nation blieben auf diese Weise Eins, und nur in dieser Trennung und Einheit zugleich sind sie ein Pfropfreis auf dem Stamme der alterthümlichen Bildung, welche letztere außerdem durch die neue Zeit abgebrochen sein und die Menschheit ihren Werth von vorn wieder angefangen haben würde. In diesen ihren beim Ausgangspunkte verschiedenen am Ziele zusammenlaufenden Bestimmungen müssen nun beide Theile, jeder sich selbst und den andere, erkennen, und denselben gemäß einander benutzen; besonders aber jeder den andern zu erhalten und in seiner Eigenthümlichkeit unverfälscht zu lassen sich bequemen; wenn es mit allseitiger und vollständiger Bildung des Ganzen einen guten Fortgang haben soll. Was diese Erkenntniß anbelangt, so dürfte dieselbe wol vom Mutterlande, als welchem zunächst der Sinn für die Tiefe verliehen ist, ausgehen müssen. Wenn aber in seiner Blindheit für solche Verhältnisse und fortgerissen von oberflächlichem Scheine, das Ausland jemals darauf ausgehen sollte, sein Mutterland der Selbständigkeit zu berauben, und es dadurch zu vernichten und aufzunehmen in sich: so würde dasselbe, wenn ihm dieser Vorsatz gelänge, dadurch für sich selbst die letzte Ader zerschneiden, durch die es bisher noch zusammenhing mit der Natur und dem Leben, und es würde gänzlich anheimfallen dem geistigen Tode, der ohnedies im Fortgange der Zeiten immer sichtbarer als sein Wesen sich offenbart hat; sodann wäre der bisher noch stetig fortgegangene Fluß der Bildung unsers Geschlechts in der That beschlossen, und die Barbarei müßte wieder beginnen und ohne Rettung fortschreiten, so lange, bis wir insgesammt wieder in Höhlen lebten, wie die wilden Thiere, und gleich ihnen uns untereinander aufzehrten. Daß dies wirklich also sei, und nothwendig also erfolgen müsse, kann freilich nur der Deutsche einsehen, und er allein soll es auch; dem Ausländer, der, da er keine fremde Bildung kennt, unbegrenztes Feld hat, sich in der seinigen zu bewundern, muß es, und mag es immer erscheinen als eine abgeschmackte Lästerung der schlecht unterrichteten Unwissenheit.

Das Ausland ist die Erde, aus welcher fruchtbare Dünste sich absondern und sich emporheben zu den Wolken und durch welche auch noch die in den Tartarus verwiesenen alten Götter zusammenhängen mit dem Umkreise des Lebens. Das Mutterland ist der jene umgebende ewige Himmel, an welchem die leichten Dünste sich verdichten zu Wolken, die, durch des Donnerers aus anderer Welt stammenden Blitzstrahl geschwängert, herabfallen, als befeuchtender Regen, der Himmel und Erde vereinigt, und die im Ersten einheimischen Gaben auch dem Schooße der letztern entkeimen läßt. Wollen neue Titanen abermals den Himmel erstürmen? Er wird für sie nicht Himmel sein, denn sie sind Erdgeborne; es wird ihnen blos der Anblick und die Einwirkung des Himmels entrückt werden, und nur ihre Erde als eine kalte finstere und unfruchtbare Behausung ihnen zurückbleiben. Aber was vermöchte, sagt ein römischer Dichter, was vermöchte ein Typhoeus, oder der gewaltige Mimas, oder Porphyrion in drohender Stellung, oder Rhötus, oder der kühne Schleuderer aufgerissener Baumstämme, Enceladus, wenn sie sich stürzen gegen Pallas tönenden Schild. Dieser selbige Schild ist es, der ohne Zweifel auch uns decken wird, wenn wir es verstehen, uns unter seinen Schutz zu begeben.

Sechste Rede.

Darlegung der deutschen Grundzüge in der Geschichte.

Welche Hauptunterschiede sein würden zwischen einem Volke, das in seiner ursprünglichen Sprache sich fortbildet, und einem solchen, das eine fremde Sprache angenommen, ist in der vorigen Rede auseinander gesetzt. Wir sagten bei dieser Gelegenheit: was das Ausland betreffe, so wollten wir dem eigenen Urtheile jedweden Beobachters die Entscheidung überlassen, ob in demselben diejenigen Erscheinungen wirklich einträten, die zufolge unserer Behauptungen darin eintreten müßten; was aber die Deutschen betrifft, machten wir uns anheischig darzulegen, daß diese sich wirklich also geäußert, wie unsern Behauptungen zufolge das Volk einer Ursprache sich äußern müsse. Wir gehen heute an die Erfüllung unseres Versprechens und zwar legen wir das zu Erweisende zunächst dar an der letzten großen und in gewissem Sinne, vollendeten Weltthat des deutschen Volkes, an der kirchlichen Reformation.

Das aus Asien stammende und durch seine Verderbung erst recht asiatisch gewordene, nur stumme Ergebung und blinden Glauben predigende Christenthum war schon für die Römer etwas Fremdartiges und Ausländisches; es wurde niemals von ihnen wahrhaft durchdrungen und angeeignet, und theilte ihr Wesen in zwei nicht aneinander passende Hälften; wobei jedoch die Anfügung des fremden Theils durch den angestammten schwermüthigen Aberglauben vermittelt wurde. An den eingewanderten Germaniern erhielt diese Religion Zöglinge, in denen keine frühere Verstandesbildung ihr hinderlich war, aber auch kein angestammter Aberglaube sie begünstigte und so wurde sie denn an dieselben gebracht, als ein zum Römer, das sie nun einmal sein wollten, eben auch gehöriges Stück, ohne sonderlichen Einfluß auf ihr Leben. Daß diese christlichen Erzieher von der altrömischen Bildung und dem Sprachverständnisse, als dem Behälter derselben, nicht mehr an diese Neubekehrten kommen ließen, als mit ihren Absichten sich vertrug, versteht sich von selbst; und auch hierin liegt ein Grund des Verfalls und der Ertödtung der römischen Sprache in ihrem Munde. Als späterhin die ächten und unverfälschten Denkmale der alten Bildung in die Hände dieser Völker fielen und dadurch der Trieb, selbstthätig zu denken und zu begreifen, in ihnen angeregt wurde: so mußte, da ihnen theils dieser Trieb neu und frisch war, theils kein angestammtes Erschrecken vor den Göttern ihm das Gegengewicht hielt, der Widerspruch eines blinden Glaubens und der sonderbaren Dinge, welche im Verlaufe der Zeiten zu Gegenständen desselben geworden waren, dieselben weit härter treffen, denn sogar die Römer, als an diese zuerst das Christenthum kam. Einleuchten des vollkommenen Widerspruchs aus demjenigen, woran man bisher treuherzig geglaubt hat, erregt Lachen; die, welche das Rätsel gelöst hatten, lachten und spotteten, und die Priester selbst, die es ebenfalls gelöst hatten, lachten mit, gesichert dadurch, daß nur sehr wenigen der Zugang zur altertümlichen Bildung, als dem Lösungsmittel des Zaubers, offen stehe. Ich deute hiermit vorzüglich auf Italien, als den damaligen Hauptsitz der neurömischen Bildung, hinter welchem die übrigen neurömischen Stämme in jeder Rücksicht noch sehr weit zurück waren.

Sie lachten des Truges, denn es war kein Ernst in ihnen, den er erbittert hätte; sie wurden durch diesen ausschließenden Sitz einer ungemeinen Erkenntniß um so sicherer ein vornehmer und gebildeter Stand, und mochten es wol leiden, daß der große Haufe, für den sie kein Gemüth hatten, dem Truge ferner preisgegeben und so auch für ihre Zwecke folgsamer erhalten bliebe. Also nur, daß das Volk betrogen werde, der Vornehmere den Betrug nütze und sein lache, konnte es fortbestehen; und es würde wahrscheinlich, wenn in der neuen Zeit nichts vorhanden gewesen wäre, außer Neurömer, also fortbestanden haben bis ans Ende der Tage. Sie sehen hier einen klaren Beleg zu dem, was früher über die Fortsetzung der alten Bildung durch die neue und über den Antheil, den die Neurömer daran zu haben vermögen, gesagt wurde. Die neue Klarheit ging aus von den Alten, sie fiel zuerst in den Mittelpunkt der neurömischen Bildung, sie wurde daselbst nur zu einer Verstandeseinsicht ausgebildet, ohne das Leben zu ergreifen und anders zu gestalten.

Nicht länger aber konnte der bisherige Zustand der Dinge bestehen, sobald dieses Licht in ein in wahrem Ernste und bis auf das Leben herab religiöses Gemüth fiel, und, wenn dieses Gemüth von einem Volke umgeben war, dem es seine ernstere Ansicht der Sache leicht mittheilen konnte, und dieses Volk Häupter fand, welche auf sein entschiedenes Bedürfniß etwas gaben. So tief auch das Christenthum herabsinken mochte, so bleibt doch immer in ihm ein Grundbestandtheil, in dem Wahrheit ist und der ein Leben, das nur wirkliches und selbstständiges Leben ist, sicher anregt; die Frage: was sollen wir thun, damit wir selig werden? War diese Frage auf einen erstorbenen Boden gefallen, wo es entweder überhaupt an seinen Ort gestellt blieb, ob wol so etwas, wie Seligkeit im Ernste möglich sei, oder, wenn auch das erste angenommen worden wäre, dennoch gar kein fester und entschiedener Wille, selbst auch selig zu werden, vorhanden war, so hatte auf diesem Boden die Religion gleich anfangs nicht eingegriffen in Leben und Willen, sondern sie war nur als ein schwankender und blasser Schatten im Gedächtnisse und in der Einbildungskraft behangen geblieben; und so mußten natürlich auch alle fernere Aufklärungen über den Zustand der vorhandenen Religionsbegriffe gleichfalls ohne Einfluß auf das Leben bleiben. War hingegen jene Frage in einen ursprünglich lebendigen Boden gefallen, so daß im Ernste geglaubt wurde, es gebe eine Seligkeit und der feste Wille da war, selig zu werden und die von der bisherigen Religion angegebenen Mittel zur Seligkeit mit innigem Glauben und redlichem Ernste in dieser Absicht gebraucht worden waren, so mußte, wenn in diesen Boden, der gerade durch sein Ernstnehmen dem Lichte über die Beschaffenheit dieser Mittel sich länger verschloß, dieses Licht zuletzt dennoch fiel, ein gräßliches Entsetzen sich erzeugen vor dem Betruge um das Heil der Seele und die treibende Unruhe, dieses Heil auf andere Weise zu retten und was als in ewiges Verderben stürzend erschien, konnte nicht scherzhaft genommen werden. Ferner konnte der Einzelne, den zuerst diese Ansicht ergriffen, keineswegs zufrieden sein, etwa nur seine eigne Seele zu retten, gleichgültig über das Wohl aller übrigen unsterblichen Seelen, indem er, seiner tiefern Religion zufolge, dadurch auch nicht einmal die eigene Seele gerettet hätte: sondern mit der gleichen Angst, die er um diese fühlte, mußte er ringen, schlechthin allen Menschen in der Welt das Auge zu öffnen über die verdammliche Täuschung.

Auf diese Weise nun fiel die Einsicht, die lange vor ihm sehr viele Ausländer wol in größerer Verstandesklarheit gehabt hatten, in das Gemüth des deutschen Mannes, Luther. An alterthümlicher und feiner Bildung, an Gelehrsamkeit, an andern Vorzügen übertrafen ihn nicht nur Ausländer, sondern sogar viele in seiner Nation. Aber ihn ergriff ein allmächtiger Antrieb, die Angst um das ewige Heil und dieser ward das Leben in seinem Leben und setzte immerfort das letzte in die Wage und gab ihm die Kraft und die Gaben, die die Nachwelt bewundert. Mögen andere bei der Reformation irdische Zwecke gehabt haben, sie hätten nie gesiegt, hätte nicht an ihrer Spitze ein Anführer gestanden, der durch das Ewige begeistert wurde; daß dieser, der immerfort das Heil aller unsterblichen Seelen auf dem Spiel stehen sah, allen Ernstes allen Teufeln in der Hölle furchtlos entgegenging, ist natürlich und durchaus kein Wunder. Dies nun ist ein Beleg von deutschem Ernst und Gemüth.

Daß Luther mit diesem rein menschlichen, und nur durch jeden selbst zu besorgenden Anliegen an alle und zunächst an die Gesammtheit seiner Nation sich wendete, lag, wie gesagt, in der Sache. Wie nahm nun sein Volk diesen Antrag auf? Blieb es in seiner dumpfen Ruhe, gefesselt an den Boden durch irdische Geschäfte und ungestört fortgehend den gewohnten Gang, oder erregte die nicht alltägliche Erscheinung gewaltiger Begeisterung blos sein Gelächter? Keineswegs, sondern es wurde wie durch ein fortlaufendes Feuer ergriffen von derselben Sorge für das Heil der Seele und diese Sorge eröffnete schnell auch ihr Auge der vollkommenen Klarheit und sie nahmen auf im Fluge das ihnen Dargebotene. War diese Begeisterung nur eine augenblickliche Erhebung der Einbildungskraft, die im Leben und gegen dessen ernsthafte Kämpfe und Gefahren nicht Stand hielt? Keineswegs, sie entbehrten Alles, und trugen alle Martin und kämpften in blutigen zweifelhaften Kriegen, lediglich damit sie nicht wieder unter die Gewalt des verdammlichen Papstthums geriethen, sondern ihnen und ihren Kindern fort das allein seligmachende Licht des Evangeliums schiene; und es erneuten sich an ihnen in später Zeit alle Wunder, die das Christenthum bei seinem Beginnen an seinen Bekennern darlegte. Alle Aeußerungen jener Zeit sind erfüllt von dieser allgemein verbreiteten Besorgtheit um die Seligkeit. Sehen Sie hier einen Beleg von der Eigentümlichkeit des deutschen Volkes. Es ist durch Begeisterung zu jedweder Begeisterung und jedweder Klarheit leicht zu erheben und seine Begeisterung hält aus für das Leben und gestaltet dasselbe um.

Auch früher und anderwärts hatten Reformatoren Haufen des Volks begeistert und sie zu Gemeinden versammelt und gebildet; dennoch erhielten diese Gemeinden keinen festen und auf dem Boden der bisherigen Verfassung begründeten Bestand, weil die Volkshäupter und Fürsten der bisherigen Verfassung nicht auf ihre Seite traten. Auch der Reformation durch Luther schien anfangs kein günstigeres Schicksal bestimmt. Der weise Kurfürst, unter dessen Augen sie begann, schien mehr im Sinne des Auslandes als in dem deutschen weise zu sein; er schien die eigentliche Streitfrage nicht sonderlich gefaßt zu haben, einem Streite zwischen zwei Mönchsorden, wie ihm es schien, nicht viel Gewicht beizulegen und höchstens blos um den guten Ruf seiner neu errichteten Universität besorgt zu sein. Aber er hatte Nachfolger, die weit weniger weise, denn er, von derselben ernstlichen Sorge für ihre Seligkeit ergriffen wurden, die in ihren Völkern lebte, und vermittelst dieser Gleichheit mit ihnen verschmolzen bis zu gemeinsamem Leben oder Tod, Sieg oder Untergang.

Sehen Sie hieran einen Beleg zu dem oben angegebenen Grundzuge der Deutschen, als einer Gesammtheit und zu ihrer durch die Natur begründeten Verfassung. Die großen National- und Weltangelegenheiten sind bisher durch freiwillig auftretende Redner an das Volk gebracht worden und bei diesem durchgegangen. Mochten doch ihre Fürsten anfangs aus Ausländerei und aus Sucht vornehm zu thun und zu glänzen, wie jene, sich absondern von der Nation und diese verlassen oder verrathen, so wurden sie auch später leicht wieder fortgerissen zur Einstimmigkeit mit derselben und erbarmten sich ihrer Völker. Daß das erste stets der Fall gewesen sei, werden wir tiefer unten noch an andern Belegen darthun; daß das letztere fortdauernd der Fall bleiben möge, können wir nur mit heißer Sehnsucht wünschen. Ohnerachtet man nun bekennen muß, daß in der Angst jenes Zeitalters um das Heil der Seelen, eine Dunkelheit und Unklarheit blieb, indem es nicht darum zu thun war, den äußeren Vermittler zwischen Gott und den Menschen nur zu verändern, sondern gar keines äußern Mittlers zu bedürfen, und das Band des Zusammenhanges in sich selber zu finden; so war es doch vielleicht nothwendig, daß die religiöse Ausbildung der Menschen im Ganzen durch diesen Mittelzustand hindurchginge. Luthern selbst hat sein redlicher Eifer noch mehr gegeben, denn er suchte, und ihn weit hinausgeführt über sein Lehrgebäude. Nachdem er nur die ersten Kämpfe der Gewissensangst, die ihm sein kühnes Losreißen von dem ganzen bisherigen Glauben verursachte, bestanden hatte, sind alle seine Aeußerungen voll eines Jubels und Triumphs über die erlangte Freiheit der Kinder Gottes, welche die Seligkeit gewiß nicht mehr außer sich und jenseit des Grabes suchten, sondern der Ausbruch des unmittelbaren Gefühls derselben waren. Er ist hierin das Vorbild aller künftigen Zeitalter geworden und hat für uns alle vollendet. – Sehen Sie auch hier einen Grundzug des deutschen Geists. Wenn er nur sucht, so findet er mehr, als er suchte; denn er geräth hinein in den Strom lebendigen Lebens, das durch sich selbst fortrinnt und ihn mit sich fortreißt.

Dem Papstthume, dieses nach seiner eigenen Gesinnung genommen und beurtheilt, geschah durch die Weise, wie die Reformation dasselbe nahm, ohne Zweifel Unrecht. Die Aeußerungen desselben waren wol größtenteils aus der vorliegenden Sprache blind herausgerissen, asiatisch rednerisch übertreibend, gelten sollend, was sie könnten, und rechnend, daß mehr als der gebührende Abzug wol ohnedies werde gemacht werden, niemals aber ernstlich ermessen, erwogen oder gemeint. Die Reformation nahm mit deutschem Ernste sie nach ihrem vollen Gewichte; und sie hatte recht, daß man Alles also nehmen solle, unrecht, wenn sie glaubte, jene hätten es also genommen und sie noch anderer Dinge, denn ihrer natürlichen Flachheit und Ungründlichkeit, bezüchtigte. Ueberhaupt ist dies die stets sich gleichbleibende Erscheinung in jedem Streit des deutschen Ernstes gegen das Ausland, ob dieses sich nun außer Landes oder im Lande befinde, daß das letztere gar nicht begreifen kann, wie man über so gleichgiltige Dinge, als Worte und Redensarten sind, ein so großes Wesen erheben möge und daß sie, aus deutschem Munde es wieder hörend, nicht gesagt haben wollen, was sie doch gesagt haben und sagen, und immerfort sagen werden, und über Verleumdung, die sie Consequenzmacherei nennen, klagen, wenn man ihre Aeußerungen in ihrem buchstäblichen Sinne und als ernstlich gemeint, nimmt, und dieselben betrachtet als Bestandteile einer folgebeständigen Denkreihe, die man nun rückwärts nach ihren Grundsätzen, und vorwärts nach ihren Folgen herstellt; indeß man doch vielleicht sehr entfernt ist, ihnen für die Person klares Bewußtsein dessen, was sie reden, und Folgebeständigkeit, beizumessen. In jener Anmuthung, man müsse eben jedwedes Ding nehmen wie es gemeint sei, nicht aber etwa noch darüber hinaus das Recht zu meinen und laut zu meinen, in Frage ziehen, verräth sich immer die noch so tief versteckte Ausländerei.

Dieser Ernst, mit welchem das alte Religionslehrgebäude genommen wurde, nöthigte dieses selbst zu einem größeren Ernste, als es bisher gehabt hatte, und zu neuer Prüfung, Umdeutung, Befestigung der alten Lehre, so wie zu größerer Behutsamkeit in Lehre und Leben für die Zukunft: und dieses, so wie das zunächstfolgende, sei Ihnen ein Beleg von der Weise, wie Deutschland auf das übrige Europa immer zurückgewirkt hat. Hierdurch erhielt für das Allgemeine die alte Lehre wenigstens diejenige unschädliche Wirksamkeit, die sie, nachdem sie nun einmal nicht aufgegeben werden sollte, haben konnte; insbesondere aber ward sie für die Vertheidiger derselben Gelegenheit und Aufforderung zu einem gründlicheren und folgegemäßeren Nachdenken, als bisher statt gehabt hatte. Davon, daß die in Deutschland verbesserte Lehre auch in das neulateinische Ausland sich verbreitet und daselbst denselben Erfolg höherer Begeisterung hervorgebracht, wollen wir hier, als von einer vorübergehenden Erscheinung schweigen: wiewol es immer merkwürdig ist, daß die neue Lehre in keinem eigentlich neulateinischen Lande zu einem vom Staate anerkannten Bestande gekommen; indem es scheint, daß es deutscher Gründlichkeit bei den Regierenden und deutscher Gutmütigkeit beim Volke bedurft habe, um diese Lehre verträglich mit der Obergewalt zu finden, und sie also zu machen.

In einer andern Rücksicht aber, und zwar nicht auf das Volk, sondern auf die gebildeten Stände, hat Deutschland durch seine Kirchenverbesserung einen allgemeinen und dauernden Einfluß auf das Ausland gehabt; und durch diesen Einfluß das Ausland wieder zum Vorgänger für sich selbst, und zu seinem eigenen Anreger zu neuen Schöpfungen sich zubereitet. Das freie und selbsttätige Denken, oder die Philosophie, war schon in den vorhergehenden Jahrhunderten unter der Herrschaft der alten Lehre häufig angeregt und geübt worden, keineswegs aber, um aus sich selbst Wahrheit hervorzubringen, sondern nur, um zu zeigen, daß und auf welche Weise die Lehre der Kirche wahr sei. Dasselbe Geschäft in Beziehung auf ihre Lehre erhielt zunächst die Philosophie auch bei den deutschen Protestanten und ward bei diesen Dienerin des Evangeliums, so wie sie bei den Scholastikern die der Kirche gewesen war. Im Auslande, das entweder kein Evangelium hatte, oder das dasselbe nicht mit unvermischt deutscher Andacht und Tiefe des Gemüths gefaßt hatte, erhob das durch den erhaltenen glänzenden Triumph angefeuerte freie Denken sich leichter und höher, ohne die Fessel eines Glaubens an Uebersinnliches; aber es blieb in der sinnlichen Fessel des Glaubens an den natürlichen, ohne Bildung und Sitte angewachsenen Verstand; und weit entfernt, daß es in der Vernunft die Quelle auf sich selbst beruhender Wahrheit entdeckt hätte, wurden für dasselbe die Aussprüche dieses rohen Verstandes dasjenige, was für die Scholastiker die Kirche, für die ersten protestantischen Theologen das Evangelium war; ob sie wahr seien, darüber regte sich kein Zweifel, die Frage war blos, wie sie diese Wahrheit gegen bestreitende Ansprüche behaupten könnten.

Indem nun dieses Denken in das Gebiet der Vernunft, deren Gegenstreit bedeutender gewesen sein würde, gar nicht hineinkam, so fand es keinen Gegner, außer der historisch vorhandenen Religion und wurde mit dieser leicht fertig, indem es sie an den Maßstab des vorausgesetzten gesunden Verstandes hielt und sich dabei klar zeigte, daß sie demselben eben widerspräche, und so kam es denn, daß, so wie dieses alles ins Reine gebracht wurde, im Auslande die Benennung des Philosophen und die des Irrreligiösen und Gottesläugners, gleichbedeutend wurden, und zu gleicher ehrenvoller Auszeichnung gereichten.

Die versuchte gänzliche Erhebung über allen Glauben an fremdes Ansehen, welche in diesen Bestrebungen des Auslandes das richtige war, wurde den Deutschen, von denen sie vermittelst der Kirchenverbesserung erst ausgegangen war, zu neuer Anregung. Zwar sagten untergeordnete und unselbständige Köpfe unter uns diese Lehre des Auslandes eben nach – lieber die des Auslandes, wie es scheint, als die eben so leicht zu habende ihrer Landsleute, darum, weil ihnen das erste vornehmer dünkte – und diese Köpfe suchten, so gut es gehen wollte, sich selber davon zu überzeugen; wo aber selbstständiger deutscher Geist sich regte, da genügte das Sinnliche nicht, sondern es entstand die Aufgabe das, freilich nicht auf fremdes Ansehen zu glaubende, Uebersinnliche in der Vernunft selbst aufzusuchen und so erst eigentliche Philosophie zu erschaffen, indem man, wie es sein sollte, das freie Denken zur Quelle unabhängiger Wahrheit machte. Dahin strebte Leibnitz im Kampfe mit jener ausländischen Philosophie; dies erreichte der eigentliche Stifter der neuen deutschen Philosophie, nicht ohne das Geständniß durch eine Aeußerung des Auslandes, die inzwischen tiefer genommen worden, als sie gemeint gewesen, angeregt worden zu sein. Seitdem ist unter uns die Aufgabe vollständig gelöst und die Philosophie vollendet worden, welches man indessen sich begnügen muß, zu sagen, bis ein Zeitalter kommt, das es begreift. Dies vorausgesetzt, so wäre abermals durch Anregung des durch das neurömische Ausland hindurchgegangenen Alterthums im deutschen Mutterlande die Schöpfung eines vorher durchaus nicht dagewesenen Neuen erfolgt.

Unter den Augen der Zeitgenossen hat das Ausland eine andere Aufgabe der Vernunft und der Philosophie an die neue Welt, die Errichtung des vollkommenen Staats, leicht und mit feuriger Kühnheit ergriffen und kurz darauf dieselbe also fallen lassen, daß es durch seinen jetzigen Zustand genöthigt ist, den blosen Gedanken der Aufgabe als ein Verbrechen zu verdammen und Alles anwenden mußte, um, wenn es könnte, jene Bestrebungen aus den Jahrbüchern seiner Geschichte auszutilgen. Der Grund dieses Erfolgs liegt am Tage: Der vernunftgemäße Staat läßt sich nicht durch künstliche Vorkehrungen aus jedem vorhandenen Stoffe aufbauen, sondern die Nation muß zu demselben erst gebildet und herausgezogen werden. Nur diejenige Nation, welche zuvörderst die Aufgabe der Erziehung zum vollkommenen Menschen, durch die wirkliche Ausübung, gelöst haben wird, wird sodann auch jene des vollkommenen Staats lösen.

Auch die zuletztgenannte Aufgabe der Erziehung ist seit unserer Kirchenverbesserung vom Auslande geistvoll, aber im Sinne seiner Philosophie mehrmals in Anregung gebracht worden, und diese Anregungen haben unter uns fürs erste Nachtreter und Uebertreiber gefunden. Bis zu welchem Punkte endlich in unsern Tagen abermals deutsches Gemüth diese Sache gebracht, werden wir zu seiner Zeit ausführlicher berichten. Sie haben an dem Gesagten eine klare Uebersicht der gesammten Bildunsgeschichte der neuen Welt, und des sich immer gleichbleibenden Verhältnisses der verschiedenen Bestandtheile der letzten zur ersten. Wahre Religion, in der Form des Christentums, war der Keim der neuen Welt und ihre Gesammtaufgabe die, diese Religion in die vorhandene Bildung des Alterthums zu verflößen und die letzte dadurch zu vergeistigen und zu heiligen. Der erste Schritt auf diesem Wege war, das die Freiheit raubende äußere Ansehen der Form dieser Religion von ihr abzuscheiden, und auch in sie das freie Denken des Alterthums einzuführen. Es regte an zu diesem Schritte das Ausland, der Deutsche that ihn. Der zweite, der eigentlich die Fortsetzung und Vollendung des ersten, ist der, diese Religion und mit ihr alle Weisheit in uns selber aufzufinden. Auch ihn vorbereitete das Ausland, und vollzog der Deutsche. Der dermalen in der ewigen Zeit an der Tagesordnung sich befindende Fortschritt ist die vollkommene Erziehung der Nation zum Menschen. Ohne dies wird die gewonnene Philosophie nie ausgedehnte Verständlichkeit, vielweniger noch allgemeine Anwendbarkeit im Leben finden; so wie hinwiederum ohne Philosophie die Erziehungskunst niemals zu vollständiger Klarheit in sich selbst gelangen wird. Beide greifen daher in einander und sind eins ohne das andere unvollständig und unbrauchbar. Schon allein darum, weil der Deutsche bisher alle Schritte der Bildung zur Vollendung gebracht und er eigentlich dazu aufbewahrt worden ist in der neuen Welt, kommt ihm dasselbe auch mit der Erziehung zu; wie aber diese einmal in Ordnung gebracht ist, wird es sich mit den übrigen Angelegenheiten der Menschheit leicht ergeben.

In diesem Verhältnisse also hat wirklich die deutsche Nation zur Fortbildung des menschlichen Geschlechts in der neuen Zeit bisher gestanden. Noch ist über eine schon zwei Mal fallen gelassene Bemerkung über den naturgemäßen Hergang, den diese Nation hierbei genommen, daß nämlich in Deutschland alle Bildung vom Volke ausgegangen, mehr Licht zu verbreiten. Daß die Angelegenheit der Kirchenverbesserung zuerst an das Volk gebracht worden, und allem dadurch, daß es desselben Angelegenheit geworden, gelungen sei, haben wir schon ersehen. Aber es ist ferner darzuthun, daß dieser einzelne Fall nicht Ausnahme, sondern daß er die Regel gewesen.

Die im Mutterlande zurückgebliebenen Deutschen hatten alle Tugenden, die ehemals auf ihrem Boden zu Hause waren, beibehalten: Treue, Biederkeit, Ehre, Einfalt; aber sie hatten von Bildung zu einem höhern und geistigen Leben nicht mehr erhalten, als das damalige Christenthum und seine Lehrer an zerstreut wohnende Menschen bringen konnten. Dies war wenig, und sie standen so gegen ihre ausgewanderten Stammverwandten zurück, und waren in der That zwar brav und bieder, aber dennoch halb Barbaren. Es entstanden unter ihnen indessen Städte, die durch Glieder aus dem Volke errichtet wurden. In diesen entwickelte sich schnell jeder Zweig des gebildeten Lebens zur schönsten Blüte. In ihnen entstanden, zwar auf Kleines berechnete, dennoch aber treffliche bürgerliche Verfassungen und Einrichtungen, und von ihnen aus verbreitete sich ein Bild von Ordnung und eine Liebe derselben erst über das übrige Land. Ihr ausgebreiteter Handel half die Welt entdecken. Ihren Bund fürchteten Könige. Die Denkmäler ihrer Baukunst dauern noch, haben der Zerstörung von Jahrhunderten getrotzt, die Nachwelt steht bewundernd vor ihnen und bekennt ihre eigene Unmacht.

Ich will diese Bürger der deutschen Reichsstädte des Mittelalters nicht vergleichen mit den andern ihnen gleichzeitigen Ständen und nicht fragen, was indessen der Adel that und die Fürsten; aber in Vergleich mit den übrigen germanischen Nationen, einige Striche Italiens abgerechnet, hinter welchen selbst jedoch in den schönen Künsten die Deutschen nicht zurückblieben, in den nützlichen sie übertrafen und ihre Lehrer wurden, – diese abgerechnet waren nun diese deutschen Bürger die gebildeten und jene die Barbaren. Die

Geschichte Deutschlands, deutscher Macht, deutscher Unternehmungen, Erfindungen, Denkmale, Geistes, ist in diesem Zeitraume lediglich die Geschichte dieser Städte, und alles übrige, als da sind Länderverpfändungen und Wiedereinlösungen und dergleichen, ist nicht des Erwähnens werth. Auch ist dieser Zeitpunkt der einzige in der deutschen Geschichte, in der diese Nation glänzend und ruhmvoll und mit dem Range der ihr als Stammvolk gebührt, dasteht; so wie ihre Blüte durch die Habsucht und Herrschsucht der Fürsten zerstört und ihre Freiheit zertreten wird, sinkt das Ganze allmählich immer tiefer herab und geht entgegen dem gegenwärtigen Zustand; wie aber Deutschland herabsinkt, sieht man das übrige Europa eben also sinken, in Rücksicht dessen, was das Wesen betrifft und nicht den blosen äußern Schein. Der entscheidende Einfluß dieses in der That herrschenden Standes auf die Entwicklung der deutschen Reichsverfassung, auf die Kirchenverbesserung und auf Alles, was jemals die deutsche Nation bezeichnete und von ihr ausging in das Ausland, ist allenthalben unverkennbar, und es läßt sich nachweisen, daß alles, was noch jetzt Ehrwürdiges ist unter den Deutschen, in seiner Mitte entstanden ist. Und mit welchem Geiste brachte hervor und genoß dieser deutsche Stand diese Blüten? Mit dem Geiste der Frömmigkeit, der Ehrbarkeit. der Bescheidenheit, des Gemeinsinnes. Für sich selbst bedurften sie wenig, für öffentliche Unternehmungen machten sie unermeßlichen Aufwand. Selten steht irgendwo ein einzelner Name hervor und zeichnet sich aus, weil alle gleichen Sinnes waren und gleicher Aufopferung für das Gemeinsame. Ganz unter denselben äußern Bedingungen, wie in Deutschland, waren auch in Italien freie Städte entstanden. Man vergleiche die Geschichten beider; man halte die fortwährenden Unruhen, die innern Zwiste, ja Kriege, den beständigen Wechsel der Verfassungen und der Herrscher, in den ersten, gegen die friedliche Ruhe und Eintracht in den letztern. Wie konnte klarer sich aussprechen, daß ein innerlicher Unterschied in den Gemüthern der beiden Nationen gewesen sein müsse? Die deutsche Nation ist die einzige unter den neueuropäischen Nationen, die es an ihrem Bürgerstande schon seit Jahrhunderten durch die That gezeigt hat, daß sie die republikanische Verfassung zu ertragen vermöge.

Unter den einzelnen und besondern Mitteln, den deutschen Geist wieder zu heben, würde es ein sehr kräftiges sein, wenn wir eine begeisternde Geschichte der Deutschen aus diesem Zeitraume hätten, die da National- und Volksbuch würde, so wie Bibel oder Gesangbuch es sind, so lange, bis wir selbst wiederum etwas des Aufzeichnens Werthes hervorbrächten. Nur müßte eine solche Geschichte nicht etwa chronikenmäßig die Thaten und Ereignisse aufzählen, sondern sie müßte uns, wunderbar ergreifend und ohne unser eigenes Zuthun oder klares Bewußtsein, mitten hinein versetzen in das Leben jener Zeit, so daß wir selbst mit ihnen zu gehen, zu stehen, zu beschließen, zu handeln schienen, und dies nicht durch kindische und tändelnde Erdichtung, wie es so viele historische Romane gethan haben, sondern durch Wahrheit; und aus diesem ihrem Leben müßte sie die Thaten und Ereignisse, als Belege desselben, hervorblicken lassen. Ein solches Werk könnte zwar nur die Frucht von ausgebreiteten Kenntnissen sein, und von Forschungen, die vielleicht noch niemals angestellt sind, aber die Ausstellung dieser Kenntnisse und Forschungen müßte uns der Verfasser ersparen und nur lediglich die gereifte Frucht uns vorlegen in der gegenwärtigen Sprache, auf eine jedwedem Deutschen ohne Ausnahme verständliche Weise. Außer jenen historischen Kenntnissen würde ein solches Werk auch noch ein hohes Maß philosophischen Geistes erfordern, der eben so wenig sich zur Schau ausstellte; und vor Allein ein treues und liebendes Gemüth.

Jene Zeit war der jugendliche Traum der Nation in beschränkten Kreisen von künftigen Thaten, Kämpfen und Siegen, und die Weissagung, was sie einst bei vollendeter Kraft sein würde. Verführerische Gesellschaft und die Lockung der Eitelkeit hat die heranwachsende fortgerissen in Kreise, die nicht die ihrigen sind, und indem sie auch da glänzen wollte, steht sie da mit Schmach bedeckt und ringend sogar um ihre Fortdauer. Aber ist sie denn wirklich veraltet und entkräftet? Hat ihr nicht auch seitdem immerfort und bis auf diesen Tag die Quelle des ursprünglichen Lebens fortgequollen, wie keiner andern Nation? Können jene Weissagungen ihres jugendlichen Lebens, die durch die Beschaffenheit der übrigen Völker und durch den Bildungsplan der ganzen Menschheit bestätig werden, – können sie unerfüllt bleiben? Nimmermehr. Bringe man diese Nation nur zuvörderst zurück von der falschen Richtung, die sie ergriffen, zeige man ihr in dem Spiegel jener ihrer Jugendträume ihren wahren Hang und ihre wahre Bestimmung, bis unter diesen Betrachtungen sich ihr die Kraft entfalte, diese ihre Bestimmung mächtig zu erweisen. Möchte diese Aufforderung etwas dazu beitragen, daß recht bald ein dazu ausgerüsteter deutscher Mann diese vorläufige Aufgabe löse!

Siebente Rede.

Noch tiefere Erfassung der Ursprünglichkeit und Deutschheit eines Volkes.

Es sind in den vorigen Reden angegeben und in der Geschichte nachgewiesen die Grundzüge der Deutschen, als eines Urvolks, und als eines solchen, das das Recht hat, sich das Volk schlechtweg, im Gegensatze mit andern von ihm abgerissenen Stämmen, zu nennen, wie denn auch das Wort »Deutsch« in seiner eigentlichen Wortbedeutung das so eben Gesagte bezeichnet. Es ist zweckmäßig, daß wir bei diesem Gegenstande noch eine Stunde verweilen und uns auf den möglichen Einwurf einlassen, daß, wenn dies deutsche Eigenthümlichkeit sei, man werde bekennen müssen, daß dermalen unter den Deutschen selber wenig Deutsches mehr übrig sei. Indem auch wir diese Erscheinung keinesweges läugnen können, sondern sie vielmehr anzuerkennen und in ihren einzelnen Theilen sie zu übersehen gedenken, wollen wir mit einer Erklärung derselben anheben.

Das war im Ganzen das Verhältniß des Urvolks der neuen Welt zum Fortgange der Bildung dieser Welt, daß das erstere durch unvollständige und auf der Oberfläche verbleibende Bestrebungen des Auslandes erst angeregt werde zu tiefern aus seiner eignen Mitte heraus zu entwickelnden Schöpfungen. Da von der Anregung bis zur Schöpfung es ohne Zweifel seine Zeit dauert, so ist klar, daß ein solches Verhältniß Zeiträume herbeiführen werde, in welchem das Urvolk fast ganz mit dem Auslande verflossen, und demselben gleich erscheinen müsse, weil es nämlich gerade im Zustande des blosen Angeregtseins sich befindet, und die dabei beabsichtigte Schöpfung noch nicht zum Durchbruche gekommen ist. In einem solchen Zeitraume befindet sich nun gerade jetzt Deutschland in Absicht der großen Mehrzahl seiner gebildeten Bewohner, und daher rühren die durch das ganze innere Wesen und Leben dieser Mehrzahl verflossenen Erscheinungen der Ausländerei. Die Philosophie als freies von allen Fesseln des Glaubens an fremdes Ansehen erledigtes Denken, sei es, wodurch dermalen das Ausland sein Mutterland anrege, haben wir in der vorigen Rede ersehen. Wo es nun von dieser Anregung aus nicht zur neuen Schöpfung gekommen, welches, da die letzte von der großen Mehrzahl unvernommen geblieben, bei äußerst Wenigen der Fall ist: da gestaltet sich theils noch jene schon früher bezeichnete Philosophie des Auslandes selber zu andern und andern Formen; theils bemächtiget sich der Geist derselben auch der übrigen an die Philosophie zunächst grenzenden Wissenschaften, und sieht dieselben an aus seinem Gesichtspunkte; endlich da der Deutsche seinen Ernst und sein unmittelbares Eingreifen in das Leben doch niemals ablegen kann, so fließt diese Philosophie ein auf die öffentliche Lebensweise und auf die Grundsätze und Regeln derselben. Wir werden dies Stück um Stück darthun.

Zuvörderst und vor allen Dingen: der Mensch bildet seine wissenschaftliche Ansicht nicht etwa mit Freiheit und Willkür, so oder so, sondern sie wird ihm gebildet durch sein Leben und ist eigentlich die zur Anschauung gewordene innere, und übrigens ihm unbekannte Wurzel seines Lebens selbst. Was du so recht innerlich eigentlich bist, das tritt heraus vor dein äußeres Auge, und du vermöchtest niemals etwas anderes zu sehen. Solltest du anders sehen, so müßtest du erst anders werden. Nun ist das innere Wesen des Auslandes oder der Nichtursprünglichkeit, der Glaube an irgend ein Letztes, Festes, unveränderlich Stehendes, an eine Grenze, diesseit welcher zwar das freie Leben sein Spiel treibe, welche selbst aber es niemals zu durchbrechen, und durch sich flüssig zu machen und sich in dieselbe zu verflößen vermöge. Diese undurchdringliche Grenze tritt ihm darum irgendwo nothwendig auch vor die Augen, und es kann nicht anders denken oder glauben, außer unter Voraussetzung einer solchen, wenn nicht sein ganzes Wesen umgewandelt, und sein Herz ihm aus dem Leibe gerissen werden soll. Es glaubt nothwendig an den Tod, als das Ursprüngliche und Letzte, den Grundquell aller Dinge, und mit ihnen des Lebens. Wir haben hier nur zunähst anzugeben, wie dieser Grundglaube des Auslandes unter den Deutschen dermalen sich ausspreche.

Er spricht sich aus zuförderst in der eigentlichen Philosophie. Die dermalige deutsche Philosophie, in wiefern dieselbe hier der Erwähnung werth ist, will Gründlichkeit und wissenschaftliche Form, unerachtet sie dieselbe nicht zu erschwingen vermag, sie will Einheit, auch nicht ohne frühern Vorgang des Auslandes, sie will Realität und Wesen – nicht blose Erscheinung, sondern eine in der Erscheinung erscheinende Grundlage dieser Erscheinung, und hat in allen diesen Stücken recht und übertrifft sehr weit die herrschenden Philosophien des dermaligen auswärtigen Auslandes, indem sie in der Ausländerei weit gründlicher und folgebeständiger ist, denn jenes. Diese der blosen Erscheinung unterzulegende Grundlage ist ihnen nun, wie sie sie auch etwa noch fehlerhafter weiterbestimmen mögen, immer ein festes Sein, das da ist, was es eben ist, und nichts weiter, in sich gefesselt und an sein eigenes Wesen gebunden; und so tritt denn der Tod und die Entfremdung von der Ursprünglichkeit, die in ihnen selbst sind, auch heraus vor ihre Augen. Weil sie selbst nicht zum Leben schlechtweg aus sich selber heraus sich aufzuschwingen vermögen, sondern für freien Aufflug stets eines Trägers und einer Stütze bedürfen, darum kommen sie auch mit ihrem Denken, als dem Abbilde ihres Lebens, nicht über diesen Träger hinaus: das, was nicht Etwas ist, ist ihnen nothwendig Nichts, weil, zwischen jenem in sich verwachsenen Sein und dem Nichts, ihr Auge nichts weiter sieht, da ihr Leben da nichts weiter hat. Ihr Gefühl, worauf auch allein sie sich berufen können, erscheint ihnen als untrüglich; und so Jemand diesen Träger nicht zugibt, so sind sie weit entfernt von der Voraussetzung, daß er mit dem Leben allein sich begnüge, sondern sie glauben, daß es ihm nur an Scharfsinn fehle, den Träger, der ohne Zweifel auch ihn trage, zu bemerken, und daß er der Fähigkeit, sich zu ihren hohen Ansichten aufzuschwingen, ermangle. Es ist darum vergeblich und unmöglich, sie zu belehren; machen müßte man sie, und anders machen, wenn man könnte. In diesem Theile ist nun die dermalige deutsche Philosophie nicht deutsch, sondern Ausländerei.

Die wahre in sich selbst zu Ende gekommene und über die Erscheinung hinweg wahrhaft zum Kerne derselben durchgedrungene Philosophie hingegen geht aus von dem Einen, reinen, göttlichen Leben, – als Leben schlechtweg, welches es auch in alle Ewigkeit, und darin immer Eines bleibt, nicht aber als von diesem oder jenem Leben; und sie sieht, wie lediglich in der Erscheinung dieses Leben unendlich fort sich schließe und wiederum öffne, und erst diesem Gesetze zufolge es zu einem Sein, und zu einem Etwas überhaupt komme. Ihr entsteht das Sein, was jene sich vorausgeben läßt. Und so ist denn diese Philosophie recht eigentlich nur deutsch, d. i. ursprünglich; und umgekehrt, so Jemand nur ein wahrer Deutscher würde, so würde er nicht anders denn also philosophiren können.

Jenes, obwol bei der Mehrzahl der deutsch Philosophirenden herrschende, dennoch nicht eigentlich deutsche Denksystem greift, ob es nun mit Bewußtsein als eigentliches philosophisches Lehrgebäude aufgestellt sei, oder ob es nur unbewußt unserm übrigen Denken zum Grunde liege, – es greift, sage ich, ein in die übrigen wissenschaftlichen Ansichten der Zeit; wie denn dies ein

Hauptbestreben unsrer durch das Ausland angeregten Zeit ist, den wissenschaftlichen Stoff nicht mehr blos, wie wol unsere Vorfahren thaten, in das Gedächtniß zu fassen, sondern denselben auch selbstdenkend und philosophirend zu bearbeiten. An Absicht des Bestrebens überhaupt hat die Zeit recht; wenn sie aber, wie dies zu erwarten ist, in der Ausführung dieses Philosophierens von der todtgläubigen Philosophie des Auslandes ausgeht, wird sie unrecht haben. Wir wollen hier nur auf die unserm ganzen Vorhaben am nächsten liegenden Wissenschaften einen Blick werfen, und die in ihnen verbreiteten ausländischen Begriffe und Ansichten aufsuchen.

Daß die Errichtung und Regierung der Staaten als eine freie Kunst angesehen werde, die ihre festen Regeln habe, darin hat ohne Zweifel das Ausland, es selbst nach dem Muster des Alterthums, uns zum Vorgänger gedient. Worein wird nun ein solches Ausland, das schon an dem Elemente seines Denkens und Wollens, seiner Sprache, einen festen geschlossenen und todten Träger hat, und Alle, die ihm hierin folgen, diese Staatskunst setzen? Ohne Zweifel in die Kunst, eine gleichfalls feste und todte Ordnung der Dinge zu finden, aus welchem Todten das lebendige Regen der Gesellschaft hervorgehe, und also hervorgehe, wie sie es beabsichtigt; alles Leben in der Gesellschaft zu einem großen und künstlichen Druck- und Räderwerke zusammenzufügen, in welchem jedes Einzelne durch das Ganze immerfort genöthigt werde, dem Ganzen zu dienen; ein Rechenexempel zu lösen aus endlichen und benannten Größen zu einer nennbaren Summe, aus der Voraussetzung, jeder wolle sein Wohl, zu dem Zwecke, eben dadurch jeden wider seinen Dank und Willen zu zwingen das allgemeine Wohl zu befördern. Das Ausland hat vielfältig diesen Grundsatz ausgesprochen und Kunstwerke jener gesellschaftlichen Maschinenkunst geliefert; das Mutterland hat die Lehre angenommen, und die Anwendung derselben zu Hervorbringung gesellschaftlicher Maschinen weiter bearbeitet, auch hier, wie immer, umfassender, tiefer, wahrer, seine Muster bei Weitem übertreffend. Solche Staatskünstler wissen, falls es etwa mit dem bisherigen Gange der Gesellschaft stockt, dies nicht anders zu erklären, als daß etwa eines der Räder derselben ausgelaufen sein möge, und kennen kein anderes Heilungsmittel, denn dies, die schadhaften Räder herauszuheben und neue einzusetzen. – Je eingewurzelter Jemand in diese mechanische Ansicht der Gesellschaft ist, je mehr er es versteht, diesen Mechanismus zu vereinfachen, indem er alle Theile der Maschine so gleich als möglich macht, und alle als gleichmäßigen Stoff behandelt, für einen desto größern Staatskünstler gilt er mit Recht in dieser unsrer Zeit; – denn mit den unentschieden schwankenden, und gar keiner festen Ansicht fähigen ist man noch übler daran.

Diese Ansicht der Staatskunst prägt durch ihre eiserne Folgegemäßheit und durch einen Anschein von Erhabenheit, der auf sie fällt, Achtung ein; auch leistet sie, besonders wo Alles nach monarchischer und immer reiner werdender monarchischer Verfassung drängt, bis auf einen gewissen Punkt gute Dienste. Angekommen aber bei diesem Punkte springt ihre Unmacht in die Augen. Ich will nämlich annehmen, daß ihr eurer Maschine die von euch beabsichtigte Vollkommenheit durchaus verschafft hättet, und daß in ihr jedwedes niedere Glied unausbleiblich und unwiderstehlich gezwungen werde durch ein höheres, zum Zwingen gezwungenes Glied, und so fort bis an den Gipfel; wodurch wird denn nun euer letztes Glied, von dem aller in der Maschine vorhandene Zwang ausgeht, zu seinem Zwingen gezwungen? Ihr sollte schlechthin allen Widerstand, der aus der Reibung der Stoffe gegen jene letzte Triebfeder entstehen könnte, überwunden, und ihr eine Kraft gegeben haben, gegen welche alle andere Kraft in Nichts verschwinde, was allein ihr auch durch Mechanismus könnt, und sollt also die allerkräftigste monarchische Verfassung erschaffen haben; wie wollt ihr denn nun diese Triebfeder selbst in Bewegung bringen, und sie zwingen, ohne Abnahme das Rechte zu sehen und zu wollen? Wie wollt ihr denn in euer zwar richtig berechnetes und gefügtes, aber stillstehendes Räderwerk das ewig Bewegliche einsäen? Soll etwa, wie ihr dies auch zuweilen in eurer Verlegenheit äußert, das ganze Werk selbst zurückwirken und seine erste Triebfeder anregen? Entweder geschieht dies durch eine selbst aus der Anregung der Triebfeder stammende Kraft, oder es geschieht durch eine solche Kraft, die nicht aus ihr stammt, sondern die in dem Ganzen selbst, unabhängig von der Triebfeder, stattfindet; und ein drittes ist nicht möglich. Nehmet ihr das erste an, so befindet ihr euch in einem alles Denken und allen Mechanismus aufhebenden Zirkel; das ganze Werk kann die Triebfeder zwingen, nur, in wiefern es selbst von jener gezwungen ist, sie zu zwingen, also in wiefern die Triebfeder, nur mittelbar, sich selbst zwingt; zwingt sie aber sich selbst nicht, welchem Mangel wir ja eben abhelfen wollten, so erfolgt überhaupt keine Bewegung. Nehmt ihr das zweite an, so bekennt ihr, daß der Ursprung aller Bewegung in eurem Werke von einer in euere Berechnung und Anordnung gar nicht eingetretenen und durch euren Mechanismus gar nicht gebundenen Kraft ausgehe, die ohne Zweifel ohne euer Zuthun nach ihren eignen euch unbekannten Gesetzen wirkt wie sie kann. In jedem der beiden Fälle müßt ihr euch als Stümper und unmächtige Prahler bekennen.

Dies hat man denn auch gefühlt, und in diesem Lehrgebäude, das, auf seinen Zwang rechnend, um die übrigen Bürger unbesorgt sein kann, wenigstens den Fürsten, von welchem alle gesellschaftliche Bewegung ausgeht, durch allerlei gute Lehre und Unterweisung erziehen wollen. Aber wie will man sich denn versichern, daß man auf eine der Erziehung zum Fürsten überhaupt fähige Natur treffen werde; oder falls man auch dieses Glück hätte, daß dieser, den kein Mensch nötigen kann, gefällig und geneigt sein werde, Zucht annehmen zu wollen? Eine solche Ansicht der Staatskunst ist nun, ob sie auf ausländischem oder deutschem Boden angetroffen werde, immer Ausländerei. Es ist jedoch hiebei zur Ehre deutschen Geblüts und Gemüths anzumerken, daß, so gute Künstler wir auch in der blosen Lehre dieser Zwangsberechnungen sein mochten, wir dennoch, wenn es zur Ausübung kam, durch das dunkle Gefühl, es müsse nicht also sein, gar sehr gehemmt wurden, und in diesem Stücke gegen das Ausland zurückblieben. Sollten wir also auch genöthigt werden, die uns zugedachte Wohlthat fremder Formen und Gesetze anzunehmen, so wollen wir uns dabei wenigstens nicht über die Gebühr schämen, als ob unser Witz unfähig gewesen wäre, diese Höhen der Gesetzgebung auch zu erschwingen. Da, wenn wir blos die Feder in der Hand haben, wir auch hierin keiner Nation nachstehen, so möchten für das Leben wir wol gefühlt haben, daß auch dies noch nicht das Rechte sei, und so lieber das Alte haben stehen lassen wollen, bis das Vollkommne an uns käme, anstatt blos die alte Mode mit einer neuen eben so hinfälligen Mode zu vertauschen.

Anders die ächt deutsche Staatskunst. Auch sie will Festigkeit, Sicherheit und Unabhängigkeit von der blinden und schwankenden Natur, und ist hierin mit dem Auslande ganz einverstanden. Nur will sie nicht, wie diese, ein festes und gewisses Ding, als das erste, durch welches der Geist als das zweite Glied, erst gewiß gemacht werde, sondern sie will gleich von vorn herein, und als das allererste und einige Glied, einen festen und gewissen Geist. Dieser ist für sie die aus sich selbst lebende und ewig bewegliche Triebfeder, die das Leben der Gesellschaft ordnen und fortbewegen wird. Sie begreift, daß sie diesen Geist nicht durch Strafreden an die schon verwahrloste Erwachsenheit, sondern nur durch Erziehung des noch unverdorbenen Jugendalters hervorbringen könne; und zwar will sie mit dieser Erziehung sich nicht, wie das Ausland, an die schroffe Spitze, den Fürsten, sondern sie will sich mit derselben an die breite Fläche, an die Nation wenden, indem ja ohne Zweifel auch der Fürst zu dieser gehören wird. So wie der Staat an den Personen seiner erwachsenen Bürger die fortgesetzte Erziehung des Menschengeschlechts ist, so müsse, meint diese Staatskunst, der künftige Bürger selbst erst zur Empfänglichkeit jener höheren Erziehung herauferzogen werden. Hierdurch wird nun diese deutsche und allerneueste Staatskunst wiederum die allerälteste; denn auch diese bei den Griechen gründete das Bürgerthum auf die Erziehung, und bildete Bürger, wie die folgenden Zeitalter sie nicht wieder gesehen haben. In der Form dasselbe, in dem Gehalte mit nicht engherzigem und ausschließendem, sondern allgemeinem und weltbürgerlichem Geiste, wird hinfür der Deutsche thun.

Derselbe Geist des Auslandes herrscht bei der großen Mehrzahl der unsrigen auch in ihrer Ansicht des gesammten Lebens eines Menschengeschlechts und der Geschichte, als dem Bilde jenes Lebens. Eine Nation, die eine geschlossene und erstorbene Grundlage ihrer Sprache hat, kann es, wie wir zu einer andern Zeit gezeigt haben, in allen Redekünsten nur bis zu einer gewissen von jener Grundlage verstatteten Stufe der Ausbildung bringen, und sie wird ein goldenes Zeitalter erleben. Ohne die größte Bescheidenheit und Selbstverläugnung kann eine solche Nation von dem ganzen Geschlechte nicht füglich höher denken, denn sie selbst sich kennt; sie muß daher voraussetzen, daß es auch für dieses ein letztes, höchstes und niemals zu übertreffendes Ziel der Ausbildung geben werde. So wie das Thiergeschlecht der Biber oder Bienen noch jetzt also baut, wie es vor Jahrtausenden gebaut hat, und in diesem langen Zeitraume in der Kunst keine Fortschritte gemacht hat, eben so wird es nach diesen sich mit dem Thiergeschlechte, Mensch genannt, in allen Zweigen seiner Ausbildung verhalten. Diese Zweige, Triebe und Fähigkeiten werden sich erschöpfend übersehen, ja vielleicht an ein paar Gliedmaßen sogar dem Auge darlegen lassen, und die höchste Entwicklung einer jeden wird angegeben werden können. Vielleicht wird das Menschengeschlecht darin noch weit übler daran sein, als das Biber- oder Bienengeschlecht, daß das letztere, wie es zwar nichts zulernt, dennoch auch in seiner Kunst nicht zurückkommt, der Mensch aber, wenn er auch einmal den Gipfel erreichte, wiederum zurückgeschleudert wird, und nun Jahrhunderte oder Tausende sich anstrengen mag, um wiederum in den Punkt hinein zu gerathen, in welchem man ihn lieber gleich hätte lassen sollen. Dergleichen Scheitelpunkte seiner Bildung und goldene Zeitalter wird, diesen zufolge das Menschengeschlecht ohne Zweifel auch schon erreicht haben; diese in der Geschichte aufzusuchen, und nach ihnen alle Bestrebungen der Menschheit zu beurtheilen und auf sie zurückführen, wird ihr eifrigstes Bestreben sein. Nach ihnen ist die Geschichte längst fertig, und ist schon mehrmals fertig gewesen; nach ihnen geschieht nichts Neues unter der Sonne, denn sie haben unter und über der Sonne den Quell des ewigen Fortlebens ausgetilgt, und lassen nur den immer wiederkehrenden Tod sich wiederholen und mehrere Male setzen.

Es ist bekannt, daß diese Philosophie der Geschichte vom Auslande aus an uns gekommen ist, wiewol sie dermalen auch in diesem verhallet, und fast ausschließend deutsches Eigenthum geworden ist. Aus dieser tiefern Verwandtschaft erfolgt es denn auch, daß diese unsre Geschichtsphilosophie die Bestrebungen des Auslandes, welches, wenn es auch diese Ansicht der Geschichte nicht mehr häufig ausspricht, noch mehr thut, indem es in derselben handelt, und abermals ein goldnes Zeitalter verfertigt, so durch und durch zu verstehen, und ihnen sogar weissagend den fernern Weg vorzuzeichnen, und sie so aufrichtig zu bewundern vermag, wie es der deutsch Denkende nicht eben also von sich rühmen kann. Wie könnte er auch? Goldene Zeitalter in jeder Rücksicht sind ihm eine Beschränktheit der Erstorbenheit. Das Gold möge zwar das Edelste sein im Schooße der erstorbenen Erde, meint er, aber des lebendigen Geistes Stoff sei jenseit der Sonne und jenseit aller Sonnen, und sei ihre Quelle. Ihm wickelt sich die Geschichte, und mit ihr das Menschengeschlecht, nicht ab nach dem verborgenen und wunderlichen Gesetze eines Kreistanzes, sondern nach ihm macht der eigentliche und rechte Mensch sie selbst, nicht etwa nur wiederholend das schon Dagewesene, sondern in die Zeit hinein erschaffend das durchaus Neue. Er erwartet darum niemals blose Wiederholung, und wenn sie doch erfolgen sollte, Wort für Wort, wie es im alten Buche steht, so bewundert er wenigstens nicht.

Auf ähnliche Weise nun verbreitet der ertödtende Geist des Auslandes, ohne unser deutliches Bewußtsein, sich über unsre übrigen wissenschaftlichen Ansichten, von denen es hinreichen möge, die angeführten Beispiele beigebracht zu haben; und zwar erfolgt dies deswegen also, weil wir gerade jetzt die vom Auslande früher erhaltenen Anregungen nach unsrer Weise bearbeiten, und durch einen solchen Mittelzustand hindurch gehen. Weil dies zur Sache gehörte, habe ich diese Beispiele beigebracht; nebenbei auch noch darum, damit Niemand glaube, durch Folgesätze aus den angeführten Grundsätzen den hier geäußerten Behauptungen widersprechen zu können. Weit entfernt, daß etwa jene Grundsätze uns unbekannt geblieben wären, oder daß wir zu der Höhe derselben uns nicht aufzuschwingen vermocht hätten, kennen wir sie vielmehr recht gut, und dürften vielleicht, wenn wir überflüssige Zeit hätten, fähig sein, dieselben in ihrer ganzen Folgemäßigkeit rückwärts und vorwärts zu entwickeln; wir werfen sie nur eben gleich von vornherein weg, und so auch Alles, was aus ihnen folgt, dessen mehreres ist in unserm hergebrachten Denken, als der oberflächliche Beobachter leicht glauben dürfte

Wie in unsre wissenschaftliche Ansicht, eben so fließt dieser Geist des Auslandes auch ein in unser gewöhnliches Leben und die Regeln desselben; damit aber dieses klar, und das Vorhergehende noch klarer werde, ist es nöthig, zuvörderst das Wesen des ursprünglichen Lebens oder der Freiheit mit tieferm Blicke zu durchdringen. Die Freiheit im Sinne des unentschiedenen Schwankens zwischen mehreren gleich Möglichen genommen, ist nicht Leben, sondern nur Vorhof und Eingang zu wirklichem Leben. Endlich muß es doch einmal aus diesem Schwanken heraus zum Entschlusse und zum Handeln kommen und erst jetzt beginnt das Leben.

Nun erscheint unmittelbar und auf den ersten Blick jedweder Willensentschluß als Erstes, keineswegs als Zweites und Folge aus einem Ersten, als seinem Grunde – als schlechthin durch sich daseiend, und so daseiend, wie er es ist; welche Bedeutung als die einzig mögliche verständige des Worts Freiheit wir festsetzen wollen. Aber es sind, in Absicht auf den innern Gehalt eines solchen Willensentschlusses, zwei Fälle möglich; entweder nämlich erscheint in ihm nur die Erscheinung abgetrennt vom Wesen, und ohne daß das Wesen auf irgend eine Weise in ihrem Erscheinen eintrete, oder das Wesen tritt selbst erscheinend ein in dieser Erscheinung eines Willensentschlusses: und zwar ist hierbei sogleich mit anzumerken, daß das Wesen nur in einem Willensentschlusse, und durchaus in nichts anderem, zur Erscheinung werden kann, wiewol umgekehrt es Willensentschlüsse geben kann, in denen keineswegs das Wesen, sondern nur die blose Erscheinung heraustritt. Wir reden zunächst von dem letzten Falle.

Die blose Erscheinung, als solche, ist durch ihre Abtrennung und durch ihren Gegensatz mit dem Wesen, sodann dadurch, daß sie fähig ist, selbst auch zu erscheinen und sich darzustellen, unabänderlich bestimmt, und sie ist darum nothwendig also, wie sie eben ist und ausfällt. Ist daher, wie wir voraussetzen, irgend ein gegebener Willensentschluß in seinem Inhalte blose Erscheinung, so ist er insofern in der That nicht frei, Erstes und Ursprüngliches, sondern er ist nothwendig, und ein zweites, aus einem höhern ersten, dem Gesetze der Erscheinung überhaupt, also wie es ist, hervorgehendes Glied. Da nun, wie auch hier mehrmals erinnert worden, das Denken des Menschen denselben also vor ihn selber hinstellt, wie er wirklich ist, und immerfort der treue Abdruck und Spiegel seines Innern bleibt, so kann ein solcher Willensentschluß, obwol er auf den ersten Blick, da er ja ein Willensentschluß ist, als frei erscheint, dennoch dem wiederholten und tiefern Denken keineswegs also erscheinen, sondern er muß in diesem als nothwendig gedacht werden, wie er es denn wirklich und in der That ist. Für solche, deren Willen sich noch in keinen höhern Kreis aufgeschwungen hat, als in den, daß an ihnen ein Wille blos erscheine, ist der Glaube an Freiheit allerdings Wahn und Täuschung eines flüchtigen und auf der Oberfläche behangen bleibenden Anschauens; im Denken allein, das ihnen allenthalben nur die Fessel der strengen Nothwendigkeit zeigt, ist für sie Wahrheit.

Das erste Grundgesetz der Erscheinung, schlechthin als solcher, (den Grund anzugeben unterlassen wir um so füglicher, da es anderwärts zur Genüge geschehen ist) ist dieses, daß sie zerfalle in ein Mannichfaltiges, daß in einer gewissen Rücksicht ein unendliches, in einer gewissen andern Rücksicht ein geschlossenes Ganzes ist, in welchem geschlossenen Ganzen des Mannichfaltigen jedes einzelne bestimmt ist, durch alle übrige, und wiederum alle übrige bestimmt sind durch dieses einzelne. Falls daher in dem Willensentschlusse des einzelnen nichts weiter herausbricht in die Erscheinung, als die Erscheinbarkeit, Darstellbarkeit und Sichtbarkeit überhaupt, die in der That die Sichtbarkeit von Nichts ist, so ist der Inhalt eines solchen Willensentschlusses bestimmt durch das geschlossene Ganze aller möglichen Willensentschlüsse dieses und aller möglichen übrigen einzelnen Willen, und er enthält nichts weiter und kann nichts weiter enthalten, denn dasjenige, was nach Abziehung aller jener möglichen Willensentschlüsse zu wollen übrig bleibt. Es ist darum in der That in ihm nichts Selbstständiges, Ursprüngliches und Eigenes, sondern er ist die blose Folge, als Zweites, aus dem allgemeinen Zusammenhange der ganzen Erscheinung in ihren einzelnen Theilen, wie er denn dafür auch stets von allen, die auf dieser Stufe der Bildung sich befanden, dabei aber gründlich dachten, erkannt worden, und diese ihre Erkenntniß auch mit denselben Worten, deren wir uns so eben bedienten, ausgesprochen worden ist; alles dieses aber darum, weil in ihnen nicht das Wesen, sondern nur die blose Erscheinung eintritt in die Erscheinung.

Wo dagegen das Wesen selber, unmittelbar und gleichsam in eigner Person, keineswegs durch einen Stellvertreter, eintritt in der Erscheinung eines Willensentschlusses, da ist zwar alles das oben Erwähnte, aus der Erscheinung, als einem geschlossenen Ganzen erfolgende, gleichfalls vorhanden, denn die Erscheinung erscheint ja auch hier; aber eine solche Erscheinung geht in diesem Bestandteile nicht auf und ist durch denselben nicht erschöpft, sondern es findet sich in ihr noch ein Mehreres, ein anderer, aus jenem Zusammenhange nicht zu erklärender, sondern nach Abzug des Erklärbaren übrig bleibender Bestandtheil. Jener erste Bestandteil findet auch hier statt, sagte ich; jenes Mehr wird sichtbar, und vermittelst dieser seiner Sichtbarkeit, keinesweges vermittelst seines innern Wesens, tritt es unter das Gesetz und die Bedingungen der Ersichtlichkeit überhaupt; aber es ist noch mehr denn dieses aus irgend einem Gesetze Hervorgehendes, und darum Nothwendiges und Zweites, und es ist in Absicht dieses Mehr durch sich selbst, was es ist, ein wahrhaft Erstes, Ursprüngliches und Freies, und da es dieses ist, erscheint es auch also dem tiefsten und in sich selber zu Ende gekommenen Denken. Das höchste Gesetz der Ersichtlichkeit ist, wie gesagt, dies, daß das Erscheinende sich spalte in ein unendliches Mannichfaltiges. Jenes Mehr wird sichtbar, jedesmal als Mehr, denn das nun und eben jetzt aus dem Zusammenhange der Erscheinung Hervorgehende, und so ins Unendliche fort; und so erscheint denn dieses Mehr selber als ein Unendliches. Aber es ist ja sonnenklar, daß es diese Unendlichkeit nur dadurch erhält, daß es jedesmal sichtbar und denkbar und zu entdecken ist, allein durch seinen Gegensatz mit dem ins Unendliche fort aus dem im Zusammenhange Erfolgenden und durch sein Mehrsein denn dies. Abgesehen aber von diesem Bedürfnisse des Denkens desselben ist es ja dieses Mehr, denn alles ins Unendliche fort sich darstellen mögende Unendliche, von Anbeginn in reiner Einfachheit und Unveränderlichkeit, und es wird in aller Unendlichkeit nicht mehr, denn dieses Mehr, noch wird es minder; und nur seine Ersichtlichkeit, als mehr denn das Unendliche, – und auf andere Weise kann es in seiner höchsten Reinheit nicht sichtbar werden, – erschafft das Unendliche und alles, was in ihm zu erscheinen scheint. Wo nun dieses Mehr wirklich als ein solches ersichtliches Mehr eintritt, aber es vermag nur in einem Wollen einzutreten, da tritt das Wesen selbst, das allein ist, und allein zu sein vermag, und das da ist von sich und durch sich, das göttliche Wesen, ein in die Erscheinung, und macht sich selbst unmittelbar sichtbar; und daselbst ist eben darum wahre Ursprünglichkeit und Freiheit, und so wird denn auch an sie geglaubt.

Und so findet denn auf die allgemeine Frage, ob der Mensch frei sei oder nicht, keine allgemeine Antwort statt; denn eben weil der Mensch frei ist, in niederm Sinne; weil er bei unentschiedenem Schwanken und Wanken anhebt, kann er frei sein, oder auch nicht frei, im höhern Sinne des Worts. In der Wirklichkeit ist die Weise, wie Jemand diese Frage beantwortet, der klare Spiegel seines wahren inwendigen Seins. Wer in der That nicht mehr ist, als ein Glied in der Kette der Erscheinungen, der kann wol einen Augenblick sich frei wähnen, aber seinem strengeren Denken hält dieser Wahn nicht Stand; wie er aber sich selbst findet, eben also denkt er nothwendig sein ganzes Geschlecht. Wessen Leben dagegen ergriffen ist von dem wahrhaftigen, und Leben unmittelbar aus Gott geworden ist, der ist frei und glaubt an Freiheit in sich und Andern.

Wer an ein festes beharrliches und todtes Sein glaubt, der glaubt nur darum daran, weil er in sich selbst todt ist; und nachdem er einmal todt ist, kann er nicht anders, denn also glauben, sobald er nur in sich selbst klar wird. Er selbst und seine ganze Gattung von Anbeginn bis ans Ende wird ihm ein zweites und eine nothwendige Folge aus irgend einem vorauszusetzenden ersten Gliede. Diese Voraussetzung ist sein wirkliches, keineswegs ein blos gedachtes Denken, sein wahrer Sinn, der Punkt, wo sein Denken unmittelbar selbst Leben ist; und ist so die Quelle alles seines übrigen Denkens und Beurtheilens seines Geschlechts in seiner Vergangenheit, der Geschichte, seiner Zukunft den Erwartungen von ihm, und seiner Gegenwart, im wirklichen Leben an ihm selber und Andern. Wir haben diesen Glauben an den Tod, im Gegensatze mit einem ursprünglich lebendigen Volke, Ausländerei genannt. Diese Ausländerei wird somit, wenn sie einmal unter den Deutschen ist, sich auch im wirklichen Leben derselben zeigen, als ruhige Ergebung in die nun einmal unabänderliche Nothwendigkeit ihres Seins, als Aufgeben aller Verbesserung unsrer selbst oder Andrer durch Freiheit, als Geneigtheit, sich selbst und alle so zu verbrauchen, wie sie sind, und aus ihrem Sein den möglichst größten Vortheil für uns selbst zu ziehen; kurz, als das in allen Lebensregungen immerfort sich abspiegelnde Bekenntniß des Glaubens an die allgemeine und gleichmäßige Sündhaftigkeit aller, den ich an einem andern Orte hinlänglich geschildert habe , welche Schilderung selbst nachzulesen, auch zu beurtheilen, in wiefern dieselbe auf die Gegenwart passe, ich Ihnen überlasse. Diese Denk- und Handelsweise entsteht der inwendigen Erstorbenheit, wie oft erinnert worden, nur dadurch, daß sie über sich selbst klar wird, dagegen sie, so lange sie im Dunkeln bleibt, den Glauben an Freiheit, der an sich wahr, und nur in Anwendung auf ihr dermaliges Sein Wahn ist, beibehält. Es erhellet hier deutlich der Nachtheil der Klarheit bei innerer Schlechtigkeit. So lange diese Schlechtigkeit dunkel bleibt, wird sie durch die fortdauernde Anforderung an Freiheit immerfort beunruhigt, gestachelt und getrieben und bietet den Versuchen, sie zu verbessern, einen Angriffspunkt dar. Die Klarheit aber vollendet sie und rundet sie in sich selbst ab; sie fügt ihr die freudige Ergebung, die Ruhe eines guten Gewissens, das Wohlgefallen an sich selber hinzu; es geschieht ihnen, wie sie glauben, sie sind von nun an in der That unverbesserlich, und höchstens, um bei den besseren den unbarmherzigen Abscheu gegen das Schlechte, oder die Ergebung in den Willen Gottes rege zu erhalten, und außerdem zu keinem Dinge in der Welt nütze.

Und so trete denn endlich in seiner vollendeten Klarheit heraus, was wir in unsrer bisherigen Schilderung unter Deutschen verstanden haben. Der eigentliche Unterscheidungsgrund liegt darin, ob man an ein absolut Erstes und Urgründliches im Menschen selber, an Freiheit, an unendliche Verbesserlichkeit, an ewiges Fortschreiten unsers Geschlechts glaube, oder ob man an alles dieses nicht glaube, ja wol deutlich einzusehen und zu begreifen vermeine, daß das Gegentheil von diesem Allem stattfinde. Alle, die entweder selbst schöpferisch und hervorbringend das Neue leben, oder die, falls ihnen dies nicht zu Theil geworden wäre, das Nichtige wenigstens entschieden fallen lassen und aufmerkend dastehen, ob irgendwo der Fluß ursprünglichen Lebens sie ergreifen werde, oder die, falls sie auch nicht so weit wären, die Freiheit wenigstens ahnen, und sie nicht hassen, oder vor ihr erschrecken, sondern sie lieben; alle diese sind ursprüngliche Menschen, sie sind, wenn sie als ein Volk betrachtet werden, ein Urvolk, das Volk schlechtweg, Deutsche. Alle, die sich darein ergeben, ein Zweites zu sein und Abgestammtes, und die deutlich sich also kennen und begreifen, sind es in der That, und werden es immer mehr durch diesen ihren Glauben, sie sind ein Anhang zum Leben, das vor ihnen oder neben ihnen aus eigenem Triebe sich regte, ein vom Felsen zurücktönender Nachhall einer schon verstummten Stimme, sie sind als Volk betrachtet außerhalb des Urvolks und für dasselbe Fremde und Ausländer. In der Nation, die bis auf diesen Tag sich das Volk schlechtweg oder Deutsche nennt, ist in der neuen Zeit wenigstens bis jetzt Ursprüngliches an den Tag hervorgebrochen, und Schöpferkraft des Neuen hat sich gezeigt; jetzt wird endlich dieser Nation durch eine in sich selbst klar gewordene Philosophie der Spiegel vorgehalten, in welchem sie mit klarem Begriffe erkenne, was sie bisher ohne deutliches Bewußtsein durch die Natur ward, und wozu sie von derselben bestimmt ist; und es wird ihr der Antrag gemacht, nach diesem klaren Begriffe und mit besonnener und freier Kunst, vollendet und ganz, sich selbst zu dem zu machen, was sie sein soll, den Bund zu erneuern und ihren Kreis zu schließen. Der Grundsatz, nach dem sie diesen zu schließen hat, ist ihr vorgelegt; was an Geistigkeit und Freiheit dieser Geistigkeit glaubt, und die ewige Fortbildung dieser Geistigkeit durch Freiheit will, das, wo es auch geboren sei, und in welcher Sprache es rede, ist unsers Geschlechts, es gehört uns an und es wird sich zu uns thun. Was an Stillstand, Rückgang und Zirkeltanz glaubt, oder gar eine todte Natur an das Ruder der Weltregierung setzt, dieses, wo es auch geboren sei, und welche Sprache es rede, ist undeutsch und fremd für uns, und es ist zu wünschen, daß es je eher je lieber sich gänzlich von uns abtrenne.

Und so trete denn bei dieser Gelegenheit, gestützt auf das oben über die Freiheit Gesagte, endlich auch einmal vernehmlich heraus, und wer noch Ohren hat zu hören, der höre, was diejenige Philosophie, die mit gutem Fuge sich die deutsche nennt, eigentlich wolle, und worin sie jeder ausländischen und todtgläubigen Philosophie mit ernster und unerbittlicher Strenge sich entgegensetze; und zwar trete dieses heraus, keineswegs darum, damit auch das Todte es verstehe, was unmöglich ist, sondern damit es diesem schwerer werde, ihr die Worte zu verdrehen, und sich das Ansehen zu geben, als ob es selbst eben auch ungefähr dasselbe wolle und im Grunde meine. Diese deutsche Philosophie erhebt sich wirklich und durch die That ihres Denkens, keineswegs prahlt sie es blos zufolge einer dunklen Ahnung, daß es so sein müsse, ohne es jedoch bewerkstelligen zu können, – sie erhebt sich zu dem unwandelbaren »Mehr denn alle Unendlichkeit,« und findet allein in diesem das wahrhafte Sein. Zeit und Ewigkeit und Unendlichkeit erblickt sie in ihrer Entstehung aus dem Erscheinen und Sichtbarwerden jenes Einen, das an sich schlechthin unsichtbar ist, und nur in dieser seiner Unsichtbarkeit erfaßt, richtig erfaßt wird. Schon die Unendlichkeit ist nach dieser Philosophie nichts an sich, und es kommt ihr durchaus kein wahrhaftes Sein zu; sie ist lediglich das Mittel, woran das einige, das da ist, und das nur in seiner Unsichtbarkeit ist, sichtbar wird, und woraus ihm ein Bild, ein Schemen und Schatten seiner selbst, im Umkreise der Bildlichkeit erbaut wird. Alles, was innerhalb dieser Unendlichkeit der Bilderwelt noch weiter sichtbar werden mag, ist nun vollends ein Nichts des Nichts, ein Schatten des Schattens, und lediglich das Mittel, woran jenes erste Nichts der Unendlichkeit und der Zeit selber sichtbar werde, und dem Gedanken der Aufflug zu dem unbildlichen und unsichtbaren Sein sich eröffne. Innerhalb dieses einzig möglichen Bildes der Unendlichkeit tritt nun das Unsichtbare unmittelbar heraus nur als freies und ursprüngliches Leben des Sehens, oder als Willensentschluß eines vernünftigen Wesens, und kann durchaus nicht anders heraustreten und erscheinen. Alles als nicht geistiges Leben erscheinende beharrliche Dasein ist nur ein aus dem Sehen hingeworfener, vielfach durch das Nichts vermittelter leerer Schatten, im Gegensatze mit welchem und durch dessen Erkenntniß als vielfach vermitteltes Nichts, das Sehen selbst sich eben erheben soll zum Erkennen seines eignen Nichts und zur Anerkennung des Unsichtbaren als des einzigen Wahren.

In diesem Schatten von den Schatten der Schatten bleibt nun jene todtgläubige Seinsphilosophie, die wol gar Naturphilosophie wird, die erstorbenste von allen Philosophien, behangen, und fürchtet und betet an ihr eigenes Geschöpf. Dieses Beharren nun ist der Ausdruck ihres wahren Lebens und ihrer Liebe, und in diesem ist dieser Philosophie zu glauben. Wenn sie aber noch weiter sagt, daß dieses von ihr als wirklich seiendes vorausgesetzte Sein und das Absolute eins sei und eben dasselbe, so ist ihr hierin, so vielmal sie es auch betheuern mag, und wenn sie auch manchen Eidschwur hinzufügte, nicht zu glauben; sie weiß dies nicht, sondern sie sagt es nur auf gutes Glück hin, einer andern Philosophie, der sie dies nicht abzustreiten wagt, es nachbetend. Sollte sie es wissen, so müßte sie nicht von der Zweiheit, die sich durch jenen Machtspruch nur aufhebt, und dennoch stehen läßt, als einer unbezweifelten Thatsache ausgehen, sondern sie müßte von der Einheit ausgehen, und aus dieser die Zweiheit, und mit ihr alle Mannichfaltigkeit verständlich und einleuchtend abzuleiten vermögen. Hierzu bedarf es aber des Denkens, der durchgeführten und mit sich selbst zu Ende gekommenen Reflexion. Die Kunst dieses Denkens hat sie theils nicht gelernt und ist derselben überhaupt unfähig, sie vermag nur zu schwärmen, theils ist sie diesem Denken feind und mag es gar nicht versuchen, weil sie dadurch in der geliebten Täuschung gestört werden würde.

Dies ist es nun, worin unsere Philosophie sich jener Philosophie ernstlich entgegensetzt, und dies haben wir bei dieser Veranlassung einmal so vernehmlich als möglich aussprechen und bezeugen wollen.

Achte Rede.

Was ein Volk sei, in der höhern Bedeutung des Worts, und was Vaterlandsliebe.

Die vier letzten Reden haben die Frage beantwortet: was ist der Deutsche im Gegensatze mit andern Völkern germanischer Abkunft? Der Beweis, der durch dieses alles für das Ganze unserer Untersuchung geführt werden soll, wird vollendet, wenn wir noch die Untersuchung der Frage hinzufügen: was ist ein Volk? welche letztere Frage gleich ist einer andern und zugleich mitbeantwortet diese andere, oft aufgeworfene und auf sehr verschiedene Weisen beantwortete Frage, diese: was ist Vaterlandsliebe, oder, wie man sich richtiger ausdrücken würde, was ist Liebe des Einzelnen zu seiner Nation?

Sind wir bisher im Gange unserer Untersuchung richtig verfahren, so muß hierbei zugleich erhellen, daß nur der Deutsche – der ursprüngliche und nicht in einer willkürlichen Satzung erstorbene Mensch, wahrhaft ein Volk hat und auf eines zu rechnen befugt ist, und daß nur er der eigentlichen und vernunftgemäßen Liebe zu seiner Nation fähig ist.

Wir bahnen uns den Weg zur Lösung der gestellten Aufgabe durch folgende, fürs erste außer dem Zusammenhange des bisherigen zu liegen scheinende Bemerkung.

Die Religion, wie wir dies schon in unsrer dritten Rede angemerkt haben, vermag durchaus hinweg zu versetzen über alle Zeit und über das ganze gegenwärtige und sinnliche Leben, ohne darum der Rechtlichkeit, Sittlichkeit und Heiligkeit des von diesem Glauben ergriffenen Lebens den mindesten Abbruch zu thun. Man kann, auch bei der sichern Ueberzeugung, daß alles unser Wirken auf dieser Erde nicht die mindeste Spur hinter sich lassen und nicht die mindeste Frucht bringen werde, ja, daß das Göttliche sogar verkehrt und zu einem Werkzeuge des Bösen und noch tieferer sittlicher Verderbniß werde gebraucht werden, dennoch fortfahren in diesem Wirken, lediglich, um das in uns ausgebrochene göttliche Leben aufrecht zu erhalten und in Beziehung auf eine höhere Ordnung der Dinge in einer künftigen Welt, in welcher nichts in Gott Geschehenes zu Grunde geht. So waren z. B. die Apostel und überhaupt die ersten Christen, durch ihren Glauben an den Himmel schon im Leben gänzlich über die Erde hinweggesetzt und die Angelegenheiten derselben, der Staat, irdisches Vaterland und Nation, waren von ihnen so gänzlich aufgegeben, daß sie dieselben auch sogar ihrer Beachtung nicht mehr würdigten. So möglich dieses nun auch ist und so leicht auch dem Glauben und so freudig auch man sich darein ergeben muß, wenn es einmal unabänderlich der Wille Gottes ist, daß wir kein irdisches Vaterland mehr haben und hienieden Ausgestoßene und Unechte seien: so ist dies dennoch nicht der natürliche Zustand und die Regel des Weltganges, sondern es ist eine seltene Ausnahme; auch ist es ein sehr verkehrter Gebrauch der Religion, der unter andern auch sehr häufig vom Christenthume gemacht worden, wenn dieselbe gleich von vornherein und ohne Rücksicht auf die vorhandenen Umstände darauf ausgeht, diese Zurückziehung von den Angelegenheiten des Staats und der Nation als wahre religiöse Gesinnung zu empfehlen. In einer solchen Lage, wenn sie wahr und wirklich ist und nicht etwa blos durch religiöse Schwärmerei herbeigeführt, verliert das zeitliche Leben alle Selbstbeständigkeit, und es wird lediglich zu einem Vorhofe des wahren Lebens und zu einer schweren Prüfung, die man blos aus Gehorsam und Ergebung in den Willen Gottes erträgt und dann ist es wahr, daß, wie es von vielen vorgestellt worden, unsterbliche Geister nur zu ihrer Strafe in irdische Leiber, als in Gefängnisse, eingetaucht sind. In der regelmäßigen Ordnung der Dinge hingegen soll das irdische Leben selber wahrhaftig Leben sein, dessen man sich erfreuen und das man freilich, in Erwartung eines höhern, dankbar genießen könne; und obwol es wahr ist, daß die Religion auch der Trost ist des widerrechtlich gedrückten

Sklaven, so ist dennoch vor allen Dingen dies religiöser Sinn, daß man sich gegen die Sklaverei stemme und, so man es verhindern kann, die Religion nicht bis zum blosen Troste der Gefangenen herabsinken lasse. Dem Tyrannen steht es wol an, religiöse Ergebung zu predigen, und die, denen er auf Erden kein Plätzchen verstatten will, an den Himmel zu verweisen; wir andern müssen weniger eilen, diese von ihm empfohlene Ansicht der Religion uns anzueignen und, falls wir können, verhindern, daß man die Erde zur Hölle mache, um eine desto größere Sehnsucht nach dem Himmel zu erregen.

Der natürliche, nur im wahren Falle der Noth aufzugebende Trieb des Menschen ist der, den Himmel schon auf dieser Erde zu finden und ewig Dauerndes zu verflößen in sein irdisches Tagewerk; das Unvergängliche im Zeitlichen selbst zu pflanzen und zu erziehen, – nicht blos auf eine unbegreifliche Weise und allein durch die sterblichen Augen undurchdringbare Kluft mit dem Ewigen zusammenhängend, sondern auf eine dem sterblichen Auge selbst sichtbare Weise.

Daß ich bei diesem gemeinfaßlichen Beispiele anhebe. Welcher Edeldenkende will nicht und wünscht nicht, in seinen Kindern und wiederum in den Kindern dieser, sein eigenes Leben von neuem, auf eine verbesserte Weise, zu wiederholen und in dem Leben derselben veredelt und vervollkommnet auch auf dieser Erde noch fortzuleben, nachdem er längst gestorben ist; den Geist, den Sinn und die Sitte, mit denen er vielleicht in seinen Tagen abschreckend war für die Verkehrtheit und das Verderben, befestigend die Rechtschaffenheit, aufmunternd die Trägheit, erhebend die Niedergeschlagenheit, der Sterblichkeit zu entreißen, und sie, als sein bestes Vermächtniß an die Nachwelt niederzulegen in den Gemüthern seiner Hinterlassenen, damit auch diese sie einst eben also verschönert und vermehrt, wieder niederlegen? Welcher Edeldenkende will nicht durch Thun oder Denken ein Samenkorn streuen zu unendlicher immerfortgehender Vollkommnung seines Geschlechts, etwas Neues und vorher nie Dagewesenes hineinwerfen in die Zeit, das in ihr bleibe und nie versiegende Quelle werde neuer Schöpfungen; seinen Platz auf dieser Erde und die ihm verliehene kurze Spanne Zeit bezahlen mit einem auch hienieden ewig Dauernden, so daß er, als dieser Einzelne, wenn auch nicht genannt durch die Geschichte (denn Durst nach Nachruhm ist eine verächtliche Eitelkeit) dennoch in seinem eigenen Bewußtsein und seinem

Glauben offenbare Denkmale hinterlasse, daß auch er dagewesen sei? Welcher Edeldenkende will das nicht? sagte ich; aber nur nach den Bedürfnissen der also Denkenden, als der Regel, wie alle sein sollten, ist die Welt zu betrachten und einzurichten, und um ihrer willen allein ist eine Welt da. Sie sind der Kern derselben und die Andersdenkenden sind, als selbst nur ein Theil der vergänglichen Welt, so lange sie also denken, auch nur um ihrer willen da und müssen sich nach ihnen bequemen, so lange, bis sie geworden sind wie sie.

Was könnte es nun sein, das dieser Aufforderung und diesem Glauben des Edlen an die Ewigkeit und Unvergänglichkeit seines Werkes, die Gewähr zu leisten vermöchte? Offenbar nur eine Ordnung der Dinge, die er für selbst ewig und für fähig, Ewiges in sich aufzunehmen, anzuerkennen vermöchte. Eine solche Ordnung aber ist die, freilich in keinem Begriffe zu erfassende, aber dennoch wahrhaft vorhandene, besondere geistige Natur der menschlichen Umgebung, aus welcher er selbst mit allem seinem Denken und Thun und mit seinem Glauben an die Ewigkeit desselben hervorgegangen ist, das Volk, von welchem er abstammt und unter welchem er gebildet wurde und zu dem, was er jetzt ist, heraufwuchs. Denn so unbezweifelt es auch wahr ist, daß sein Werk, wenn er mit Recht Anspruch macht auf dessen Ewigkeit, keineswegs der blose Erfolg des geistigen Naturgesetzes seiner Nation ist und mit diesem Erfolge rein aufgeht, sondern, daß es ein hehreres ist denn das, und insofern unmittelbar ausströmt aus dem ursprünglichen und göttlichen Leben; so ist es dennoch eben so wahr, daß jenes Mehrere, sogleich bei seiner ersten Gestaltung zu einer sichtbaren Erscheinung, unter jenes besondere geistige Naturgesetz sich gefügt und nur nach demselben sich einen sinnlichen Ausdruck gebildet hat. Unter dasselbe Naturgesetz nun werden, so lange dieses Volk besteht, auch alle ferneren Offenbarungen des Göttlichen in demselben eintreten und in ihm sich gestalten. Dadurch aber, daß auch er da war und so wirkte, ist selbst dieses Gesetz weiter bestimmt und seine Wirksamkeit ist ein stehender Bestandteil desselben geworden. Auch hiernach wird alles Folgende sich fügen und an dasselbe sich anschließen müssen. Und so ist er denn sicher, daß die durch ihn errungene Ausbildung bleibt in Deinem Volke, so lange dieses selbst bleibt, und fortdauernder Bestimmungsgrund wird aller fernern Entwicklung desselben.

Dies nun ist in höherer, vom Standpunkte der Ansicht einer geistigen Welt überhaupt genommener Bedeutung des Worts ein Volk: das Ganze der in Gesellschaft mit einander fortlebenden und sich aus sich selbst immerfort natürlich und geistig erzeugenden Menschen, das insgesammt unter einem gewissen besondern Gesetze der Entwicklung des Göttlichen aus ihm steht. Die Gemeinsamkeit dieses besondern Gesetzes ist es, was in der ewigen Welt und eben darum auch in der zeitlichen, diese Menge zu einem natürlichen und von sich selbst durchdrungenen Ganzen verbindet. Dieses Gesetz selbst seinem Inhalte nach, kann wol im Ganzen erfaßt werden, so wie wir es an den Deutschen, als einem Urvolke erfaßt haben; es kann sogar durch Erwägung der Erscheinungen eines solchen Volkes noch näher in manchen seiner weiten Bestimmungen begriffen werden; aber es kann niemals von irgend einem, der ja selbst immerfort unter desselben ihm unbewußten Einflusse bleibt, ganz mit dem Begriffe durchdrungen werden; obwol im Allgemeinen klar eingesehen werden kann, daß es ein solches Gesetz gebe. Es ist dieses Gesetz ein Mehr der Bildlichkeit, das mit dem Mehr der unbildlichen Ursprünglichkeit, in der Erscheinung unmittelbar verschmilzt; und so sind denn, in der Erscheinung eben, beide nicht wieder zu trennen. Jenes Gesetz bestimmt durchaus und vollendet das, was man den Nationalcharakter eines Volkes genannt hat; jenes Gesetz der Entwicklung des Ursprünglichen und Göttlichen. Es ist aus dem letztern klar, daß Menschen, welche so wie wir bisher die Ausländerei beschrieben haben, an ein Ursprüngliches und an eine Fortentwicklung desselben gar nicht glauben, sondern blos an einen ewigen Kreislauf des scheinbaren Lebens, und welche durch ihren Glauben werden, wie sie glauben, im höhern Sinne gar kein Volk sind und, da sie in der That eigentlich auch nicht da sind, eben so wenig einen Nationalcharakter zu haben vermögen.

Der Glaube des edlen Menschen an die ewige Fortdauer seiner Wirksamkeit auch auf dieser Erde gründet sich demnach auf die Hoffnung der ewigen Fortdauer des Volks, aus dem er selber sich entwickelt hat und der Eigenthümlichkeit desselben, nach jenem verborgenen Gesetze; ohne Einmischung und Verderbung durch irgendein Fremdes und in das Ganze dieser Gesetzgebung nicht Gehöriges. Diese Eigenthümlichkeit ist das Ewige, dem er die Ewigkeit seiner selbst und seines Fortwirkens anvertraut, die ewige Ordnung der Dinge, in die er sein Ewiges legt; ihre Fortdauer muß er wollen, denn sie allein ist ihm das entbindende Mittel, wodurch die kurze Spanne seines Lebens hienieden zu fortdauerndem Leben ausgedehnt wird. Sein Glaube und sein Streben, Unvergängliches zu pflanzen, sein Begriff, in welchem er sein eigenes Leben als ein ewiges Leben erfaßt, ist das Band, welches zunächst seine Nation und vermittelst ihrer das ganze Menschengeschlecht, innigst mit ihm selber verknüpf und ihrer aller Bedürfnisse, bis auf Ende der Tage, einführt in sein erweitertes Herz. Dies ist seine Liebe zu seinem Volke, zuvörderst achtend, vertrauend, desselben sich freuend, mit der Abstammung daraus sich ehrend. Es ist Göttliches in ihm erschienen, und das Ursprüngliche hat dasselbe gewürdigt, es zu seiner Hülle und zu seinem unmittelbaren Verflößungsmittel in die Welt zu machen; es wird darum auch ferner Göttliches aus ihm hervorbrechen. Sodann thätig, wirksam, sich aufopfernd für dasselbe. Das Leben, blos als Leben, als Fortsetzung des wechselnden Daseins, hat für ihn ja ohnedies nie Werth gehabt, er hat es nur gewollt als Quelle des dauernden; aber diese Dauer verspricht ihm allein die selbstständige Fortdauer seiner Nation; um diese zu retten, muß er sogar sterben wollen, damit diese lebe, und er in ihr lebe das einzige Leben, das er von je gemocht hat.

So ist es. Die Liebe, die wahrhaftig Liebe sei, und nicht blos eine vorübergehende Begehrlichkeit, haftet nie auf Vergänglichem, sondern sie erwacht und entzündet sich, und ruht allein in dem Ewigen. Nicht einmal sich selbst vermag der Mensch zu lieben, es sei denn, daß er sich als Ewiges erfasse; außerdem vermag er sich sogar nicht zu achten, noch zu billigen. Noch weniger vermag er etwas außer sich zu lieben, außer also, daß er es aufnehme in die Ewigkeit seines Glaubens und seines Gemüths und es anknüpfe an diese. Wer nicht zuvörderst sich als ewig erblickt, der hat überhaupt keine Liebe, und kann auch nicht lieben ein Vaterland, dergleichen es für ihn nicht gibt. Wer zwar vielleicht sein unsichtbares Leben, nicht aber eben also sein sichtbares Leben, als ewig erblickt, der mag wol einen Himmel haben, und in diesem sein Vaterland, aber hienieden hat er kein Vaterland, denn auch dieses wird nur unter dem Bilde der Ewigkeit, und zwar der sichtbaren und versinnlichten Ewigkeit erblickt, und er vermag daher auch nicht sein Vaterland zu lieben. Ist einem solchen keines überliefert worden, so ist er zu beklagen; wem eins überliefert worden ist, und in wessen Gemüthe Himmel und Erde, Unsichtbares und Sichtbares sich durchdringen, und so erst einen wahren und gediegenen Himmel erschaffen, der kämpft bis auf den letzten Blutstropfen, um den theuren Besitz ungeschmälert wiederum zu überliefern an die Folgezeit.

So ist es auch von jeher gewesen, unerachtet es nicht von jeher mit dieser Allgemeinheit und mit dieser Klarheit ausgesprochen worden. Was begeisterte die Edlen unter den Römern, deren Gesinnungen und Denkweise noch in ihren Denkmalen unter uns leben und athmen, zu Mühen und Aufopferungen, zum Dulden und Tragen fürs Vaterland? Sie sprechen es selbst oft und deutlich aus. Ihr fester Glaube war es an die ewige Fortdauer ihrer Roma, und ihre zuversichtliche Aussicht, in dieser Ewigkeit selber ewig mit fortzuleben im Strome der Zeit. Inwiefern dieser Glaube Grund hatte, und sie selbst, wenn sie in sich selber vollkommen klar gewesen wären, denselben gefaßt haben würden, hat er sie auch nicht getäuscht. Bis auf diesen Tag lebet das, was wirklich ewig war in ihrer ewigen Roma, und sie mit demselben in unsrer Mitte fort, und wird in seinen Folgen fortleben bis ans Ende der Tage.

Volk und Vaterland in dieser Bedeutung, als Träger und Unterpfand der irdischen Ewigkeit, und als dasjenige, was hienieden ewig sein kann, liegt weit hinaus über den Staat, im gewöhnlichen Sinne des Worts, – über die gesellschaftliche Ordnung, wie dieselbe im blosen klaren Begriffe erfaßt, und nach Anleitung dieses Begriffs errichtet und erhalten wird. Dieser will gewisses Recht, innerlichen Frieden, und daß jeder durch Fleiß seinen Unterhalt und die Fristung seines sinnlichen Daseins finde, so lange Gott sie ihm gewähren will. Dieses alles ist nur Mittel, Bedingung und Gerüst dessen, was die Vaterlandsliebe eigentlich will, des Aufblühens des Ewigen und Göttlichen in der Welt, immer reiner, vollkommener und getroffener im unendlichen Fortgange. Eben darum muß diese Vaterlandsliebe den Staat selbst regieren, als durchaus oberste, letzte und unabhängige Behörde, zuvörderst, indem sie ihn beschränkt in der Wahl der Mittel für seinen nächsten Zweck, den innerlichen Frieden. Für diesen Zweck muß freilich die natürliche Freiheit des Einzelnen auf mancherlei Weise beschränkt werden, und wenn man gar keine andere Rücksicht und Absicht mit ihnen hätte, denn diese, so würde man wohl thun, dieselbe so eng, als immer möglich, zu beschränken, alle ihre Regungen unter eine einförmige Regel zu bringen, und sie unter immerwährender Aufsicht zu erhalten. Gesetzt diese Strenge wäre nicht nöthig, so könnte sie wenigstens für diesen alleinigen Zweck nicht schaden. Nur die höhere Ansicht des Menschengeschlechts und der Völker erweitert diese beschränkte Berechnung. Freiheit, auch in den Regungen des äußerlichen Gebens, ist der Boden, in welchem die höhere Bildung keimt; eine Gesetzgebung, welche diese letztere im Auge behält, wird der ersteren einen möglichst ausgebreiteten Kreis lassen, selber auf die Gefahr hin, daß ein geringerer Grad der einförmigen Ruhe und Stille erfolge, und daß das Regieren ein wenig schwerer und mühsamer werde.

Um dies an einem Beispiele zu erläutern: Man hat erlebt, daß Nationen ins Angesicht gesagt worden, sie bedürften nicht so vieler Freiheit, als etwa manche andere Nation. Diese Rede kann sogar eine Schonung und Milderung enthalten, indem man eigentlich sagen wollte sie könnte so viele Freiheit gar nicht ertragen, und nur eine hohe Strenge könne verhindern, daß sie sich nicht unter einander selber aufrieben. Wenn aber die Worte also genommen werden, wie sie gesagt sind, so sind sie wahr unter der Voraussetzung, daß eine solche Nation des ursprünglichen Lebens und des Triebes nach solchem, durchaus unfähig sei. Eine solche Nation, falls eine solche, in der auch nicht wenige Edlere eine Ausnahme von der allgemeinen Regel machten, möglich sein sollte, bedürfte in der That gar keiner Freiheit, denn diese ist nur für die höhern, über den Staat hinausliegenden Zwecke; sie bedarf blos der Bezähmung und Abrichtung, damit die Einzelnen friedlich neben einander bestehen, und damit das Ganze zu einem tüchtigen Mittel für willkürlich zu setzende, außer ihr liegende Zwecke zubereitet werde. Wir können unentschieden lassen, ob man von irgend einer Nation dies mit Wahrheit sagen könne; so viel ist klar, daß ein ursprüngliches Volk der Freiheit bedarf, daß dieses das Unterpfand ist seines Beharrens als ursprünglich, und daß es in seiner Fortdauer einen immer höher steigenden Grad derselben ohne alle Gefahr erträgt. Und dies ist das erste Stück, in Rücksicht dessen die Vaterlandsliebe den Staat selbst regieren muß.

Sodann muß sie es sein, die den Staat darin regiert, daß sie ihm selbst einen höhern Zweck setzt, denn den gewöhnlichen der Erhaltung des innern Friedens, des Eigenthums, der persönlichen Freiheit, des Lebens und des Wohlseins aller. Für diesen höhern Zweck allein, und in keiner andern Absicht, bringt der Staat eine bewaffnete Macht zusammen. Wenn von der Anwendung dieser die Rede entsteht, wenn es gilt, alle Zwecke des Staats im blosen Begriffe, Eigenthum, persönliche Freiheit, Leben und Wohlsein, ja die Fortdauer des Staats selbst, auf das Spiel zu setzen; ohne einen klaren Verstandesbegriff von der sichern Erreichung des beabsichtigten, dergleichen in Dingen dieser Art nie möglich ist, ursprünglich und Gott allein verantwortlich, zu entscheiden: dann lebt am Ruder des Staates erst ein wahrhaft ursprüngliches und erstes Leben, und an dieser Stelle erst treten ein die wahren Majestätsrechte der Regierung, gleich Gott um höhern Lebens willen das niedere Leben daran zu wagen. In der Erhaltung der hergebrachten Verfassung, der Gesetze, des bürgerlichen Wohlstandes, ist gar kein rechtes eigentliches Leben und kein ursprünglicher Entschluß. Umstände und Lage, längst vielleicht verstorbene Gesetzgeber, haben diese erschaffen; die folgenden Zeitalter gehen gläubig fort auf der angetretenen Bahn, und leben so in der That nicht ein eigenes öffentliches Leben, sondern sie wiederholen nur ein ehemaliges Leben. Es bedarf in solchen Zeiten keiner eigentlichen Regierung. Wenn aber dieser gleichmäßige Fortgang in Gefahr geräth, und es nun gilt, über neue, nie also dagewesene Fälle zu entscheiden: dann bedarf es eines Lebens, das aus sich selber lebe. Welcher Geist nun ist es, der in solchen Fällen sich an das Ruder stellen dürfe, der mit eigener Sicherheit und Gewißheit, und ohne unruhiges Hin- und Herschwanken zu entscheiden vermöge, der ein unbezweifeltes Recht habe, jedem, den es treffen mag, ob er nun selbst es wolle oder nicht, gebietend anzumuthen, und den Widerstrebende zu zwingen, daß er alles, bis auf sein Leben, in Gefahr setze? Nicht der Geist der ruhigen bürgerlichen Liebe der Verfassung und der Gesetze, sondern die verzehrende Flamme der höheren Vaterlandsliebe, die die Nation als Hülle des Ewigen umfaßt, für welche der Edle mit Freuden sich opfert, und der Unedle, der nur um des ersten willen da ist, sich eben opfern soll. Nicht jene bürgerliche Liebe der Verfassung ist es; diese vermag dies gar nicht, wenn sie bei Verstande bleibt. Wie es auch ergehen möge, da nicht umsonst regiert wird, so wird sich immer ein Regent für sie finden. Lasset den neuen Regenten sogar die Sklaverei wollen (und wo ist Sklaverei, außer in der Nichtachtung und Unterdrückung der Eigenthümlichkeit eines ursprünglichen Volkes, dergleichen für jenen Sinn nicht vorhanden ist?) – Lasset ihn auch die Sklaverei wollen, – da aus dem Leben der Sklaven, ihrer Menge, sogar ihrem Wohlstande sich Nutzung ziehen läßt, so wird, wenn er nur einigermaßen ein Rechner ist, die Sklaverei unter ihm erträglich ausfallen. Leben und Unterhalt wenigstens werden sie immer finden. Wofür sollen sie denn also kämpfen? Nach jenen beiden ist es die Ruhe, die ihnen über alles geht. Diese wird durch die Fortdauer des Kampfes nur gestört. Sie werden darum alles anwenden, daß dieser nur recht bald ein Ende nehme, sie werden sich fügen, sie werden nachgeben, und warum sollten sie nicht? Es ist ihnen ja nie um mehr zu thun gewesen, und sie haben vom Leben nie etwas weiteres gehofft, denn die Fortsetzung der Gewohnheit dazusein unter erleidlichen Bedingungen. Die Verheißung eines Lebens auch hienieden, über die Dauer des Lebens hienieden hinaus, – allein diese ist es, die bis zum Tode fürs Vaterland begeistern kann.

So ist es auch bisher gewesen. Wo da wirklich regiert worden ist, wo bestanden worden sind ernsthafte Kämpfe, wo der Sieg errungen worden ist gegen gewaltigen Widerstand, da ist es jene Verheißung ewigen Lebens gewesen, die da regierte und kämpfte und siegte. Im Glauben an diese Verheißung kämpften die in diesen Reden früher erwähnten deutschen Protestanten. Wußten sie etwa nicht, daß auch mit dem alten Glauben Völker regiert und in rechtlicher Ordnung zusammengehalten werden könnten, und daß man auch bei diesem Glauben seinen guten Lebensunterhalt finden könne? Warum beschlossen denn also ihre Fürsten bewaffneten Widerstand, und warum leisteten ihn mit Begeisterung die Völker? – Der Himmel war es und die ewige Seligkeit, für welche sie willig ihr Blut vergossen. – Aber welche irdische Gewalt hätte denn auch in das innere Heiligthum ihres Gemüths eindringen, und den Glauben, der ihnen ja nun einmal aufgegangen war, und auf welchen allein sie ihrer Seligkeit Hoffnung gründeten, darin austilgen können? Also auch ihre eigene Seligkeit war es nicht, für die sie kämpften; dieser waren sie schon versichert: die Seligkeit ihrer Kinder, ihrer noch ungeborenen Enkel und aller noch ungeborenen Nachkommenschaft war es; auch diese sollten auferzogen werden in derselben Lehre, die ihnen als allein heilbringend erschienen war, auch diese sollten theilhaftig werden des Heiles, das für sie angebrochen war; diese Hoffnung allein war es, die durch den Feind bedroht wurde, für sie, für eine Ordnung der Dinge, die lange nach ihrem Tode über ihren Gräbern blühen sollte, verspritzten sie mit dieser Freudigkeit ihr Blut. Geben wir zu, daß sie sich selbst nicht ganz klar waren, daß sie in der Bezeichnung des edelsten, was in ihnen war, mit Worten sich vergriffen, und mit dem Munde ihrem Gemüthe unrecht thaten; bekennen wir gern, daß ihr Glaubensbekenntniß nicht das einzige und ausschließende Mittel war, des Himmels jenseits des Grabes theilhaftig zu werden: so ist doch dies ewig wahr, daß mehr Himmel diesseits des Grabes, ein muthigeres und fröhlichere Emporblicken von der Erde, und eine freiere Regung des Geistes durch ihre Aufopferung in alles Leben der Folgezeit gekommen ist, und die Nachkommen ihrer Gegner eben so wol, als wir selbst, ihre Nachkommen, die Früchte ihrer Mühen bis auf diesen Tag genießen.

In diesem Glauben setzten unsere ältesten gemeinsamen Vorfahren, das Stammvolk der neuen Bildung, die von den Römern Germanier genannten Deutschen, sich der herandrängenden Weltherrschaft der Römer muthig entgegen. Sahen sie denn nicht vor Augen den höhern Flor der römischen Provinzen neben sich, die feinern Genüsse in denselben, dabei Gesetze, Richterstühle, Ruthenbündel und Beile im Ueberfluß? Waren die Römer nicht bereitwillig genug, sie an allen diesen Segnungen Theil nehmen zu lassen? Erlebten sie nicht an mehreren ihrer eigenen Fürsten, die sich nur bedeuten ließen, daß der Krieg gegen solche Wohlthäter der Menschheit Rebellion sei, Beweise der gepriesenen römischen Clemenz, indem sie die Nachgibigen mit Königstiteln, mit Anführerstellen in ihren Heeren, mit römischen Opferbinden auszierten, ihnen, wenn sie etwa von ihren Landsleuten ausgetrieben wurden, einen Zufluchtsort und Unterhalt in ihren Pflanzstädten gaben? Hatten sie keinen Sinn für die Vorzüge römischer Bildung, z. B. für die bessere Einrichtung ihrer Heere, in denen sogar ein Arminius das Kriegshandwerk zu erlernen nicht verschmähte? Keine von allen diesen Unwissenheiten oder Nichtbeachtungen ist ihnen aufzurücken. Ihre Nachkommen haben sogar, sobald sie es ohne Verlust für ihre Freiheit konnten, die Bildung derselben sich angeeignet, in wie weit es ohne Verlust ihrer Eigenthümlichkeit möglich war. Wofür haben sie denn also mehrere Menschenalter hindurch gekämpft im blutigen, immer mit derselben Kraft sich wieder erneuernden Kriege? Ein römischer Schriftsteller läßt es ihre Anführer also aussprechen: »Ob ihnen denn etwas anderes übrig bleibe, als entweder die Freiheit zu behaupten oder zu sterben, bevor sie Sklaven würden?« Freiheit war ihnen, daß sie eben Deutsche blieben, daß sie fortfuhren ihre Angelegenheiten selbständig und ursprünglich ihrem eigenen Geiste gemäß, zu entscheiden, und diesem gleichfalls gemäß auch in ihrer Fortbildung vorwärts zu rücken, und daß sie diese Selbständigkeit auch auf ihre Nachkommenschaft fortpflanzten; Sklaverei hießen ihnen alle jene Segnungen, die ihnen die Römer antrugen, weil sie dabei etwas anderes, denn Deutsche, weil sie halbe Römer werden müßten. Es versteht sich von selbst, setzten sie voraus, das jeder, ehe er dies werde, lieber sterbe, und daß ein wahrhafter Deutscher nur könne leben wollen, um eben Deutscher zu sein und zu bleiben, und die Seinigen zu eben solchen zu bilden.

Sie sind nicht alle gestorben, sie haben die Sklaverei nicht gesehen, sie haben die Freiheit hinterlassen ihren Kindern. Ihrem beharrlichen Widerstande verdankt es die ganze neue Welt, daß sie da ist, so wie sie da ist. Wäre es den

Römern gelungen, auch sie zu unterjochen, und, wie dies der Römer allenthalben that, sie als Nation auszurotten, so hätte die ganze Fortentwicklung der Menschheit eine andere, und man kann nicht glauben, erfreulichere Richtung genommen. Ihnen verdanken wir, die nächsten Erben ihres Bodens, ihrer Sprache und ihrer Gesinnung, daß wir noch Deutsche sind, daß der Strom ursprünglichen und selbstständigen Lebens uns noch trägt; ihnen verdanken wir alles, was wir seitdem als Nation gewesen sind, ihnen, falls es nicht etwa jetzt mit uns zu Ende ist, und der letzte von ihnen abgestammte Blutstropfen in unsern Adern versiegt ist, ihnen werden wir verdanken alles, was wir noch ferner sein werden. Ihnen verdanken selbst die übrigen, uns jetzt zum Ausland gewordenen Stämme, in ihnen unsere Brüder, ihr Dasein; als jene die ewige Roma besiegten, war noch keins aller dieser Völker vorhanden; damals wurde zugleich auch ihnen die Möglichkeit ihrer künftigen Entstehung mit erkämpft.

Diese, und alle andere in der Weltgeschichte, die ihres Sinnes waren, haben gesiegt, weil das Ewige sie begeisterte, und so siegt immer und nothwendig diese Begeisterung über den, der nicht begeistert ist. Nicht die Gewalt der Arme, noch die Tüchtigkeit der Waffen, sondern die Kraft des Gemüths ist es, welche Siege erkämpft. Wer ein begrenztes Ziel sich setzt seiner Aufopferungen, und sich nicht weiter wagen mag, als bis zu einem gewissen Punkte, der gibt den Widerstand auf, sobald die Gefahr ihm an diesen durchaus nicht aufzugebenden, noch zu entbehrenden Punkt kommt. Wer gar kein Ziel sich gesetzt hat, sondern alles, und das Höchste, was man hienieden verlieren kann, das Leben, daran setzt, gibt den Widerstand nie auf und siegt, so der Gegner ein begrenzteres Ziel hat, ohne Zweifel. Ein Volk, das da fähig ist, sei es auch nur in seinen höchsten Stellvertretern und Anführern, das Gesicht aus der Geisterwelt, Selbstständigkeit, fest ins Auge zu fassen, und von der Liebe dafür ergriffen zu werden, wie unsere ältesten Vorfahren, siegt gewiß über ein solches, das nur zum Werkzeuge fremder Herrschsucht und zu Unterjochung selbständiger Völker gebraucht wird, wie die römischen Heere; denn die erstern haben alles zu verlieren, die letztern blos einiges zu gewinnen. Ueber die Denkart aber, die den Krieg als ein Glücksspiel ansieht, um zeitlichen Gewinn oder Verlust, und bei der, schon ehe sie das Spiel anfängt, fest steht, bis zu welcher Summe sie auf die Karten setzen wolle, siegt sogar eine Grille. Denken Sie sich z. B. einen Mahomet, – nicht den wirklichen der Geschichte, über welchen ich kein Urtheil zu haben bekenne, sondern den eines bekannten französischen Dichters, – der sich einmal fest in den Kopf gesetzt habe, er sei eine der ungemeinen Naturen, die da berufen sind, das dunkle, das gemeine Erdenvolk zu leiten, und dem, zufolge dieser ersten Voraussetzung, alle seine Einfälle, so dürftig und so beschränkt sie auch in der That sein mögen, dieweil es die seinigen sind, nothwendig erscheinen müssen als große und erhabene und beseligende Ideen, und alles, was denselben sich widersetzt, als dunkles gemeines Volk, Feinde ihres eigenen Wohls, Uebelgesinnte und Hassenswürdige; der nun, um diesen seinen Eigendünkel vor sich selbst als göttlichen Ruf zu rechtfertigen, und ganz aufgegangen in diesem Gedanken mit all seinem Leben, alles daran setzen muß, und nicht ruhen kann, bis er alles, das nicht eben so groß von ihm denken will, denn er selbst, zertreten hat, und bis aus der ganzen Mitwelt sein eigener Glaube an seine göttliche Sendung ihm zurückstrahle: ich will nicht sagen, wie es ihm ergehen würde, falls wirklich ein geistiges Gesicht, das da wahr ist und klar in sich selbst, gegen ihn in die Kampfbahn träte, aber jenen beschränkten Glücksspielern gewinnt er es sicher ab, denn er setzt alles gegen sie, die nicht alles setzen: sie treibt kein Geist, ihn aber treibt allerdings ein schwärmerischer Geist, – der seines gewaltigen und kräftigen Eigendünkels.

Aus allem geht hervor, daß der Staat, als bloses Regiment des im gewöhnlichen friedlichen Gange fortschreitenden menschlichen Lebens, nichts Erstes und für sich selbst Seiendes, sondern daß er blos das Mittel ist für den höhern Zweck der ewig gleichmäßig fortgehenden Ausbildung des rein Menschlichen in dieser Nation; daß es allein das Gesicht und die Liebe dieser ewigen Fortbildung ist, welche immerfort auch in ruhigen Zeitläuften die höhere Aussicht über die Staatsverwaltung führen soll, und welche, wo die Selbstständigkeit des Volks in Gefahr ist, allein dieselbe zu retten vermag. Bei den Deutschen, unter denen, als einem ursprünglichen Volke, diese Vaterlandsliebe möglich, und, wie wir fest zu wissen glauben, bis jetzt auch wirklich war, konnte dieselbe bis jetzt mit einer hohen Zuversicht auf die Sicherheit ihrer wichtigsten Angelegenheiten rechnen. Wie nur noch bei den Griechen in der alten Zeit, war bei ihnen der Staat und die Nation sogar von einander gesondert und jedes für sich dargestellt, der erste in den besondern deutschen Reichen und Fürstenthümern, die letzte sichtbar im Reichsverbande, unsichtbar, nicht zufolge eines niedergeschriebenen aber eines in aller Gemüther lebenden Rechtes geltend, und in ihren Folgen allenthalben in das Auge springend, in einer

Menge von Gewohnheiten und Einrichtungen. So weit die deutsche Zunge reichte, konnte jeder, dem im Bezirke derselben das Licht anbrach, sich doppelt betrachten als Bürger, theils seines Geburtsstaates, dessen Fürsorge er zunächst empfohlen war, theils des ganzen gemeinsamen Vaterlandes deutscher Nation. Jedem war es verstattet, über die ganze Oberfläche dieses Vaterlandes hin sich diejenige Bildung, die am meisten Verwandtschaft zu seinem Geiste hatte, oder den derselben angemessensten Wirkungskreis aufzusuchen, und das Talent wuchs nicht hinein in seine Stelle, wie ein Baum, sondern es war ihm erlaubt, dieselbe zu suchen. Wer durch die Richtung, die seine Bildung nahm, mit seiner nächsten Umgebung entzweit wurde, fand leicht anderwärts willige Aufnahme, fand neue Freunde statt der verlorenen, fand Zeit und Ruhe, um sich näher zu erklären, vielleicht die Erzürnten selbst zu gewinnen und zu versöhnen, und so das Ganze zu einigen. Kein deutschgeborener Fürst hat es je über sich vermocht, seinen Unterthanen das Vaterland innerhalb der Berge oder Flüsse, wo er regierte, abzustecken, und dieselben zu betrachten als gebunden an die Erdscholle. Eine Wahrheit, die an einem Orte nicht laut werden durfte, durfte es an einem andern, an welchem vielleicht im Gegentheile diejenigen verboten waren, die dort erlaubt wurden; und so fand denn, bei manchen Einseitigkeiten und Engherzigkeiten der besondern Staaten, dennoch in Deutschland, dieses als ein Ganzes genommen, die höchste Freiheit der Erforschung und der Mittheilung statt, die jemals ein Volk besessen; und die höhere Bildung war und blieb allenthalben der Erfolg aus der Wechselwirkung der Bürger aller deutschen Staaten, und diese höhere Bildung kam denn in dieser Gestalt auch allmählich herab zum größern Volke, das somit immer fortfuhr sich selber durch sich selbst im Großen und Ganzen zu erziehen. Dieses wesentliche Unterpfand der Fortdauer einer deutschen Nation schmälerte, wie gesagt, kein am Ruder der Regierung sitzendes deutsches Gemüth; und wenn auch in Absicht anderer ursprünglichen Entscheidungen nicht immer geschehen sein sollte, was die höhere deutsche Vaterlandsliebe wünschen mußte, so ist wenigstens der Angelegenheit desselben nicht geradezu entgegengehandelt worden, man hat nicht gesucht, jene Liebe zu untergraben, sie auszurotten und eine entgegengesetzte Liebe an ihre Stelle zu bringen.

Wenn nun aber etwa die ursprüngliche Leitung sowol jener höhern Bildung, als der Nationalmacht, die allein für jene und ihre Fortdauer als Zweck gebraucht werden darf, die Verwendung deutschen Gutes und deutschen Blutes, aus der Botmäßigkeit deutschen Gemüths in eine andere kommen sollte, was würde sodann nothwendig erfolgen müssen?

Hier ist der Ort, wo es der in unserer ersten Rede in Anspruch genommenen Geneigtheit, sich über die eigenen Angelegenheiten nicht täuschen zu wollen, und des Muthes, die Wahrheit sehen zu wollen, und sie sich zu gestehen, vorzüglich bedarf; auch ist es, so viel mir bekannt, noch immer erlaubt, in deutscher Sprache mit einander vom Vaterlande zu reden, wenigstens zu seufzen, und wir würden, glaube ich, nicht wohl thun, wenn wir aus unserer eigenen Mitte heraus ein solches Verbot verfrühten, und dem Muthe, der ohne Zweifel über das Wagniß schon vorher mit sich zu Rathe gegangen sein wird, die Fessel der Zaghaftigkeit Einzelner anlegen wollten.

Malen Sie sich also die vorausgesetzte neue Gewalt so gütig und so wohlwollend vor, als Sie irgend wollen, machen Sie sie gut, wie Gott; werden Sie ihr auch göttlichen Verstand einsetzen können? Mag sie alles Ernstes das höchste Glück und Wohlsein aller wollen, wird das höchste Wohlsein, das sie zu fassen vermag, wol auch deutsches Wohlsein sein? So hoffe ich über den Hauptpunkt, den ich Ihnen heute vorgetragen, von Ihnen recht wohl verstanden worden zu sein, ich hoffe, daß mehrere hierbei gedacht und gefühlt haben: ich drücke nur deutlich aus und spreche aus mit Worten, wie es ihnen von jeher im Gemüthe gelegen; ich hoffe, daß es auch mit den übrigen Deutschen, die einst dieses lesen werden, sich also verhalten werde; auch haben vor mir mehrere Deutsche ungefähr dasselbe gesagt; und dem immerfort bezeugten Widerstreben gegen eine blos mechanische Einrichtung und Berechnung des Staats, hat dunkel jene Gesinnung zum Grunde gelegen. Und nun fordere ich alle, die mit der neuen Literatur des Auslandes bekannt sind, auf: mir nachzuweisen, welcher neuere Weise, Dichter, Gesetzgeber derselben eine diesem ähnliche Ahnung, die das Menschengeschlecht als ein ewig fortschreitendes betrachte, und alles sein Regen in der Zeit nur auf diesen Fortschritt beziehe, jemals verrathen habe; ob irgend einer selbst in dem Zeitpunkte, als sie am kühnsten zu politischer Schöpfung sich emporschwangen, mehr, als nur nicht Ungleichheit, inneren Frieden, äußern Nationalruhm, und, wo es aufs Höchste getrieben wurde, häusliche Glückseligkeit vom Staate gefordert habe? Ist, wie man aus allen diesen Anzeigen schließen muß, dieses ihr Höchstes, so werden sie auch uns keine höheren Bedürfnisse und keine höheren Forderungen an das Leben beimessen, und, immer jene wohltätigen Gesinnungen gegen uns und die Abwesenheit alles Eigennutzes und aller Sucht mehr sein zu wollen denn wir, vorausgesetzt, trefflich für uns gesorgt zu haben glauben, wenn wir alles das finden, was sie allein als begehrungswürdig kennen; dasjenige aber, warum der Edlere unter uns allein leben mag, ist sodann ausgetilgt aus dem öffentlichen Leben, und das Volk, das für die Anregungen des Edleren sich stets empfänglich gezeigt hat, und welches man sogar nach seiner Mehrheit zu jenem Adel emporzuheben hoffen durfte, ist, so wie es behandelt wird, wie jene behandelt sein wollen, herabgesetzt unter seinen Rang, entwürdigt, ausgetilgt aus der Reihe der Dinge, indem es zusammenfließt mit dem von niederer Art.

In wem nun jene höheren Anforderungen an das Leben, nebst dem Gefühle ihres göttlichen Rechts, dennoch lebendig und kräftig bleiben, der fühlt mit tiefem Unwillen sich zurückgedrängt in jene erste Zeiten des Christentums, zu denen gesagt ist: »Ihr sollet nicht widerstreben dem Uebel, sondern, so dir Jemand einen Streich gibt auf den rechten Backen, dem biete den andern auch dar, und so Jemand deinen Rock nehmen will, dem laß auch den Mantel;« mit Recht das letzte, denn so lange er noch einen Mantel an dir sieht, sucht er einen Handel an dich, um dir auch diesen zu nehmen, erst wenn du ganz nackend bist, entgehst du seiner Aufmerksamkeit und hast vor ihm Ruhe. Eben sein höherer Sinn, der ihn ehrt, macht ihm die Erde zur Hölle und zum Ekel, er wünscht, nicht geboren zu sein, er wünscht, daß sein Auge je eher je lieber sich dem Anblicke des Tages verschließe, unversiegbare Trauer bis an das Grab erfaßt seine Tage; dem, was ihm lieb ist, kann er keine bessere Gabe wünschen, denn einen dumpfen und genügsamen Sinn, damit es mit weniger Schmerz einem ewigen Leben jenseits des Grabes entgegenlebe. Diese Vernichtung jeder etwa ins Künftige unter uns ausbrechenden edlern Regung, und diese Heruntersetzung unsrer ganzen Nation durch das einzige, nachdem die andern vergeblich angewendet worden sind, noch übrig bleibende Mittel zu verhindern, tragen Ihnen diese Reden an. Sie tragen Ihnen an die wahre und allmächtige Vaterlandsliebe in der Erfassung unsers Volks als eines ewigen, und als Bürger unserer eigenen Ewigkeit durch die Erziehung in aller Gemüther recht tief und unauslöschlich zu begründen. Welche Erziehung dies vermöge, und auf welche Weise, werden wir in den folgenden Reden ersehen.

Neunte Rede.

An welchen in der Wirklichkeit vorhandenen Punkt die neue Nationalerziehung der Deutschen anzuknüpfen sei.

Durch unsere letzte Rede sind mehrere schon in der ersten versprochene Beweise geführt und vollendet worden. Es sei dermalen nur davon die Rede, sagten wir, und dies sei die erste Aufgabe, das Dasein und die Fortdauer des Deutschen schlechtweg zu retten; alle andre Unterschiede seien dem höhern Ueberblicke verschwunden; und es würde durch jenes den besondern Verbindlichkeiten, die etwa Jemand zu haben glaube, kein Eintrag geschehen. Es ist, wenn uns nur der gemachte Unterschied zwischen Staat und Nation gegenwärtig bleibt, klar, daß auch schon früher die Angelegenheiten dieser beiden niemals in Widerstreit gerathen konnten. Die höhere Vaterlandsliebe für das gemeinsame Volk der deutschen Nation mußte und sollte ja ohnedies die oberste Leitung in jedem deutschen Staate führen; keiner von ihnen durfte ja diese höhere Angelegenheit aus den Augen verlieren, ohne alles Edle und Tüchtige von sich abwendig zu machen, und so seinen eignen Untergang zu beschleunigen: jemehr daher Jemand von jener höheren Angelegenheit ergriffen und belebt war, ein desto besserer Bürger war er auch für den besondern deutschen Staat, in den sein unmittelbarer Wirkungskreis fiel. Deutsche Staaten konnten mit deutschen Staaten in Streit gerathen, über besondere hergebrachte Gerechtsame. Wer die Fortdauer des hergebrachten Zustandes wollte, und jeder Verständige ohne Zweifel mußte um der ferneren Folgen willen diese wollen, der mußte wünschen, daß die gerechte Sache siege, in wessen Händen sie auch sein möchte. Höchstens hätte ein besonderer deutscher Staat darauf ausgehen können, die ganze deutsche Nation unter seinem Regierung zu vereinigen, und statt der hergebrachten Völkerrepublik Alleinherrschaft einzuführen. Wenn es wahr ist, wie ich z. B. es allerdings dafür halte, daß gerade diese republikanische Verfassung bisher die vorzüglichste Quelle deutscher Bildung und das erste Sicherungsmittel ihrer Eigenthümlichkeit gewesen, so wäre, falls die vorausgesetzte Einheit der Regierung nicht etwa selbst die republikanische, sondern die monarchische Form getragen hätte, in der es dem Gewalthaber doch möglich gewesen wäre, irgend einen Sproß ursprünglicher Bildung über den ganzen deutschen Boden hinweg für seine Lebenszeit zu zerdrücken; – wenn dieses wahr ist, sage ich, so wäre in diesem

Falle es allerdings ein großes Mißgeschick für die Angelegenheit deutscher Vaterlandsliebe gewesen, wenn dieser Vorsatz gelungen wäre, und jeder Edle über die ganze Oberfläche des gemeinsamen Bodens hinweg hätte dagegen sich stemmen müssen. Dennoch auch in diesem schlimmsten Falle wären es doch immer Deutsche geblieben, die über Deutsche regiert, und ihre Angelegenheiten ursprünglich geleitet hätten, und wenn auch auf eine vorübergehende Zeit der eigentümliche deutsche Geist vermißt worden wäre, so wäre doch die Hoffnung geblieben, daß er wieder erwachen werde, und jedes kräftigere Gemüth über den ganzen Boden hinweg hätte sich versprechen können, Gehör zu finden und sich verständlich zu machen; es wäre doch immer eine deutsche Nation im Dasein verblieben, und hätte sich selbst regiert, und sie wäre nicht untergegangen in einem andern von niederer Ordnung. Immer bleibt hier das Wesentliche in unserer Berechnung, daß die deutsche Nationalliebe selbst an dem Ruder des deutschen Staats entweder sitze, oder doch mit ihrem Einflusse dahin gelangen könne. Wenn aber zufolge unsrer frühern Voraussetzung dieser deutsche Staat, – ob er nun als einer oder mehrere erscheine, thut nichts zur Sache, in der That ist es dennoch einer, – überhaupt aus deutscher Leitung in fremde fiele, so ist sicher, und das Gegenteil davon wäre gegen alle Natur, und schlechterdings unmöglich, es ist sicher, sage ich, daß von nun an nicht mehr deutsche Angelegenheit, sondern eine fremde entscheiden würde. Wo die gesammte Nationalangelegenheit der Deutschen bisher ihren Sitz hatte und dargestellt wurde, am Ruder des Staats, da wäre sie verwiesen. Soll sie nun hiermit nicht ganz ausgetilgt sein von der Erde, so muß ihr ein anderer Zufluchtsort bereitet werden, und zwar in dem, was allein übrig bleibt, bei den Regierten, in den Bürgern. Wäre sie aber bei diesen und ihrer Mehrheit schon, so wären wir in den Fall, über welchen wir uns dermals beratschlagen, gar nicht gekommen; sie ist daher nicht bei ihnen, und muß erst in sie hineingebracht werden; das heißt mit andern Worten, die Mehrheit der Bürger muß zu diesem vaterländischen Sinne erzogen werden, und, damit man der Mehrheit sicher sei, diese Erziehung muß an der Allheit versucht werden. Und so ist denn zugleich, unumwunden und klar, der gleichfalls ehemals versprochene Beweis geführt worden, daß es schlechthin nur die Erziehung und kein anderes mögliches Mittel sei, das die deutsche Selbständigkeit zu retten vermöge; und es wäre ohne Zweifel nicht unsre Schuld, wenn man selbst bis jetzt noch nicht den eigentlichen Inhalt und die Absicht dieser unsrer Reden, und den Sinn, in welchem alle unsere Aeußerungen zu nehmen sind, zu fassen vermöchte.

Um es noch kürzer zu fassen: immer unter unsrer Voraussetzung, sind den Unmündigen ihre väterlichen und blutsverwandten Vormünder abgegangen, und Herren an ihre Stelle getreten; sollen jene Unmündige nicht gar Sklaven werden, so müssen sie eben der Vormundschaft entlassen, und, damit sie dieses können, zu allererst zur Mündigkeit erzogen werden. Die deutsche Vaterlandsliebe hat ihren Sitz verloren; sie soll einen andern breitern und tiefern erhalten, in welchem sie in ruhiger Verborgenheit sich begründe und stähle, und zu rechter Zeit in jugendlicher Kraft hervorbreche, und auch dem Staate die verlorne Selbständigkeit wieder gebe. Wegen des letztern können nun sowol das Ausland als die kleinlichen und engherzigen Trübseligkeiten unter uns selbst in Ruhe verbleiben; man kann zu ihrer aller Troste sie versichern, daß sie es insgesammt nicht erleben werden und daß die Zeit, die es erleben wird, anders denken wird, denn sie.

Ob nun, so streng auch die Glieder dieses Beweises an einander schließen mögen, derselbe auch andere ergreifen, und sie zur Thätigkeit anregen werde, hängt zu allererst davon ab, ob es so etwas, wie wir deutsche Eigentümlichkeit und deutsche Vaterlandsliebe geschildert haben, überhaupt gebe, und ob diese der Erhaltung und des Strebens dafür werth sei oder nicht. Daß der – auswärtige oder einheimische – Ausländer diese Frage mit Nein beantwortet, versteht sich; aber dieser ist auch nicht mit zur Beratschlagung berufen. Uebrigens ist hierbei anzumerken, daß die Entscheidung über diese Frage keineswegs auf einer Beweisführung durch Begriffe beruht, welche hierin zwar klar machen, keineswegs aber über wirkliches Dasein oder Werth Auskunft zu geben vermögen, sondern, daß die letztern lediglich durch eines jeglichen unmittelbare Erfahrung an ihm selber bewährt werden können. In einem solchen Falle mögen Millionen sagen: es sei nicht, so kann dadurch niemals mehr gesagt sein, denn daß es nur in ihnen nicht sei, keineswegs, daß es überhaupt nicht sei, und wenn ein Einziger gegen diese Millionen auftritt und versichert, daß es sei, so behält er gegen sie alle recht. Nichts verhindert, daß, da ich nun gerade rede, ich in dem angegebenen Falle dieser einzige sei, der da versichert, daß er aus unmittelbarer Erfahrung an sich selbst wisse, daß es so etwas, wie deutsche Vaterlandsliebe gebe, daß er den unendlichen Werth des Gegenstandes derselben kenne, daß diese Liebe allein ihn getrieben habe, auf jede Gefahr zu sagen, was er gesagt hat und noch sagen wird, indem uns dermalen gar nichts übrig geblieben ist, denn das Sagen, und sogar dieses, auf alle Weise gehemmt und verkümmert wird. Wer dasselbe in sich fühlt, der wird überzeugt werden; wer es nicht fühlt, kann nicht überzeugt werden, denn allein auf jene Voraussetzung stützt sich mein Beweis; an ihm habe ich meine Worte verloren, aber wer wollte nicht etwas so Geringfügiges, als Worte sind, auf das Spiel setzen?

Diejenige bestimmte Erziehung, von der wir uns die Rettung der deutschen Nation versprechen, ist in unserer zweiten und dritten Rede im Allgemeinen beschrieben worden. Wir haben sie als eine gänzliche Umschaffung des Menschengeschlechts bezeichnet, und es wird passend sein, an diese Bezeichnung eine wiederholte Uebersicht des Ganzen anzuknüpfen.

In der Regel galt bisher die Sinnenwelt für die rechte, eigentliche, wahre und wirklich bestehende Welt, sie war die erste, die dem Zögling der Erziehung vorgeführt wurde; von ihr erst wurde er zum Denken, und zwar meist zu einem Denken über diese, und im Dienst derselben angeführt. Die neue Erziehung kehrt diese Ordnung gerade zu um. Ihr ist nur die Welt, die durch das Denken erfaßt wird, die wahre und wirklich bestehende Welt; in diese will sie ihren Zögling, sogleich wie sie mit demselben beginnt, einführen. An diese Welt allein will sie seine ganze Liebe und sein ganzes Wohlgefallen binden; so daß ein Leben allein in dieser Welt des Geistes bei ihm nothwendig entstehe und hervorkomme. Bisher lebte in der Mehrheit allein das Fleisch, die Materie, die Natur; durch die neue Erziehung soll in der Mehrheit, ja gar bald in der Allheit, allein der Geist leben, und dieselbe treiben; der feste und gewisse Geist, von welchem früher, als von der einzigmöglichen Grundlage eines wohleingerichteten Staats gesprochen worden, soll im Allgemeinen erzeugt werden.

Durch eine solche Erziehung wird ohne Zweifel der Zweck, den wir zunächst uns vorgesetzt haben, und von dem unsre Reden ausgegangen sind, erreicht. Jener zu erzeugende Geist führt die höhere Vaterlandsliebe, das Erfassen seines irdischen Lebens als eines ewigen und des Vaterlandes, als des Trägers dieser Ewigkeit, und, falls er in den Deutschen aufgebauet wird, die Liebe für das deutsche Vaterland, als einen seiner notwendigen Bestandteile unmittelbar in sich selber; und aus dieser Liebe folgt der muthige Vaterlandsvertheidiger und der ruhige und rechtliche Bürger von selbst. Es wird durch eine solche Erziehung sogar noch mehr erreicht, als dieser nächste Zweck; wie das allemal der Fall ist, wo ein großes Ziel durch ein durchgreifendes Mittel gewollt wird; der ganze Mensch wird nach allen seinen Theilen vollendet, in sich selbst abgerundet, nach außen zu allen seinen Zwecken in Zeit und Ewigkeit mit vollkommener Tüchtigkeit ausgestattet. Mit unsrer Genesung für Nation und Vaterland hat die geistige Natur unsre vollkommene Heilung von allen Uebeln, die uns drücken, unzertrennlich verknüpft.

Mit der stumpfen Verwunderung, daß eine solche Welt des blosen Gedankens behauptet, und sogar als die einzig mögliche Welt behauptet, dagegen die Sinnenwelt ganz weggeworfen werde, so wie mit der Abläugnung der erstern entweder überhaupt, oder nur der Möglichkeit, daß selbst die Mehrheit des großen Volks in dieselbe eingeführt werden könne, haben wir es hier nicht mehr zu thun, sondern haben dieselben schon früher gänzlich von uns weggewiesen. Wer noch nicht weiß, daß es eine Welt des Gedankens gebe, der mag indessen anderwärts durch die vorhandenen Mittel sich davon belehren, wir haben hier zu dieser Belehrung nicht Zeit; wie aber sogar die Mehrheit des großen Volks zu derselben emporgehoben werden könne, dies wollen wir eben zeigen

Indem nun, unserm eignen wohlbedachten Sinne nach, der Gedanke einer solchen neuen Erziehung keineswegs als ein bloses zur Uebung des Scharfsinns oder der Streitfertigkeit angestelltes Bild zu betrachten ist, sondern derselbe vielmehr zur Stunde ausgeübt und ins Leben eingeführt werden soll, so kommt uns zuvörderst zu, anzugeben, an welches in der wirklichen Welt schon vorliegende Glied diese Ausführung sich anknüpfen solle. Wir geben auf diese Frage zur Antwort: an den von Johann Heinrich Pestalozzi erfundenen, vorgeschlagenen und unter dessen Augen schon in glücklicher Ausübung befindlichen Unterrichtsgang soll sie sich anschließen. Wir wollen diese unsre Entscheidung tiefer begründen und näher bestimmen.

Zuvörderst, wir haben die eignen Schriften des Mannes gelesen und durchdacht, und aus diesen unsern Begriff seiner Unterrichts- und Erziehungskunst uns gebildet; gar keine Kunde aber haben wir genommen von dem, was die gelehrten Neuigkeitsblätter darüber berichtet und gemeint; und über die

Meinungen wieder gemeint haben. Wir merken dies darum an, um jedem, der über diesen Gegenstand gleichfalls einen Begriff zu haben begehrt, denselben Weg, und die durchgängige Vermeidung des entgegengesetzten, zu empfehlen. Eben so wenig haben wir bis jetzt etwas von der wirklichen Ausübung sehen wollen, keineswegs aus Nichtachtung, sondern weil wir uns erst einen festen und sichern Begriff von der wahren Absicht des Erfinders, hinter welcher die Ausübung oft zurückbleiben kann, verschaffen wollten, aus diesem Begriffe aber der Begriff von der Ausübung und dem nothwendigen Erfolge ohne alles Probiren, sich von selbst ergibt, und man, nur mit diesem ausgestattet, die Ausübung wahrhaftig verstehen und richtig beurtheilen kann. Sollte, wie einige glauben, auch dieser Unterrichtsgang schon hier und da in ein blindes empirisches Zutappen und in leere Spielerei und Schauauslegerei ausgeartet sein, so ist meines Erachtens der Grundbegriff des Erfinders wenigstens daran ganz unschuldig.

Für diesen Grundbegriff nun bürgt mir zuerst die Eigenthümlichkeit des Mannes selber, wie er diese in seinen Schriften mit der treuesten und gemütvollsten Offenheit darlegt. An ihm hätte ich eben so gut, wie an Luther, oder falls es noch andere diesen gleichende gegeben hat, an irgend einem andern, die Grundzüge des deutschen Gemüths darlegen, und den erfreuenden Beweis führen können, daß dieses Gemüth in seiner ganzen wunderwirkenden Kraft in dem Umkreise der deutschen Zunge noch bis auf diesen Tag walte. Auch er hat ein mühvolles Leben hindurch im Kampfe mit allen möglichen Hindernissen von innen mit eigner hartnäckiger Unklarheit und Unbeholfenheit, und selbst höchst spärlich ausgestattet mit den gewöhnlichsten Hilfsmitteln der gelehrten Erziehung, äußerlich mit anhaltender Verkennung, gerungen nach einem blos geahneten ihm selbst durchaus unbewußten Ziele, aufrecht gehalten und getrieben durch einen unversiegbaren und allmächtigen und deutschen Trieb, die Liebe zu dem armen verwahrlosten Volke. Diese allmächtige Liebe hatte ihn, eben so wie Luthern, nur in einer andern und seiner Zeit angemeßneren Beziehung, zu ihrem Werkzeuge gemacht, und war das Leben geworden in seinem Leben, sie war der ihm selbst unbekannte feste und unwandelbare Leitfaden dieses seines Lebens, der es hindurchführte durch alle ihn umgebende Nacht, und der den Abend desselben – denn es war unmöglich, daß eine solche Liebe unbelohnt von der Erde abtrete – krönte mit Deiner wahrhaft geistigen Erfindung, die weit mehr leistete, denn er je mit seinen kühnsten Wünschen begehrt hatte. Er wollte blos dem Volke helfen;

aber seine Erfindung, in ihrer ganzen Ausdehnung genommen, hebt das Volk, hebt allen Unterschied zwischen diesem und einem gebildeten Stande auf, gibt, statt der gesuchten Volkserziehung, Nationalisierung, und hätte wol das Vermögen, den Völkern und dem ganzen Menschengeschlecht aus der Tiefe seines dermaligen Elendes emporzuhelfen.

Dieser sein Grundbegriff steht in seinen Schriften mit vollkommener Klarheit und unverkennbarer Bestimmtheit da. Zuvörderst will er in Absicht der Form nicht die bisherige Willkür und das blinde Herumtappen, sondern er will eine feste und sicher berechnete Kunst der Erziehung wie auch wir es wollen, und wie deutsche Gründlichkeit es nothwendig wollen muß; und er erzählt sehr unbefangen, wie eine französische Phrase, daß er nämlich die Erziehung mechanisiren wolle, ihm über diesen seinen Zweck aus dem Traume geholfen habe. In Absicht des Inhalts ist es der erste Schritt der von mir beschriebenen neuen Erziehung, daß sie die freie Geistesthätigkeit des Zöglings, sein Denken, in welchem späterhin die Welt seiner Liebe ihm aufgehen soll, anrege und bilde; mit diesem ersten Schritte beschäftigten sich Pestalozzi's Schriften vorzüglich, und auf diesen Gegenstand geht unsere Prüfung seines Grundbegriffs zu allererst. In dieser Rücksicht ist nun desselben Tadel des bisherigen Unterrichts, daß derselbe den Schüler nur in Nebel und Schatten eingetaucht, und denselben niemals zur wirklichen Wahrheit und Realität habe gelangen lassen, gleichbedeutend mit dem unsrigen, daß dieser Unterricht nicht vermocht habe, in das Leben einzugreifen, noch die Wurzel desselben zu bilden; und Pestalozzi's dagegen vorgeschlagenes Hilfsmittel, den Zögling in die unmittelbare Anschauung einzuführen, ist gleichbedeutend mit dem unsrigen, die Geistesthätigkeit desselben zum Entwerfen von Bildern anzuregen, und nur an diesem freien Bilden ihn lernen zu lassen, alles, was er lernt; denn nur von dem Freientworfenen ist Anschauung möglich. Daß der Erfinder es wirklich also meint, und keineswegs unter Anschauung jene blindtappende und betastende Wahrnehmung versteht, beweist die nachher angegebene Ausübung. Gleichfalls ganz richtig wird dieser Anregung der Anschauung des Zöglings durch die Erziehung das allgemeine und sehr tief eingreifende Gesetz gegeben, hierin mit dem Anfange und Fortschritte der zu entwickelnden Kräfte des Kindes genau Schritt zu halten.

Dagegen haben die gesammten Mißgriffe dieses Pestalozzi'schen Unterrichtsplans in Ausdrücken und Vorschlägen die eine gemeinschaftliche

Quelle, daß der dürftige und begrenzte Zweck, auf welchen anfangs ausgegangen wurde, äußerst vernachlässigten Kindern aus dem Volke unter der Voraussetzung, daß das Ganze bliebe, so wie es ist, die nothdürftigste Hilfe zu leisten, von einer Seite, und von der andern, das zu einem weit höhern Zwecke führende Mittel, in Vermengung und Widerstreit mit einander gerathen; und man wird vor allem Irrthume gesichert, und erhält einen mit sich vollkommen übereinstimmenden Begriff, wenn man das erstere und alles, was aus dessen Beachtung gefolgt ist, fallen läßt, und sich blos an das letztere hält, und es folgegemäß durchführt. Ohne Zweifel entstand lediglich aus dem Wunsche, jene Kinder der äußersten Armuth sobald als möglich aus der Schule zum Broderwerb zu entlassen, und dennoch sie mit einem Mittel zu versehen, wodurch sie den abgebrochenen Unterricht nachholen könnten, in Pestalozzi's liebendem Gemüthe die Ueberschätzung des Lesens und Schreibens, die Aufstellung dieser beinahe als Ziel und Gipfel des Volksunterrichts, sein unbefangener Glaube an die Aussage der abgelaufenen Jahrtausende, daß dieses die besten Hilfsmittel der Belehrung seien; da er ja außerdem gefunden haben würde, daß gerade dieses Lesen und Schreiben bisher die eigentlichen Werkzeuge gewesen, um die Menschen in Nebel und Schatten einzuhüllen und sie überklug zu machen: daher auch rühren ohne Zweifel mehrere andere mit seinem Grundsatze der unmittelbaren Anschauung im Widerspruche stehende Vorschläge, und besonders seine durchaus irrige Ansicht der Sprache, als eines Mittels unser Geschlecht von dunkler Anschauung zu deutlichen Begriffen zu erheben. Wir unsres Orts haben nicht von Erziehung des Volks im Gegensatze höherer Stände geredet, indem wir Volk in diesem Sinne, niedern und gemeinen Pöbel, gar nicht länger haben wollen, noch er für die deutschen Nationalangelegenheiten ferner ertragen werden kann, sondern wir haben von Nationalerziehung geredet. Soll es jemals zu dieser kommen, so muß der armselige Wunsch, daß die Erziehung doch ja recht bald vollendet sein, und das Kind wieder hinter die Arbeit gestellt werden möge, gar nicht mehr zu Ohren kommen, sondern sogleich an der Schwelle der Berathung über diese Angelegenheit abgelegt werden. Zwar wird meines Erachtens diese Erziehung nicht kostspielig sein, die Anstalten werden guten Theils sich selbst erhalten können, und es wird der Arbeit kein Eintrag geschehen; und ich werde meine Gedanken hierüber zur Zeit darlegen: aber wenn dies auch nicht so wäre, so muß unbedingt und auf jede Gefahr der Zögling in der Erziehung so lange bleiben, bis sie vollendet ist und vollendet sein kann; jene halbe Erziehung ist um nichts besser, denn gar keine; sie läßt es eben beim Alten, und wenn man dies will, so erspare man sich lieber auch das Halbe, und erkläre gleich von vorn herein geradezu, daß man nicht wolle, daß der Menschheit geholfen werde. Unter jener Voraussetzung nun kann in der blosen Nationalerziehung, so lange dieselbe dauert, Lesen und Schreiben zu nichts nützen, wol aber kann es sehr schädlich werden, indem es von der unmittelbaren Anschauung zum blosen Zeichen, und von der Aufmerksamkeit, die da weiß, daß sie nichts fasse, wenn sie es nicht jetzt und zur Stelle faßt, zur Zerstreutheit, die sich ihres Niederschreibens tröstet, und irgend einmal vom Papiere lernen will, was sie wahrscheinlich nie lernen wird, und überhaupt zu der den Umgang mit Buchstaben so oft begleitenden Träumerei leichtlich verleiten könnte, so wie es dieses auch bisher gethan hat. Erst am völligen Schlusse der Erziehung, und als das letzte Geschenk derselben mit auf den Weg, könnten diese Künste mitgetheilt und der Zögling geleitet werden durch Zergliederung der Sprache, die er schon längst vollkommen besitzt, die Buchstaben zu erfinden und zu gebrauchen; welches ihm bei der übrigen Bildung, die er schon erlangt hat, ein Spiel sein würde.

So in der blosen und allgemeinen Nationalerziehung. Etwas anderes ist es mit dem künftigen Gelehrten. Dieser soll einst nicht blos über das Alleingeltende sich aussprechen, wie es ihm ums Herz ist, sondern er soll auch in einsamem Nachdenken die verborgene und ihm selber unbewußte eigentümliche Tiefe seines Gemüths in das Licht der Sprache erheben, und er muß darum früher an der Schrift das Werkzeug dieses einsamen und dennoch lauten Denkens in die Hände bekommen und bilden lernen; doch wird auch mit ihm weniger zu eilen sein, als es bisher geschehen. Es wird dies zu seiner Zeit bei der Unterscheidung der blosen Nationalerziehung von der gelehrten deutlicher erhellen. In Gemäßheit dieser Ansicht ist alles, was der Erfinder über Schall und Wort, als Entwicklungsmittel der geistigen Kraft spricht, zu berichten und zu beschränken. In das Einzelne zu gehen, erlaubt mir nicht der Plan dieser Reden. Nur noch die folgende tief in das Ganze greifende Bemerkung. Die Grundlage seiner Entwicklung aller Erkenntniß enthält sein Buch für Mütter, in dem er unter andern gar sehr auf häusliche Erziehung rechnet. Was zuvörderst diese, die häusliche Erziehung, selbst anbelangt, so wollen wir zwar mit ihm keineswegs über die Hoffnungen, die er sich von den Müttern macht, streiten; was aber unsern höhern Begriff einer Nationalerziehung anbelangt, so sind wir fest überzeugt, daß diese, besonders bei den arbeitenden

Ständen, im Hause der Eltern, und überhaupt ohne gänzliche Absonderung der Kinder von ihnen, durchaus weder angefangen, noch fortgesetzt, oder vollendet werden kann. Der Druck, die Angst um das tägliche Auskommen, die kleinliche Genauigkeit und Gewinnsucht, die sich hierzu fügt, würde die Kinder nothwendig anstecken, herabziehen und sie verhindern, einen freien Aufflug in die Welt des Gedankens zu nehmen. Dies ist auch eine der Voraussetzungen, die bei der Ausführung unsers Plans unbedingt ist, und auf keine Weise zu erlassen. Was daraus wird, wenn die Menschheit im Ganzen in jedem folgenden Zeitalter sich also wiederholt, wie sie im vorhergehenden war, haben wir nun zur Genüge ersehen; soll eine gänzliche Umbildung mit derselben vorgenommen werden, so muß sie einmal ganz losgerissen werden von sich selber, und ein trennender Einschnitt gemacht werden in ihr hergebrachtes Fortleben.

Erst nachdem ein Geschlecht durch die neue Erziehung hindurch gegangen sein wird, wird sich berathschlagen lassen, welchen Theil von der Nationalerziehung man dem Hause anvertrauen wolle. – Dies nun abgerechnet, und das Pestalozzi'sche Buch für die Mütter lediglich als erste Grundlage des Unterrichts betrachtet, ist auch der Inhalt desselben, der Körper des Kindes, ein vollkommner Mißgriff. Er geht von dem sehr richtigen Satze aus, der erste Gegenstand der Erkenntniß des Kindes müsse das Kind selbst sein, aber ist denn der Körper des Kindes das Kind selbst? wäre, wenn es doch ein menschlicher Körper sein sollte, der Körper der Mutter ihm nicht weit näher und sichtbarer? und wie kann doch das Kind eine anschauliche Erkenntniß von seinem Körper bekommen, ohne zuerst gelernt zu haben, denselben zu gebrauchen? Jene Kenntniß ist keine Erkenntniß, sondern ein bloses Auswendiglernen von willkürlichen Wortzeichen, das durch die Ueberschätzung des Redens herbeigeführt wird. Die wahre Grundlage des Unterrichts und der Erkenntniß wäre, um es in der Pestalozzi'schen Sprache zu bezeichnen, ein ABC der Erfindungen. Wie das Kind anfängt, Sprachtöne zu vernehmen und selbst notwendig zu bilden, müßte es geleitet werden sich vollkommen deutlich zu machen, ob es hungere oder schläfrig sei, ob es die mit dem oder dem Ausdrucke bezeichnete ihm gegenwärtige Empfindung sehe oder ob es vielmehr dieselbe höre, u. s. f., oder ob es wol gar etwas blos hinzudenke; wie die verschiedenen durch besondere Wörter bezeichneten Eindrücke auf denselben Sinn, z. B. die Farben, die Schalle der verschiedenen Körper u. s. f. verschieden seien, und in welchen Abstufungen; alles dies in richtiger, und das Empfindungsvermögen selbst regelmäßig entwickelnder Folge. Hierdurch erhält das Kind erst ein Ich, das es im freien und besonnenen Begriffe absondert, und mit demselben durchdringt, und gleich bei seinem Erwachen ins Leben wird dem Leben ein geistiges Auge angesetzt, das von nun an wol nicht wieder von demselben lassen wird. Hierdurch erhalten auch für die nachfolgenden Uebungen der Anschauung die an sich leeren Formen des Maßes und der Zahl ihren deutlich erkannten innern Gehalt, der bei der Pestalozzi'schen Verfahrungsweise doch nur durch dunklen Hang und Zwang ihnen hinzugesetzt werden kann.

Es kommt in den Pestalozzi'schen Schriften ein in dieser Rücksicht merkwürdiges Geständnis einer seiner Lehrer vor, der, in dieses Verfahren eingeweiht, anfing, nur noch ausgeleerte geometrische Körper zu erblicken. So mußte es allen Zöglingen dieses Verfahrens ergehen, wenn nicht unvermerkt die geistige Natur dagegen sicherte. Hier auch, bei diesem deutlichen Erfassen dessen, was eigentlich empfunden wird, ist der Ort, wo, zwar nicht das Sprachzeichen, aber das Reden selbst und das Bedürfniß sich für andere auszusprechen, den Menschen bildet, und ihn aus der Dunkelheit und Verworrenheit zur Klarheit und Bestimmtheit erhebt. Auf das zuerst zum Bewußtsein erwachende Kind dringen alle Eindrücke der dasselbe umgebenden Natur zugleich ein, und vermischen sich zu einem dumpfen Chaos, in welchem nichts Einzelnes aus dem allgemeinen Gewühl hervorsteht. Wie soll es jemals herauskommen aus dieser Dumpfheit? Es bedarf der Hilfe anderer; es kann diese Hilfe auf keine andre Weise an sich bringen, denn dadurch, daß es sein Bedürfniß bestimmt ausspreche, mit den Unterscheidungen von ähnlichen Bedürfnissen, die schon in der Sprache niedergelegt sind. Es wird genöthigt, nach Anleitung jener Unterscheidungen, mit Zurückziehung und Sammlung auf sich zu merken, das, was es wirklich fühlt, zu vergleichen und zu unterscheiden von anderem, das es wol auch kennt, aber gegenwärtig nicht fühlt. Hierdurch sondert sich erst ab in ihm ein besonnenes und freies Ich. Diesen Weg nun, den Noth und Natur mit uns anhebt, soll die Erziehung mit besonnener und freier Kunst fortsetzen. Im Felde der objektiven Erkenntniß, die auf äußere Gegenstände geht, fügt die Bekanntschaft mit dem Wortzeichen der Deutlichkeit und Bestimmtheit der innern Erkenntniß für den Erkennenden selbst durchaus nichts hinzu, sondern sie erhebt dieselbe blos in den völlig verschiedenen Kreis der Mittheilbarkeit für andere. Die Klarheit jener Erkenntniß beruht gänzlich auf der Anschauung, und dasjenige, was man nach Belieben in allen seinen Theilen, gerade so wie es wirklich ist, in der Einbildungskraft wieder erzeugen kann, ist vollkommen erkannt, ob man nun dazu ein Wort habe oder nicht. Wir sind sogar der Ueberzeugung, daß jene Vollendung der Anschauung, der Bekanntschaft mit dem Wortzeichen, vorausgehen müsse, und daß der umgekehrte Weg gerade in jene Schatten- und Nebelwelt, und zu dem frühen Maulbrauchen, welche beide Pestalozzi mit Recht so verhaßt sind, führe, ja daß der, der nur je eher je lieber das Wort wissen will, und der seine Erkenntnisse für vermehrt hält, so bald er es weiß, eben in jener Nebelwelt lebt, und blos um deren Erweiterung bekümmert ist. Des Erfinders Denkgebäude im Ganzen erfassend, glaube ich, daß es gerade dieses ABC der Empfindung war, was er, als erste Grundlage der geistigen Entwicklung und als Inhalt seines Buchs der Mütter, anstrebte, und was ihm dunkel, bei allen seinen Aeußerungen über die Sprache, vorschwebte, und daß allein der Mangel an philosophischen Studien ihn verhinderte, in diesem Punkte sich selber vollkommen klar zu werden.

Diese Entwicklung nun des erkennenden Subjekts selbst, an der Empfindung, vorausgesetzt, und der Nationalerziehung, die wir beabsichtigen, als allererste Grundlage untergelegt, ist das Pestalozzi'sche ABC der Anschauung, die Lehre von den Zahl- und Maßverhältnissen, die vollkommen zweckmäßige und vortreffliche Folge. An diese Anschauung kann ein beliebiger Theil der Sinnenwelt geknüpft werden, sie kann eingeführt werden in das Gebiet der Mathematik, so lange, bis an diesen Vorübungen der Zögling hinlänglich gebildet sei, um zur Entwerfung einer gesellschaftlichen Ordnung der Menschen, und zur Liebe dieser Ordnung, als dem zweiten und wesentlichen Schritte seiner Bildung, angeführt zu werden.

Noch ist, gleich beim ersten Theile der Erziehung ein anderer von Pestalozzi gleichfalls in Anregung gebrachter Gegenstand nicht zu übergehen: die Entwicklung der körperlichen Fertigkeit des Zöglings, die mit der geistigen nothwendig Hand in Hand gehend fortschreiten muß. Er fordert ein ABC der Kunst, d. h. des körperlichen Könnens. Seine hervorstechendsten Aeußerungen hierüber sind folgende: »Schlagen, Tragen, Werfen, Stoßen, Ziehen, Drehen, Ringen, Schwingen u. s. f. seien die einfachsten Uebungen der Kraft. Es gebe eine naturgemäße Stufenfolge von den Anfängen in diesen Uebungen bis zu ihrer vollendeten Kunst. d. i. bis zum höchsten Grade des Nerventaktes, der Schlag und Stoß, Schwung und Wurf, in hundertfachen Abwechselungen sichere, und Hand und Fuß gewiß mache.« Alles kommt hierbei auf die naturgemäße Stufenfolge an, und es reicht nicht hin, daß man mit blinder Willkür hineingreife, und irgend eine Uebung einführe, damit doch von uns gesagt werden könne, wir hätten auch, etwa wie die Griechen, körperliche Erziehung. In dieser Rücksicht ist nun noch alles zu thun, denn Pestalozzi hat kein ABC der Kunst geliefert. Dieses müßte erst geliefert werden, und zwar bedarf es dazu eines Mannes, der, in der Anatomie des menschlichen Körpers und in der wissenschaftlichen Mechanik auf gleiche Weise zu Hause, mit diesen Kenntnissen ein hohes Maß philosophischen Geistes verbände, und der auf diese Weise fähig wäre, in allseitiger Vollendung diejenige Maschine zu finden, zu der der menschliche Körper angelegt ist, und anzugeben, wie die Maschine allmählich, also, daß jeder Schritt in der einzig möglichen richtigen Folge geschähe, durch jeden alle künftigen vorbereitet und erleichtert, und dabei die Gesundheit und Schönheit des Körpers und die Kraft des Geistes nicht nur nicht gefährdet, sondern sogar gestärkt und erhöht würde, wie, sage ich, auf diese Weise die Maschine aus jedem gesunden menschlichen Körper entwickelt werden könne. Die Unerläßlichkeit dieses Bestandteils für eine Erziehung, die den ganzen Menschen zu bilden verspricht, und die besonders für eine Nation sich bestimmt, welche ihre Selbstständigkeit wieder herstellen und fernerhin erhalten soll, fällt ohne weitere Erinnerung in die Augen.

Was für nähere Bestimmung unsers Begriffs von deutscher Nationalerziehung noch ferner zu sagen ist, behalten wir vor der nächstkünftigen Rede.

Zehnte Rede.

Zur nähern Bestimmung der deutschen Nationalerziehung.

Die Anführung des Zöglings, zuerst seine Empfindungen, sodann seine Anschauungen sich klar zu machen, mit welcher eine folgegemäße Kunstbildung seines Körpers Hand in Hand gehen muß, ist der erste Hauptheil der neuen deutschen Nationalerziehung. Was die Bildung der Anschauung betrifft, haben wir eine zweckmäßige Anleitung von Pestalozzi; die noch ermangelnde zur Bildung des Empfindungsvermögens wird derselbe Mann und seine Mitarbeiter, die zur Lösung dieser Aufgabe zunächst berufen sind, leicht geben können. Eine Anweisung zur folgegemäßen Ausbildung der körperlichen Kraft fehlt noch: es ist angegeben, was zur Lösung dieser Aufgabe erfordert werde, und es ist zu hoffen, daß, wenn die Nation Begierde nach dieser Lösung bezeugen sollte, dieselbe sich finden werde. Dieser ganze Theil der Erziehung ist nur Mittel und Vorübung zu dem zweiten wesentlichen Theile derselben, der bürgerlichen und religiösen Erziehung. Was hierüber im Allgemeinen zu sagen dermalen Noth thut, ist in unsrer zweiten und dritten Rede schon beigebracht, und wir haben in dieser Rücksicht nichts hinzuzusetzen. Eine bestimmte Anweisung zur Kunst dieser Erziehung zu geben ist, – immer wie sich versteht, in Berathung und Rücksprache mit der Pestalozzi'schen eigentlichen Erziehungskunst – die Sache derselben Philosophie, die eine deutsche Nationalerziehung überhaupt in Vorschlag bringt; und diese Philosophie wird, wenn nur erst das Bedürfniß einer solchen Ausübung des ersten Theils eintritt, nicht säumen, dieselbe zu liefern. Wie es möglich sein werde, daß jedweder Zögling, auch aus dem niedrigsten Stande geboren, indem der Stand der Geburt wahrhaftig keinen Unterschied in den Anlagen macht, den Unterricht über diese Gegenstände, der allerdings, wenn man so will, die allertiefste Metaphysik enthält und die Ausbeute der abgezogensten Speculation ist, und welche zu fassen dermalen sogar Gelehrten und selbst speculirenden Köpfen so unmöglich fällt, fassen und sogar leicht fassen werde; darüber ermüde man sich nur vorläufig nicht im Hin- und Herzweifeln; wenn man nur in Absicht der ersten Schritte folgen will, so wird dies späterhin die Erfahrung lehren. Nur darum, weil unsre Zeit überhaupt in der Welt der leeren Begriffe gefesselt, und an keiner Stelle in die Welt der wahrhaftigen Realität und Anschauung hineingekommen ist, ist es ihr nicht anzumuthen, daß sie gerade bei der allerhöchsten und geistigsten Anschauung, und nachdem sie schon über alles Maß klug ist, das Anschauen anfange. Ihr muß die Philosophie anmuthen, ihre bisherige Welt aufzugeben und eine ganz andere sich zu verschaffen, und es ist kein Wunder, wenn eine solche Anmuthung ohne Erfolg bleibt. Der Zögling unsrer Erziehung aber ist gleich von Anbeginn an einheimisch geworden in der Welt der Anschauung und hat niemals eine andere gesehen; er soll seine Welt nicht verändern, sondern sie nur steigern, und dieses ergibt sich von selbst. Jene Erziehung ist zugleich, wie wir schon oben darauf deuteten, die einzig mögliche Erziehung für Philosophie und das einzige Mittel, diese letztere allgemein zu machen. Mit dieser bürgerlichen und religiösen Erziehung nun ist die Erziehung beschlossen, und der Zögling zu entlassen und so wären wir denn fürs erste in Absicht des Inhalts der vorgeschlagenen Erziehung im Reinen.

Es müsse niemals das Erkenntnißvermögen des Zöglings angeregt werden, ohne daß die Liebe für den erkannten Gegenstand es zugleich werde, indem außerdem die Erkenntniß todt, und eben so niemals die Liebe, ohne daß sie der Erkenntniß klar werde, indem außerdem die Liebe blind bleibe, – ist einer der Hauptgrundsätze der von uns vorgeschlagenen Erziehung, mit welchem auch Pestalozzi seinem ganzen Denkgebäude zufolge einverstanden sein muß. Die Anregung und Entwicklung dieser Liebe nun knüpft sich an den folgegemäßen Lehrgang am Faden der Empfindung und der Anschauung von selbst, und kommt ohne allen unsern Vorsatz oder Zuthun. Das Kind hat einen natürlichen Trieb nach Klarheit und Ordnung; dieser wird in jenem Lehrgange immerfort befriedigt, und erfüllt so das Kind mit Freude und Lust; mitten in der Befriedigung aber wird er durch die neuen Dunkelheiten, die nun zum Vorschein kommen, wiederum angeregt, und so ferner befriediget, und so geht das Leben hin in Liebe und Lust am Lernen. Dies ist die Liebe, wodurch jeder Einzelne an die Welt des Gedankens geknüpft wird, das Band der Sinnen- und Geisterwelt überhaupt. Durch diese Liebe entsteht, in dieser Erziehung sicher und berechnet, so wie bisher durch das Ungefähr bei wenigen vorzüglich begünstigten Köpfen, die leichte Entwicklung des Erkenntnisvermögens, und die glückliche Bearbeitung der Felder der Wissenschaft.

Noch aber gibt es eine andere Liebe, diejenige, welche den Menschen an den Menschen bindet, und alle einzelne zu einer einigen Vernunftgemeinde der gleichen Gesinnung verbindet. Wie jene die Erkenntniß, so bildet diese das handelnde Leben, und treibt an, das Erkannte in sich und andern darzustellen. Da es für unsern eigentlichen Zweck wenig helfen würde, blos die Gelehrtenerziehung zu verbessern und die von uns beabsichtigte Nationalerziehung zunächst nicht darauf ausgeht, Gelehrte, sondern eben Menschen zu bilden, so ist klar, daß neben jener ersten auch die Entwickelung der zweiten Liebe unerläßliche Pflicht dieser Erziehung ist. Pestalozzi redet von diesem Gegenstande mit herzerhebender Begeisterung; dennoch aber müssen wir bekennen, daß alles dieses uns nicht im mindesten klar geschienen hat und am allerwenigsten so klar, daß es einer kunstmäßigen Entwicklung jener Liebe zur Grundlage dienen könne. Es ist darum nöthig, daß wir unsre eignen Gedanken zu einer solchen Grundlage mittheilen.

Die gewöhnliche Annahme, daß der Mensch von Natur selbstsüchtig sei, und auch das Kind mit dieser Selbstsucht geboren werde, und daß es allein die Erziehung sei, die demselben eine sittliche Triebfeder einpflanze, gründet sich auf eine sehr oberflächliche Beobachtung und ist durchaus falsch. Da aus Nichts sich nicht Etwas machen läßt, die noch so weit fortgesetzte Entwicklung eines Grundtriebes aber ihn doch niemals zu dem Gegenteile von sich selbst machen kann; wie sollte doch die Erziehung vermögen, jemals Sittlichkeit in das Kind hineinzubringen, wenn diese nicht ursprünglich und vor aller Erziehung vorher in demselben wäre? So ist sie es denn auch wirklich in allen menschlichen Kindern, die zur Welt geboren werden; die Aufgabe ist blos, die ursprünglichste und reinste Gestalt, in der sie zum Vorschein kommt, zu ergründen.

Durchgeführte Spekulation sowol, als die gesammte Beobachtung stimmen überein, daß diese ursprünglichste und reinste Gestalt der Trieb nach Achtung sei, und daß diesem Triebe erst das Sittliche, als einzig möglicher Gegenstand der Achtung, das Rechte und Gute, die Wahrhaftigkeit, die Kraft der Selbstbeherrschung, in der Erkenntniß aufgehe. Beim Kinde zeigt sich dieser Trieb zuerst als Trieb auch geachtet zu werden, von dem, was ihm die höchste Achtung einflößt; und es richtet sich dieser Trieb, zum sichern Beweise, daß keineswegs aus der Selbstsucht die Liebe stamme, in der Regel weit stärker und entschiedener auf den ernsteren, öfter abwesenden und nicht unmittelbar als Wohlthäter erscheinenden Vater, denn auf die mit ihrer Wohlthätigkeit stets gegenwärtige Mutter. Von diesem will das Kind bemerkt sein, es will seinen Beifall haben; nur inwiefern dieser mit ihm zufrieden ist, ist es selbst mit sich zufrieden: dies ist die natürliche Liebe des Kindes zum Vater; keineswegs als zum Pfleger seines sinnlichen Wohlseins, sondern als zu dem Spiegel, auf welchem ihm sein eigener Werth oder Unwerth entgegenstrahlt; an diese Liebe kann nun der Vater selbst schweren Gehorsam und jede Selbstverläugnung leicht anknüpfen; für den Lohn seines herzlichen Beifalls gehorcht es mit Freuden. Wiederum ist dies die Liebe, die es vom Vater begehrt, daß dieser bemerke sein Bestreben, gut zu sein, und es anerkenne, daß er sich merken lasse, es mache ihm Freude, wenn er billigen könne, und thue ihm herzlich wehe, wenn er mißbilligen müsse, er wünsche nichts mehr, als immer mit demselben zufrieden sein zu können, und alle seine Forderungen an dasselbe haben nur die Absicht, das Kind selbst immer besser und achtungswürdiger zu machen; deren Anblick wiederum die Liebe des Kindes fortdauernd belebt und verstärkt, und ihm zu allen seinen fernern Bestrebungen neue Kraft gibt. Dagegen wird diese Liebe ertödtet durch Nichtbeachtung oder anhaltendes unbilliges Verkennen; ganz besonders aber erzeugt es sogar Haß, wenn man in der Behandlung desselben Eigennützigkeit blicken läßt, und z. B. einen durch Unvorsichtigkeit desselben verursachten Verlust als ein Hauptverbrechen behandelt. Es sieht sich sodann als ein bloses Werkzeug betrachtet, und dies empört sein zwar dunkles, aber dennoch nicht abwesendes Gefühl, daß es durch sich selbst einen Werth haben müsse.

Um dies an einem Beispiele zu belegen. Was ist es doch, das dem Schmerze der Züchtigung beim Kinde noch die Scham hinzufügt, und was ist diese Scham? Offenbar ist sie das Gefühl der Selbstverachtung, die es sich zufügen muß, da ihm das Mißfallen seiner Eltern und Erzieher bezeugt wird. Daher denn auch in einem Zusammenhange, wo die Bestrafung von keiner Scham begleitet wird, es mit der Erziehung zu Ende ist; die Bestrafung erscheint dann als eine Gewaltthätigkeit, über die der Zögling mit hohem Sinne sich hinweggesetzt und ihrer spottet.

Dies also ist das Band, was die Menschen zur Einheit des Sinnes verknüpft und dessen Entwicklung ein Hauptbestandtheil der Erziehung zum Menschen ist, – keineswegs sinnliche Liebe, sondern Trieb zu gegenseitiger Achtung. Dieser Trieb gestaltet sich auf eine doppelte Weise: im Kinde, ausgehend von unbedingter Achtung für die erwachsene Menschheit außer sich, zu dem Triebe, von dieser geachtet zu werden, und an ihrer wirklichen Achtung, als seinem Maßstabe, abzunehmen, inwiefern es auch selbst sich achten dürfe. Dieses Vertrauen auf einen fremden und außer uns befindlichen Maßstab der Selbstachtung ist auch der eigentümliche Grundzug der Kindheit und Unmündigkeit, auf dessen Vorhandensein ganz allein die Möglichkeit aller Belehrung und aller Erziehung der nachwachsenden Jugend zu vollendeten Menschen sich gründet. Der mündige Mensch hat den Maßstab seiner Selbstschätzung in ihm selber, und will von andern geachtet sein, nur inwiefern sie selbst erst seiner Achtung sich würdig gemacht haben; und bei ihm nimmt dieser Trieb die Gestalt des Verlangens an, andere achten zu können, und Achtungswürdiges außer sich hervorzubringen. Wenn es nicht einen solchen Grundtrieb im Menschen gäbe, woher käme doch die Erscheinung, daß es dem auch nur erträglich guten Menschen wehe thut, die Menschen schlechter zu finden, als er sie sich dachte, und daß es ihn tief schmerzt, sie verachten zu müssen; da es ja der Selbstsucht im Gegentheile wohl thun müßte, über andere sich hochmüthig erheben zu können? Diesen letzten Grundzug der Mündigkeit nun soll der Erzieher darstellen, so wie auf den ersten bei dem Zöglinge sicher zu rechnen ist. Der Zweck der Erziehung in dieser Rücksicht ist es eben, die Mündigkeit in dem von uns angegebenen Sinne hervorzubringen, und nur, nachdem dieser Zweck erreicht ist, ist die Erziehung wirklich vollendet und zu Ende gebracht. Bisher sind viele Menschen ihr ganzes Leben hindurch Kinder geblieben: diejenigen, welche zu ihrer Zufriedenheit des Beifalls der Umgebung bedurften, und nichts Rechts geleistet zu haben glaubten, als wenn sie dieser gefielen. Ihnen hat man entgegengesetzt, als starke und kräftige Charaktere, die wenigen, die über fremdes Urtheil sich zu erheben und sich selbst zu genügen vermochten, und hat diese in der Regel gehaßt, indeß man jene zwar nicht achtete, aber dennoch sie liebenswürdig fand.

Die Grundlage aller sittlichen Erziehung ist es, daß man wisse, es sei ein solcher Trieb im Kinde, und ihn festiglich voraussetze, sodann, daß man ihn in seiner Erscheinung erkenne, und ihn durch zweckmäßige Aufregung und Darreichung eines Stoffs, woran er sich befriedige, allmählich immer mehr entwickle. Die allererste Regel ist, daß man ihn auf den ihm allein angemessenen Gegenstand richte, auf das Sittliche, keineswegs aber etwa in einem ihm fremdartigen Stoffe ihn abfinde. Das Lernen z. B. führt seinen Reiz und seine Belohnung in sich selber; höchstens könnte angestrengter Fleiß, als eine Uebung der Selbstüberwindung, Beifall verdienen; aber dieser freie und über die Forderung hinausgehende Fleiß wird wenigstens in der blosen, allgemeinen Nationalerziehung kaum eine Stelle finden. Daß daher der Zögling lerne, was er soll, muß betrachtet werden, als etwas, das sich eben von selbst versteht, und wovon nicht weiter geredet wird; selbst das schnellere und bessere Lernen des fähigern Kopfs muß betrachtet werden eben als ein bloses Naturereigniß, das ihm selber zu keinem Lobe oder Auszeichnung dient, am allerwenigsten aber andere Mängel verdeckt. Nur im Sittlichen soll diesem Trieb sein Wirkungskreis angewiesen werden; aber die Wurzel aller Sittlichkeit ist die Selbstbeherrschung, die Selbstüberwindung, die Unterordnung seiner selbstsüchtigen Triebe unter den Begriff des Ganzen. Nur durch diese, und schlechthin durch nichts anderes, sei es dem Zöglinge möglich, den Beifall des Erziehers zu erhalten, dessen für seine eigne Zufriedenheit zu bedürfen er von seiner geistigen Natur angewiesen und durch die Erziehung gewöhnt ist. Es gibt, wie wir schon in unsrer zweiten Rede erinnert haben, zwei sehr verschiedene Weisen jener Unterordnung des persönlichen Selbst unter das Ganze. Zuvörderst diejenige, die schlechthin sein muß, und keinem in keinem Stücke erlassen werden kann, die Unterwerfung unter das, um der blosen Ordnung des Ganzen willen entworfene, Gesetz der Verfassung. Wer gegen dieses sich nicht vergeht, den trifft nur nicht Mißfallen, keineswegs aber wird ihm Beifall zu Theil; so wie den, der sich dagegen verginge, wirkliches Mißfallen und Tadel treffen würde, der da, wo öffentlich gefehlt worden, auch öffentlich ergehen müßte, und, wo er fruchtlos bliebe, sogar durch hinzugefügte Strafe geschärft werden könnte. Sodann gibt es eine Unterordnung des einzelnen unter das Ganze, die nicht gefordert, sondern nur freiwillig geleistet werden kann: daß man durch eigene Aufopferung den Wohlstand desselben steigere und vermehre. Um das Verhältniß der blosen Gesetzmäßigkeit und dieser höhern Tugend zu einander den Zöglingen gleich von Jugend auf recht einzuprägen, wird es zweckmäßig sein, nur demjenigen, gegen den einen gewissen Zeitraum hindurch in der ersten Rücksicht keine Klage gewesen, solche freiwillige Aufopferungen, gleichsam als den Lohn der Gesetzmäßigkeit zu gestatten, dem aber, der in Regelmäßigkeit und Ordnung seiner selbst noch nicht ganz sicher ist, die Erlaubniß dazu zu versagen. Die Gegenstände solcher freiwilligen Leistungen sind im allgemeinen schon oben angezeigt, und werden tiefer unten sich noch näher ergeben. Dieser Art der Aufopferung werde zu Theil thätige Billigung, wirkliche Anerkennung ihrer Verdienstlichkeit, keineswegs zwar öffentlich, als Lob, was das Gemüth verderben und eitel machen, und es von der Selbständigkeit ableiten könnte, sondern im geheim und mit dem Zögling allein. Diese Anerkennung soll nichts mehr sein, als das eigne, dem Zöglinge auch äußerlich dargestellte gute Gewissen desselben, und die Bestätigung seiner Zufriedenheit mit sich selbst, seiner Selbstachtung, und die Ermunterung, sich auch ferner zu vertrauen. Die hierbei beabsichtigten Vortheile würde folgende Einrichtung vortrefflich befördern. Wo mehrere Erzieher und Erzieherinnen sind, wie wir denn dies als die Regel voraussetzen, da wähle jedes Kind frei, und so wie sein Vertrauen und sein Gefühl dasselbe treibt, einen darunter zum besondern Freunde und gleichsam Gewissensrathe. Bei diesem suche es Rath in allen Fällen, wo es ihm schwer wird, recht zu thun; er helfe ihm durch freundliche Zusprache nach; er sei der Vertraute der freiwilligen Leistungen, die es übernimmt; und er sei endlich derjenige, der das Treffliche mit seinem Beifalle krönt. In den Personen dieser Gewissensräthe nun müßte die Erziehung, jedem einzelnen nach seiner Weise, folgegemäß zu immer größerer Stärke in Selbstüberwindung und Selbstbeherrschung emporhelfen; und so wird allmählich Festigkeit und Selbständigkeit entstehen, durch deren Erzeugung die Erziehung sich selbst abschließt und für die Zukunft aufhebt. Durch eigenes Thun und Handeln schließt sich uns am klarsten der Umfang der sittlichen Welt auf, und wem sie also aufgegangen ist, dem ist sie wahrhaftig aufgegangen. Ein solcher weiß nun selbst, was in ihr enthalten ist, und bedarf keines fremden Zeugnisses mehr über sich, sondern vermag es, selbst ein richtiges Gericht über sich zu halten und ist von nun an mündig.

Wir haben durch das so eben Gesagte eine Lücke, die in unserem bisherigen Vortrage blieb, geschlossen, und unsern Vorschlag erst wahrhaftig ausführbar gemacht. Das Wohlgefallen am Rechten und Guten um seiner selbst willen, soll durch die neue Erziehung an die Stelle der bisher gebrauchten sinnlichen Hoffnung oder Furcht gesetzt werden, und dieses Wohlgefallen soll, als einzig vorhandene Triebfeder, alles künftige Leben in Bewegung setzen: dies ist die Hauptsache unsers Vorschlags. Die erste hierbei sich aufdringende Frage ist aber, wie soll denn nun jenes Wohlgefallen selbst erzeugt werden? Erzeugt werden, im eigentlichen Sinne des Wortes, kann es nun wol nicht; denn der Mensch vermag nicht aus Nichts Etwas zu machen. Es muß, wenn unser Vorschlag irgend ausführbar sein soll, dieses Wohlgefallen ursprünglich vorhanden sein, und schlechthin in allen Menschen ohne Ausnahme vorhanden sein und ihnen angeboren werden. So verhält es sich denn auch wirklich. Das Kind ohne alle Ausnahme will recht und gut sein, keineswegs will es, so wie ein junges Thier blos wohl sein. Die Liebe ist der Grundbestandteil des Menschen; diese ist da, so wie der Mensch da ist, ganz und vollendet, und es kann ihr nichts hinzugefügt werden; denn diese liegt hinaus über die fortwachsende Erscheinung des sinnlichen Lebens und ist unabhängig von ihm. Nur die Erkenntniß ist es, woran sich dieses sinnliche Leben knüpft, und welche mit demselben entsteht und fortwächst. Diese entwickelt sich nur langsam und allmählich, im Fortlaufe der Zeit. Wie soll nun, so lange, bis ein geordnetes

Ganzes von Begriffen des Rechten und Guten entstehe, an welches das treibende Wohlgefallen sich knüpfen könne, jene angeborene Liebe über die Zeiten der Unwissenheit hinwegkommen, sich entwickeln und üben? Die vernünftige Natur hat ohne alles unser Zuthun der Schwierigkeit abgeholfen. Das dem Kinde in seinem Innern abgehende Bewußtsein stellt sich ihm äußerlich und verkörpert dar an dem Urtheile der erwachsenen Welt. Bis in ihm selbst ein verständiger Richter sich entwickle, wird es durch einen Naturtrieb an diese verwiesen, und so ihm ein Gewissen außer ihm gegeben, bis in ihm selber sich eins erzeuge. Diese bis jetzt wenig bekannte Wahrheit soll die neue Erziehung anerkennen, und sie soll die ohne ihr Zuthun vorhandene Liebe auf das Rechte leiten. Bis jetzt ist in der Regel diese Unbefangenheit und diese kindliche Gläubigkeit der Unmündigen an die höhere Vollkommenheit der Erwachsenen zum Verderben derselben gebraucht worden; ihre Unschuld gerade, und ihr natürlicher Glauben an uns, machte es uns möglich, ihnen statt des Guten, das sie innerlich wollten, unser Verderbniß, das sie verabscheut haben würden, wenn sie es zu erkennen vermocht hätten, einzupflanzen, noch ehe sie Gutes und Böses unterscheiden konnten.

Dies ist eben die allergrößte Vergehung, die unsrer Zeit zur Last fällt; und es wird hierdurch auch die täglich sich darbietende Erscheinung erklärt, daß in der Regel der Mensch um so schlechter, selbstsüchtiger, für alle guten Neigungen erstorbener und zu jedem rechten Werke untauglicher wird, je mehre Jahre er zählt, und um je weiter daher er sich von den ersten Tagen seiner Unschuld, die fürs erste noch immer in einigen Ahnungen des Guten leise nachklingen, entfernt hat; es wird dadurch ferner bewiesen, daß das gegenwärtige Geschlecht, wenn es nicht einen durchaus trennenden Abschnitt in sein Fortleben macht, eine noch verdorbenere Nachkommenschaft, und diese eine abermals verdorbenere, nothwendig hinterlassen werde. Von solchen sagt ein verehrungswürdiger Lehrer des Menschengeschlechts mit treffender Wahrheit, daß es besser sei, wenn ihnen bei Zeiten ein Mühlstein an den Hals gehängt würde und sie ersäufet würden im Meere, da wo es am tiefsten ist. Es ist eine abgeschmackte Verleumdung der menschlichen Natur, daß der Mensch als Sünder geboren werde: wäre dies wahr, wie könnte doch jemals an ihn auch nur ein Begriff von Sünde kommen, der ja nur im Gegensatze mit einer Nichtsünde möglich ist? Er lebt sich zum Sünder; und das bisherige menschliche Leben war in der Regel eine im steigenden Fortschritte begriffene Entwicklung der Sündhaftigkeit.

Das Gesagte zeigt in einem neuen Lichte die Nothwendigkeit, ohne Verzug Anstalt zu einer wirklichen Erziehung zu machen. Könnte nur die nachwachsende Jugend ohne alle Berührung mit den Erwachsenen und völlig ohne Erziehung aufwachsen, so möchte man ja immer den Versuch machen, was sich hieraus ergeben würde. Aber, wenn wir sie auch nur in unsrer Gesellschaft lassen, macht ihre Erziehung, ohne allen unsern Wunsch oder Willen, sich von selbst; sie selbst erziehen sich an uns: unsre Weise zu sein dringt sich ihnen auf als ihr Muster, sie eifern uns nach, auch ohne daß wir es verlangen, und sie begehren nichts anderes, denn also zu werden wie wir sind. Nun aber sind wir in der Regel und nach der großen Mehrheit genommen, durchaus verkehrt, theils ohne es zu wissen, und indem wir selbst, eben so unbefangen wie unsere Kinder, unsere Verkehrtheit für das rechte halten; oder, wenn wir es auch wüßten, wie vermöchten wir doch in der Gesellschaft unserer Kinder plötzlich das, was ein langes Leben uns zur zweiten Natur gemacht hat, abzulegen, und unsern ganzen alten Sinn und Geist mit einem neuen zu vertauschen? In der Berührung mit uns müssen sie verderben, dies ist unvermeidlich; haben wir einen Funken Liebe für sie, so müssen wir sie entfernen aus unserem verpestenden Dunstkreise und einen reinern Aufenthalt für sie errichten. Wir müssen sie in die Gesellschaft von Männern bringen, welche. wie es auch übrigens um sie stehen möge, dennoch durch anhaltende Uebung und Gewöhnung wenigstens die Fertigkeit sich erworben haben, sich zu besinnen, daß Kinder sie beobachten, und das Vermögen, wenigstens so lange sich zusammenzunehmen, und die Kenntniß, wie man vor Kindern erscheinen muß; wir müssen aus dieser Gesellschaft in die unsrige sie nicht eher wieder zurücklassen, bis sie unser ganzes Verderben gehörig verabscheuen gelernt haben, und vor aller Ansteckung dadurch völlig gesichert sind. So viel haben wir über die Erziehung der Sittlichkeit im Allgemeinen hier beizubringen für nöthig erachtet.

Daß die Kinder in gänzlicher Absonderung von den Erwachsenen mit ihren Lehrern und Vorstehern allein zusammenleben sollen, ist mehrmals innert. Es versteht sich ohne unser besonderes Bemerken, daß beiden Geschlechtern diese Erziehung auf dieselbe Weise zu Theil werden müsse. Eine Absonderung dieser Geschlechter in besondere Anstalten für Knaben und Mädchen würde zweckwidrig sein, und mehrere Hauptstücke der Erziehung zum vollkommenen Menschen aufheben. Die Gegenstände des Unterrichts sind für beide Geschlechter gleich; der in den Arbeiten stattfindende Unterschied kann, auch bei Gemeinschaftlichkeit der übrigen Erziehung, leicht beobachtet werden. Die kleinere Gesellschaft, in der sie zu Menschen gebildet werden, muß, eben so wie die größere, in die sie einst als vollendete Menschen eintreten sollen, aus einer Vereinigung beider Geschlechter bestehen; beide müssen erst gegenseitig in einander die gemeinsame Menschheit anerkennen und lieben lernen, und Freunde haben und Freundinnen, ehe sich ihre Aufmerksamkeit auf den Geschlechtsunterschied richtet, und sie Gatten und Gattinnen werden. Auch muß das Verhältniß der beiden Geschlechter zu einander im Ganzen, starkmüthiger Schutz von der einen, liebevoller Beistand von der andern Seite, in der Erziehungsanstalt dargestellt und in den Zöglingen gebildet werden. Wenn es zur Ausführung unsers Vorschlags kommen sollte, würde das erste Geschäft sein, ein Gesetz für die innere Verfassung dieser Erziehungsanstalten zu entwerfen. Wenn der von uns aufgestellte Grundbegriff nur gehörig durchdrungen ist, so ist dies eine sehr leichte Arbeit, und wir wollen uns hier dabei nicht aufhalten.

Ein Haupterforderniß dieser neuen Nationalerziehung ist es, daß in ihr Lernen und Arbeiten vereinigt sei, daß die Anstalt durch sich selbst sich zu erhalten den Zöglingen wenigstens scheine, und daß jeder in dem Bewußtsein erhalten werde, zu diesem Zwecke nach aller seiner Kraft beizutragen. Dies wird, durchaus noch ohne alle Beziehung auf den Zweck der äußern Ausführbarkeit und der Sparsamkeit hierbei, die man unserem Vorschlage ohne Zweifel anmuthen wird, schon unmittelbar durch die Aufgabe der Erziehung selbst gefordert; theils darum, weil alle, die blos durch die allgemeine Nationalerziehung hindurchgehen, zu den arbeitenden Ständen bestimmt sind, und zu deren Erziehung die Bildung zum tüchtigen Arbeiter ohne Zweifel gehört; besonders aber darum, weil das gegründete Vertrauen, daß man sich stets durch eigne Kraft werde durch die Welt bringen können und für seinen Unterhalt keiner fremden Wohlthätigkeit bedürfe, zur persönlichen Selbständigkeit des Menschen gehört, und die sittliche, weit mehr als man bis jetzt zu glauben scheint, bedingt. Diese Bildung würde einen andern, bis jetzt auch in der Regel dem blinden Ungefähr preisgegebenen Theil der Erziehung abgeben, den man die wirtschaftliche Erziehung nennen könnte, und der keineswegs aus der dürftigen und beschränkten Ansicht, über welche einige unter Benennung der Oekonomie spotten, sondern aus dem höhern sittlichen Standpunkte angesehen werden muß. Unsere Zeit stellt es oft als einen über alle Gegenrede erhabenen Grundsatz auf, daß man eben schmeicheln, kriechen, sich zu allem gebrauchen lassen müsse, wenn man leben wolle, und daß es auf keine andere Weise angehe. Sie besinnt sich nicht, daß, wenn man sie auch mit dem heroischen, aber durchaus wahren Gegenspruche verschonen wollte, daß wenn es so ist, sie eben nicht leben, sondern sterben solle, noch die Bemerkung übrig bleibt, daß sie hätte lernen sollen, mit Ehren leben zu können. Man erkundige sich nur näher nach den Personen, die durch ehrloses Betragen sich auszeichnen; immer wird man finden, daß sie nicht arbeiten gelernt haben, oder die Arbeit scheuen, und daß sie noch überdies üble Wirthschafter sind. Darum soll der Zögling unsrer Erziehung an Arbeitsamkeit gewöhnt werden, damit er der Versuchung zur Ungerechtigkeit durch Nahrungssorgen überhoben sei, und tief, und als allererster Grundsatz der Ehre, soll es in sein Gemüth geprägt werden, daß es schändlich sei, seinen Lebensunterhalt einem andern, denn seiner Arbeit verdanken zu wollen

Pestalozzi will während des Lernens zugleich allerlei Handarbeiten treiben lassen. Indem wir die Möglichkeit dieser Vereinigung unter der von ihm angegebenen Bedingung, daß das Kind die Handarbeit schon vollkommen fertig könne, nicht läugnen wollen, scheint uns dennoch dieser Vorschlag aus der Dürftigkeit des ersten Zwecks hervorzugehen. Der Unterricht muß meines Erachtens, als so heilig und ehrwürdig dargestellt werden, daß er der ganzen Aufmerksamkeit und Sammlung bedürfe, und nicht neben einem andern Geschäfte empfangen werden könne. Sollen in Jahreszeiten, welche die Zöglinge ohnedies ins Zimmer einschließen, in den Arbeitsstunden dergleichen Arbeiten, als da ist Stricken, Spinnen und dergleichen getrieben werden, so wird es, damit der Geist in Thätigkeit bleibe, sehr zweckmäßig sein, gemeinschaftliche Geistesübungen unter Aufsicht damit zu verknüpfen; dennoch ist jetzt die Arbeit die Hauptsache und diese Uebungen sind nicht zu betrachten als Unterricht, sondern blos als ein erheiterndes Spiel.

Alle Arbeiten dieser niedern Art müssen überhaupt nur als Nebensache, keineswegs als die Hauptarbeit, vorgestellt werden. Diese Hauptarbeit ist die Ausübung des Acker- und Gartenbaus, der Viehzucht, und derjenigen Handwerke, deren sie in ihrem kleinen Staate bedürfen. Es versteht sich, daß der Antheil hieran, der einem zugemuthet wird, mit der körperlichen Kraft seines Alters in Gleichgewicht zu bringen, und die abgehende Kraft durch neu zu erfindende Maschinen und Werkzeuge zu ersetzen ist. Die Hauptrücksicht hierbei ist die, daß sie, so weit möglich, in seinen Gründen verstehen müssen, was sie treiben, daß sie die zu ihren Geschäften nöthigen Kenntnisse von der Erzeugung der Pflanzen, von den Eigenschaften und Bedürfnissen des tierischen Körpers, von den Gesetzen der Mechanik, schon erhalten haben. Auf diese Art wird theils ihre Erziehung schon ein folgegemäßer Unterricht über die Gewerbe, die sie künftig zu treiben haben, und es wird der denkende und verständige Landwirth in unmittelbarer Anschauung gebildet, theils wird schon jetzt ihre mechanische Arbeit veredelt und vergeistiget, sie ist in eben dem Grade Beleg in der freien Anschauung dessen, was sie begriffen haben, als sie Arbeit um den Unterhalt ist, und auch in Gesellschaft mit dem Thiere und der Erdscholle bleiben sie dennoch im Umkreise der geistigen Welt, und sinken nicht herab zu den letztern.

Das Grundgesetz dieses kleinen Wirthschaftsstaates sei dieses, daß in ihm kein Artikel zu Speise, Kleidung u. s. w. noch, so weit dies möglich ist, irgend ein Werkzeug gebraucht werden dürfe, das nicht in ihm selbst erzeugt und verfertigt sei. Bedarf die Haushaltung einer Unterstützung von außen, so werden ihr die Gegenstände in Natur, aber keine anderer Art, als die sie auch selbst hat, gereicht, und zwar ohne daß die Zöglinge erfahren, daß ihre eigene Ausbeute vermehrt worden, oder daß sie, wo das letztere zweckmäßig ist, es nur als Darlehen erhalten, und es zu bestimmter Zeit wieder zurückerstatten. Für diese Selbständigkeit und Selbstgenügsamkeit des Ganzen arbeite nun jeder einzelne aus aller seiner Kraft, ohne daß er doch mit demselben abrechne, oder für sich auf irgend ein Eigenthum Anspruch mache. Jeder wisse, daß er sich dem Ganzen ganz schuldig ist, und genieße nur oder darbe, wenn es sich so fügt, mit dem Ganzen. Dadurch wird die ehrgemäße Selbständigkeit des Staats und der Familie, in die er einst treten soll, und das Verhältniß ihrer einzelnen Glieder zu ihnen, der lebendigen Anschauung dargestellt, und wurzelt unaustilgbar ein in sein Gemüth.

Hier, bei dieser Anführung zur mechanischen Arbeit ist der Ort, wo die in der allgemeinen Nationalerziehung liegende und auf sie gestützte Gelehrtenerziehung von der ersten sich absondert, und wo von derselben zu sprechen ist. Die in der allgemeinen Nationalerziehung liegende Gelehrtenerziehung, habe ich gesagt. Ob es nicht auch fernerhin jedem, der eigenes Vermögen genug zu haben glaubt, um zu studiren, oder der sich aus irgend einem Grunde zu den bisherigen höhern Ständen rechnet, freistehen werde, den bisher üblichen Weg der Gelehrtenerziehung zu beschreiten, lasse ich dahingestellt sein: wie, wenn es nur einmal zur Nationalerziehung kommen sollte, die Mehrheit dieser Gelehrten, ich will nicht sagen gegen den in der neuen Schule gebildeten Gelehrten, sondern sogar gegen den aus ihr hervorgehenden gemeinen Mann, mit ihrer erkauften Gelehrsamkeit, bestehen werde, wird die Erfahrung lehren: ich aber will jetzt nicht davon, sondern von der Gelehrtenerziehung in der neuen Weise reden.

In den Grundsätzen derselben muß auch der künftige Gelehrte durch die allgemeine Nationalerziehung hindurchgegangen sein, und den ersten Theil derselben, die Entwicklung der Erkenntniß an Empfindung, Anschauung und dem, was an die letztere geknüpft wird, vollständig und klar erhalten haben. Nur dem Knaben, der eine vorzügliche Gabe zum Lernen, und eine hervorstechende Hinneigung nach der Welt der Begriffe zeigt, kann die neue Nationalerziehung erlauben, diesen Stand zu ergreifen; jedem aber, der diese Eigenschaften zeigt, wird sie es ohne Ausnahme, und ohne Rücksicht auf einen vorgeblichen Unterschied der Geburt, erlauben müssen; denn der Gelehrte ist es keinesweg zu seiner eigenen Bequemlichkeit, und jedes Talent dazu ist ein schätzbares Eigentum der Nation, das ihr nicht entrissen werden darf.

Der Ungelehrte ist bestimmt, das Menschengeschlecht auf dem Standpunkte der Ausbildung, die es errungen hat, durch sich selbst zu erhalten, der Gelehrte, nach einem klaren Begriffe und mit besonnener Kunst, dasselbe weiter zu bringen. Der letztere muß mit seinem Begriffe der Gegenwart immer voraus sein, die Zukunft erfassen und dieselbe in die Gegenwart zu künftiger Entwicklung hineinzupflanzen vermögen. Dazu bedarf es einer klaren Uebersicht des bisherigen Weltzustandes, einer freien Fertigkeit im reinen und von der Erscheinung unabhängigen Denken, und, damit er sich mittheilen könne, des Besitzes der Sprache bis in ihre lebendige und schöpferische Wurzel hinein. Alles dieses erfordert geistige Selbstthätigkeit ohne alle fremde Leitung und einsames Nachdenken, in welchem darum der künftige Gelehrte, von der Stunde an, da sein Beruf entschieden ist, geübt werden muß, keineswegs blos, wie beim Ungelehrten, ein Denken unter dem Auge des stets gegenwärtigen Lehrers; es erfordert eine Menge Hilfskenntnisse, die dem Ungelehrten für seine Bestimmung durchaus unbrauchbar sind. Die Arbeit des Gelehrten und das Tagwerk seines Lebens, wird eben jenes einsame Nachdenken sein; zu dieser Arbeit ist er nun sogleich anzuführen, die andere mechanische Arbeit ihm dagegen zu erlassen. Indeß also die Erziehung des künftigen Gelehrten zum Menschen überhaupt mit der allgemeinen Nationalerziehung wie bisher fortginge, und er dem daher eingeschlagenen Unterrichte mit allen übrigen beiwohnte, würden ihm nur diejenigen Stunden, die für die andern Arbeitsstunden sind, gleichfalls zu Lehrstunden gemacht werden müssen in demjenigen, was sein einstiger Beruf eigentümlich erfordert; und dieses wäre der ganze Unterschied. Die allgemeinen Kenntnisse des Ackerbaues, anderer mechanischen Künste und der Handgriffe dabei, die schon dem blosen Menschen anzumuthen sind, wird er ohne Zweifel schon bei seinem Durchgange durch die erste Classe gelernt haben, oder diese Kenntnisse wären, falls dies nicht der Fall sein sollte, nachzuholen. Daß er weit weniger denn irgend ein anderer, von den eingeführten körperlichen Uebungen losgesprochen werden könne, versteht sich von selbst. Die besondern Lehrgegenstände aber, die in den gelehrten Unterricht fallen würden, so wie den dabei zu beobachtenden Lehrgang noch anzugeben, liegt außerhalb des Planes dieser Reden.

Elfte Rede.

Wem die Ausführung dieses Erziehungsplanes anheimfallen werde.

Der Plan der neuen deutschen Nationalerziehung ist für unsern Zweck hinreichend dargelegt. Die nächste Frage, die sich nun aufdringt, ist die: wer soll sich an die Spitze der Ausführung dieses Plans stellen, und auf wen ist dabei zu rechnen, und auf wen haben wir gerechnet?

Wir haben diese Erzählung als die höchste, und dermalen sich einzig aufdringende Angelegenheit der deutschen Vaterlandsliebe aufgestellt, und wollen an diesem Bande die Verbesserung und Umschaffung des gesammten Menschengeschlechts zuerst in die Welt einführen. Jene Vaterlandsliebe aber soll zunächst den deutschen Staat, allenthalben wo Deutsche regiert werden, begeistern und den Vorsitz haben, und die treibende Kraft sein bei allen seinen Beschlüssen. Der Staat also wäre es, auf welchen wir zuerst unsere erwartenden Blicke zu richten hätten.

Wird dieser unsere Hoffnungen erfüllen? Welches sind die Erwartungen, die wir, immer wie sich versteht, auf keinen besondern Staat, sondern auf ganz Deutschland sehend, nach dem bisherigen von ihm fassen können?

Im neuern Europa ist die Erziehung ausgegangen nicht eigentlich vom Staate, sondern von derjenigen Gewalt, von der die Staaten meistens auch die ihrige hatten, von dem himmlisch-geistigen Reiche der Kirche. Diese betrachtete sich nicht sowol als ein Bestandtheil des irdischen Gemeinwesens, sondern vielmehr als eine demselben ganz fremde Pflanzstatt aus dem Himmel, die abgesandt sei, diesem auswärtigen Staate allenthalben, wo sie Wurzel fassen konnte, Bürger anzuwerben; ihre Erziehung ging auf nichts anders, denn daß die Menschen in der andern Welt keineswegs verdammt, sondern selig würden. Durch die Reformation wurde diese kirchliche Gewalt, die übrigens fortfuhr sich eben so anzusehen, wie bisher mit der weltlichen Macht, mit der sie bisher gar oft sogar im Widerstreite gelegen hatte, nur vereinigt; dies war der ganze Unterschied, der in dieser Rücksicht aus jener Begebenheit erfolgte. Es blieb daher auch die alte Ansicht des Erziehungswesens. Auch in den neuesten Zeiten, und bis auf diesen Tag, ist die Bildung der vermögenden Stände betrachtet worden als eine Privatangelegenheit der Eltern, die sich nach eignem Gefallen einrichten möchten, und die Kinder dieser wurden in der Regel nur dazu angeführt, daß sie sich selbst einst nützlich würden; die einzige öffentliche Erziehung aber, die des Volks, war lediglich zur Seligkeit im Himmel; die Hauptsache war ein wenig Christenthum und Lesen, und falls es zu erschwingen war, Schreiben, alles um des Christenthums willen. Alle andere Entwicklung der Menschen wurde dem ohngefähren und blind wirkenden Einflusse der Gesellschaft, in welcher sie aufwuchsen, und dem wirklichen Leben selbst, überlassen. Sogar die Anstalten zur gelehrten Erziehung waren vorzüglich auf die Bildung von Geistlichen berechnet; dies war die Hauptfacultät, zu der die übrigen nur den Anhang bildeten, und meistens auch nur den Abgang von jener abgetreten erhielten.

So lange diejenigen, die an der Spitze des Regiments standen, über den eigentlichen Zweck desselben im Dunkeln blieben, und selbst für ihre eigne Person ergriffen waren von jener gewissenhaften Sorge für ihre und anderer Seligkeit, konnte man auf ihren Eifer für diese Art der öffentlichen Erziehung und auf ihre ernstlichen Bemühungen dafür sicher rechnen. Sobald sie aber über den ersten ins Klare kamen und begriffen, daß der Wirkungskreis des

Staats innerhalb der sichtbaren Welt liege, so mußte ihnen einleuchten, daß jene Sorge für die ewige Seligkeit ihrer Unterthanen ihnen nicht zur Last fallen könne, und daß, wer da selig werden wolle, selbst sehen möge, wie er es mache. Sie glaubten von nun an genug zu thun, wenn sie nur die aus gottseligern Zeiten herrührenden Stiftungen und Anstalten ihrer ersten Bestimmung fernerhin überließen; so wenig angemessen und ausreichend dieselben auch für die ganz veränderten Zeiten sein mochten, ihnen mit Ersparung an ihren anderweitigen Zwecken selbst zuzulegen, hielten sie sich nicht für verbunden, thätig einzugreifen, und das zweckmäßige Neue an die Stelle des Veralteten und Unbrauchbaren zu setzen, nicht für berechtigt, und auf alle Vorschläge dieser Art war die stets fertige Antwort: hierzu habe der Staat kein Geld. Wurde ja einmal eine Ausnahme von dieser Regel gemacht, so geschah es zum Vortheile der höhern Lehranstalten, die einen Glanz weit umher verbreiten und ihren Beförderern Ruhm bereiten; die Bildung derjenigen Classe aber, die der eigentliche Boden des Menschengeschlechts ist, aus welcher die höhere Bildung sich immerfort ergänzt, und auf welcher die letztere fortdauernd zurückwirken muß, die des Volks, blieb unbeachtet und befindet sich, seit der Reformation, bis auf diesen Tag, im Zustande des steigenden Verfalles.

Sollen wir nun für die Zukunft und von Stund an für unsre Angelegenheit vom Staate eine bessere Hoffnung fassen können, so wäre nöthig, daß derselbe den Grundbegriff vom Zwecke der Erziehung, den er bisher gehabt zu haben scheint, mit einem ganz andern vertauschte; daß er einsehe, er habe mit seiner bisherigen Ablehnung der Sorge für die ewige Seligkeit seiner Mitbürger vollkommen recht, indem es für diese Seligkeit gar keiner besondern Bildung bedürfe, und eine solche Pflanzschule für den Himmel, wie die Kirche, deren Gewalt zuletzt ihm übertragen worden, gar nicht stattfinde, aller tüchtigen Bildung nur im Wege stehe und des Dienstes entlassen werden müsse; daß es dagegen sehr bedürfe der Bildung für das Leben auf der Erde, und daß aus der gründlichen Erziehung für dieses, sich die für den Himmel, als eine leichte Zugabe von selbst ergebe. Der Staat scheint bisher, je aufgeklärter er zu sein meint, desto fester geglaubt zu haben, daß er, auch ohne alle Religion und Sittlichkeit seiner Bürger, durch die blose Zwangsanstalt, seinen eigentlichen Zweck erreichen könne, und daß in Absicht jener, diese es halten möchten, wie sie könnten. Möchte er aus den neuen Erfahrungen wenigstens dies gelernt haben, daß er das nicht vermag, und daß er gerade durch den

Mangel der Religion und der Sittlichkeit dahin gekommen ist, wo er sich dermalen befindet.

Möchte man ihn, in Absicht seines Zweifels, ob er auch wol das Vermögen habe, den Aufwand einer Nationalerziehung zu bestreiten, überzeugen können, daß er durch diese einzige Ausgabe, seine meisten übrigen auf die wirthschaftlichste Weise besorgen, und daß, wenn er diese nur übernimmt, er bald nur diese einzige Hauptausgabe haben werde. Bis jetzt ist der bei weitem größte Theil der Einkünfte des Staats auf die Unterhaltung stehender Heere verwendet worden. Den Erfolg dieser Verwendung haben wir gesehen; dies reicht hin; denn tiefer in die besondern Gründe dieses Erfolgs, aus der Einrichtung dieser Heere, einzugehen, liegt außerhalb unsers Plans. Dagegen würde der Staat, der die von uns vorgeschlagene Nationalerziehung allgemein einführte, von dem Augenblicke an, da ein Geschlecht der nachgewachsenen Jugend durch sie hindurch gegangen wäre, gar keines besondern Heeres bedürfen, sondern er hätte an ihnen ein Heer, wie es noch keine Zeit gesehen. Jeder Einzelne ist zu jedem möglichen Gebrauche seiner körperlichen Kraft vollkommen geübt, und begreift sie auf der Stelle, zur Ertragung jeder Anstrengung und Mühseligkeit gewöhnt, sein in unmittelbarer Anschauung aufgewachsener Geist ist immer gegenwärtig und bei sich selbst, in seinem Gemüthe lebt die Liebe des Ganzen, dessen Mitglied er ist, des Staats und des Vaterlands, und vernichtet jede andere selbstische Regung. Der Staat kann sie rufen und unter die Waffen stellen, so bald er will, und kann sicher sein, daß kein Feind sie schlägt. Ein anderer Theil der Sorgfalt und der Ausgabe in weise regierten Staaten ging bisher auf die Verbesserung der Staatswirthschaft im ausgedehntesten Sinne und in allen ihren Zweigen, und es ist hierbei durch die Ungelehrigkeit und Unbehilflichkeit der niedern Stände manche Sorgfalt und mancher Aufwand vergebens gemacht worden, und die Sache hat allenthalben nur geringen Fortgang gehabt. Durch unsere Erziehung erhält der Staat arbeitende Stände, die des Nachdenkens über ihr Geschäft von Jugend auf gewohnt sind, und die schon sich selbst durch sich selbst zu helfen vermögen und Neigung haben; vermag nun noch überdies der Staat ihnen auf eine zweckmäßige Weise unter die Arme zu greifen, so werden sie ihn auf das halbe Wort verstehen und seine Belehrung sehr dankbar aufnehmen. Alle Zweige der Haushaltung werden ohne viele Mühe in kurzer Zeit einen Flor gewinnen, den auch noch keine Zeit gesehen hat, und dem Staate wird, wenn er ja rechnen will, und wenn er etwa bis dahin nebenbei auch noch den wahren Grundwerth der Dinge kennen lernen sollte, seine erste Auslage tausendfältige Zinsen tragen. Bisher hat der Staat für Gerichte und Polizei-Anstalten vieles thun müssen, und doch niemals genug für sie thun können; Zucht- und Verbesserungs-Häuser haben ihm Ausgaben gemacht, die Armenanstalten endlich erforderten, je mehr auf sie gewendet wurde, einen um so größern Aufwand und erschienen in der ganzen bisherigen Lage eigentlich als Anstalten Arme zu machen. Die erstern werden in einem Staate, der die neue Erziehung allgemein macht, sehr verringert werden, die letztern gänzlich wegfallen. Frühe Zucht sichert vor der spätern sehr mißlichen Zucht und Verbesserung; Arme aber gibt es unter einem also erzognen Volke gar nicht.

Möchte der Staat und alle, die denselben berathen, es wagen, seine eigentliche dermalige Lage ins Auge zu fassen und sie sich zu gestehen; möchte er lebendig einsehen, daß ihm durchaus kein anderer Wirkungskreis übrig gelassen ist, in welchem er als ein wirklicher Staat, ursprünglich und selbstständig sich bewegen und etwas beschließen könne, außer diesem der Erziehung der kommenden Geschlechter; daß, wenn er nicht überhaupt nichts thun will, er nur noch dieses thun kann; daß man aber auch dieses Verdienst ihm ungeschmälert und unbeneidet überlassen werde. Daß wir es nicht mehr vermögen, thätigen Widerstand zu leisten, ist, als in die Augen springend und von Jedermann zugestanden, schon früher von uns vorausgesetzt worden. Wie können wir nun die Fortdauer unsers dadurch erwirkten Daseins gegen den Vorwurf der Feigheit und einer unwürdigen Liebe zum Leben rechtfertigen? Auf keine andere Weise, als wenn wir uns entschließen, nicht für uns selbst zu leben, und dieses durch die That darthun; wenn wir uns zum Samenkorne einer würdigern Nachkommenschaft machen und lediglich um dieserwillen uns so lange erhalten wollen, bis wir sie hingestellt haben. Jenes ersten Lebenszwecks verlustig, was könnten wir denn noch anderes thun? Unsere Verfassungen wird man uns machen, unsere Bündnisse und die Anwendung unserer Streitkräfte wird man uns anzeigen, ein Gesetzbuch wird man uns leihen, selbst Gericht und Urtheilsspruch und die Ausübung derselben wird man uns zuweilen abnehmen; mit diesen Sorgen werden wir auf die nächste Zukunft verschont bleiben. Blos an die Erziehung hat man nicht gedacht; suchen wir ein Geschäft, so laßt uns dieses ergreifen! Es ist zu erwarten, daß man in demselben uns ungestört lassen werde. Ich hoffe, – vielleicht täusche ich mich selbst darin, aber da ich nur um dieser Hoffnung willen noch leben mag, so kann ich es nicht lassen, zu hoffen; – ich hoffe, daß ich einige Deutsche überzeugen und sie zur Einsicht bringen werde, daß es allein die Erziehung sei, die uns retten könne von allen Uebeln, die uns drücken. Ich rechne besonders darauf, daß die Noth uns zum Aufmerken und zum ernsten Nachdenken geneigter gemacht habe. Das Ausland hat andern Trost und andere Mittel; es ist nicht zu erwarten, daß es diesem Gedanken, falls er je an dasselbe kommen sollte, einige Aufmerksamkeit schenken, oder einigen Glauben beimessen werde; ich hoffe vielmehr, daß es zu einer reichen Quelle von Belustigung für die Leser ihrer Journale gedeihen werde, wenn sie je erfahren, daß sich Jemand von der Erziehung so große Dinge verspreche.

Möge der Staat und diejenigen, die denselben berathen, sich nicht lässiger machen lassen, in Ergreifung dieser Aufgabe, durch die Betrachtung, daß der gehoffte Erfolg in der Entfernung liege. Wollte man unter den mannichfaltigen und höchst verwickelten Gründen, die unser dermaliges Schicksal zur Folge gehabt haben, das, was allein und eigenthümlich den Regierungen zur Last fällt, absondern, so würde sich finden, daß diese, die vor allen andern verbunden sind, die Zukunft ins Auge zu fassen und zu beherrschen, beim Andrange der großen Zeitbegebenheiten auf sie immer nur gesucht, sich aus der unmittelbar gegenwärtigen Verlegenheit zu ziehen, so gut sie es vermochten; in Absicht der Zukunft aber nicht auf ihre Gegenwart, sondern auf irgend einen Glückszufall, der den stetigen Faden der Ursachen und Wirkungen abschneiden sollte, gerechnet haben. Aber dergleichen Hoffnungen sind betrüglich. Eine treibende Kraft, die man einmal in die Zeit hinein hat kommen lassen, treibt fort und vollendet ihren Weg, und nachdem einmal die erste Nachlässigkeit begangen worden, kann die zu spät kommende Besinnung sie nicht aufhalten. Des ersten Falles, blos die Gegenwart zu bedenken, hat fürs nächste unser Schicksal uns überhoben; die Gegenwart ist nicht mehr unser. Mögen wir nur nicht den zweiten beibehalten, eine bessere Zukunft von irgend etwas anderem zu hoffen, denn von uns selber. Zwar kann keinen unter uns, der zum Leben noch etwas mehr bedarf, denn Nahrung, die Gegenwart über die Pflicht zu leben trösten; die Hoffnung einer bessern Zukunft allein ist das Element, in dem wir noch athmen können. Aber nur der Träumer kann diese Hoffnung auf etwas anderes gründen, denn auf ein solches, das er selbst für die Entwicklung einer Zukunft, in die Gegenwart zu legen vermag. Vergönnen diejenigen, die über uns regieren, daß wir eben so gut auch von ihnen denken, als wir unter uns von einander denken, und als der bessere sich fühlt; stellen sie sich an die Spitze des, auch uns ganz klaren Geschäfts, damit wir noch vor unseren Augen dasjenige entstehen sehen, was die, dem deutschen Namen vor unsern Augen zugefügte Schmach, einst von unserm Andenken abwaschen wird!

Uebernimmt der Staat die ihm angetragene Aufgabe, so wird er diese Erziehung allgemein machen, über die ganze Oberfläche seines Gebiets, für jeden seiner nachgebornen Bürger ohne alle Ausnahme; auch ist es allein diese Allgemeinheit, zu der wir des Staats bedürfen; indem zu einzelnen Anfängen und Versuchen hier und da auch wol das Vermögen von wohlgesinnten Privatpersonen hinreichen würde. Nun ist allerdings nicht zu erwarten, daß die Eltern allgemein willig sein werden, sich von ihren Kindern zu trennen, und sie dieser neuen Erziehung, von der es schwer sein wird ihnen einen Begriff beizubringen, zu überlassen; sondern es ist nach der bisherigen Erfahrung darauf zu rechnen, daß jeder, der noch etwa das Vermögen zu haben glaubt, seine Kinder im Hause zu nähren, gegen die öffentliche Erziehung und besonders gegen eine so scharf trennende und so lange dauernde öffentliche Erziehung sich setzen wird. In solchen Fällen ist man nun, bei zu erwartender Widersetzlichkeit, von den Staatsmännern bisher gewohnt, daß sie den Vorschlag mit der Antwort abweisen: der Staat habe nicht das Recht, für diesen Zweck Zwang anzuwenden. Indem sie nun warten wollen, bis die Menschen im Allgemeinen den guten Willen haben, ohne Erziehung aber es niemals zu allgemeinem guten Willen kommen kann, so sind sie dadurch gegen alle Verbesserung geschützt und können hoffen, daß es beim Alten bleiben wird bis an das Ende der Tage. Inwiefern dies nun etwa solche sind, welche entweder überhaupt die Erziehung für einen entbehrlichen Luxus halten, in Rücksicht dessen man sich so spärlich einrichten müsse, als möglich, oder, die in unserem Vorschlage nur einen neuen wagenden Versuch mit der Menschheit erblicken, der da gelingen könne, oder auch nicht, ist ihre Gewissenhaftigkeit zu loben; solchen, die von der Bewunderung des bisherigen Zustandes der öffentlichen Bildung und von dem Entzücken, zu welcher Vollkommenheit dieselbe unter ihrer Leitung emporgewachsen sei, eingenommen sind, läßt sich nun vollends gar nicht anmuthen, daß sie auf etwas, das sie nicht auch schon wissen, eingehen sollten; mit diesen insgesammt ist für unsern Zweck nichts zu thun, und es wäre zu beklagen, wenn die Entscheidung über diese Angelegenheit ihnen anheimfallen sollte. Möchten sich aber Staatsmänner finden und hierbei zu Rathe gezogen werden, welche vor allen Dingen durch ein tiefes und gründliches Studium der Philosophie und der Wissenschaft überhaupt sich selbst Erziehung gegeben haben, denen es ein rechter Ernst ist mit ihrem Geschäfte, die einen festen Begriff vom Menschen und seiner Bestimmung besitzen, die da fähig sind, die Gegenwart zu verstehen und zu begreifen, was eigentlich der Menschheit dermalen unausbleiblich noththut; hätten diese aus jenen Vorbegriffen etwa selbst eingesehen, daß nur Erziehung vor der außerdem unaufhaltsam über uns hereinbrechenden Barbarei und Verwilderung uns retten könne, schwebte ihnen ein Bild vor von dem neuen Menschengeschlechte, das durch diese Erziehung entstehen würde, wären sie selbst innig überzeugt von der Unfehlbarkeit und Untrüglichkeit der vorgeschlagenen Mittel: so ließe von solchen sich auch erwarten, daß sie zugleich begriffen, der Staat, als höchster Verweser der menschlichen Angelegenheiten und als der Gott und seinem Gewissen allein verantwortliche Vormund der Unmündigen habe das vollkommene Recht, die letzteren zu ihrem Heile auch zu zwingen. Wo gibt es denn dermalen einen Staat, der da zweifle, ob auch er wol das Recht habe, seine Unterthanen zu Kriegsdiensten zu zwingen und den Eltern für diesen Behuf die Kinder wegzunehmen, ob nun eins von beiden oder beide wollen oder nicht wollen? Und dennoch ist dieser Zwang, zu Ergreifung einer dauernden Lebensart wider den eignen Willen, weit bedenklicher und häufig von den nachtheiligsten Folgen für den sittlichen Zustand und für Gesundheit und Leben der Gezwungenen; da hingegen derjenige Zwang, von dem wir reden, nach vollendeter Erziehung die ganze persönliche Freiheit zurückgibt und gar keine andern, denn die heilbringendsten Folgen haben kann. Wol hat man früher auch die Ergreifung der Kriegsdienste dem freien Willen überlassen; nachdem sich aber gefunden, daß dieser für den beabsichtigten Zweck nicht ausreichend war, hat man kein Bedenken getragen, ihm durch Zwang nachzuhelfen; darum, weil die Sache uns wichtig genug war und die Noth den Zwang gebot.

Möchten nun auch in dieser Rücksicht uns die Augen aufgehen über unsere Noth, und der Gegenstand uns gleichfalls wichtig werden, so würde jene Bedenklichkeit von selbst wegfallen; da, zumal es nur in dem ersten Geschlechte des Zwanges bedürfen und derselbe in den folgenden, selber durch diese Erziehung hindurch gegangenen, hinwegfällt, auch jener erste Zwang zum Kriegsdienste dadurch aufgehoben wird, indem die also Erzogenen alle gleich willig sind, die Waffen für das Vaterland zu führen. Will man ja, um anfangs des Geschreies nicht zu viel zu haben, diesen Zwang zur öffentlichen Nationalerziehung auf dieselbe Weise beschränken, wie bisher der Zwang zum Kriegsdienste beschränkt gewesen und die von dem letztern befreiten Stände auch von jenem ausnehmen, so ist dies von keinen bedeutenden nachtheiligen Folgen. Die verständigen Eltern unter den ausgenommenen werden freiwillig ihre Kinder dieser Erziehung übergeben; die gegen das Ganze unbedeutende Anzahl der Kinder unverständiger Eltern aus diesen Ständen, mag immer auf die bisherige Weise aufwachsen und in das zu erzeugende bessere Zeitalter hineinreichen, brauchbar, lediglich als ein merkwürdiges Andenken der alten Zeit und um die neue zur lebhaften Erkenntniß ihres höheren Glücks anzufeuern.

Soll nun diese Erziehung Nationalerziehung der Deutschen schlechtweg sein, und soll die große Mehrheit aller, die die deutsche Sprache reden, keineswegs aber etwa nur die Bürgerschaft, dieses oder jenes besonderen deutschen Staats, dastehen, als ein neues Menschengeschlecht, so müssen alle deutsche Staaten, jeder für sich, und unabhängig von allen andern, diese Aufgabe ergreifen. Die Sprache, in der diese Angelegenheit zuerst in Anregung gebracht worden, in der die Hilfsmittel verfaßt sind und ferner werden verfaßt werden, in der die Lehrer geübt werden, der durch alles dieses hindurchgehende Eine Gang der Sinnbildlichkeit, ist allen Deutschen gemeinsam. Ich kann mir kaum denken, wie und mit welchen Umwandlungen diese Bildungsmittel insgesammt, besonders in derjenigen Ausdehnung, die wir dem Plane gegeben haben, in irgend eine Sprache des Auslandes übertragen werden könnten, also, daß es nicht als fremdes und übersetztes Ding, sondern als einheimisch und aus dem eignen Leben ihrer Sprache hervorgehend, erschiene. Für alle Deutschen ist diese Schwierigkeit auf die gleiche Weise gehoben; für sie ist die Sache fertig und sie dürfen nur dieselbe ergreifen.

Wohl uns hierbei, daß es noch verschiedene und von einander abgetrennte deutsche Staaten gibt! Was so oft zu unserem Nachtheile gereicht ist, kann bei dieser wichtigen Nationalangelegenheit vielleicht zu unserem Vortheile dienen. Vielleicht kann Nacheiferung der mehreren, und die Begierde, einander zuvorzukommen, bewirken, was die ruhige Selbstgenügsamkeit des Einzelnen nicht hervorgebracht hatte; denn es ist klar, daß derjenige unter allen deutschen Staaten, der in dieser Sache den Anfang machen wird, an Achtung, an Liebe, an Dankbarkeit des Ganzen für ihn, den Vorrang gewinnen wird, daß er dastehen wird als der höchste Wohlthäter und der eigentliche Stifter der Nation. Er wird den übrigen Muth machen, ihnen ein belehrendes Beispiel geben und ihr Muster werden; er wird Bedenklichkeiten, in denen die andern hängen blieben, beseitigen; aus seinem Schooße werden die Lehrbücher und die ersten Lehrer ausgehen, und den andern geliehen werden; und wer nach ihm der zweite sein wird, wird den zweiten Ruhm erwerben. Zum erfreulichen Zeugnisse, daß unter den Deutschen ein Sinn für das Höhere noch nie ganz ausgestorben, haben bisher mehrere deutsche Stämme und Staaten mit einander um den Ruhm größerer Bildung gestritten; diese haben ausgedehntere Preßfreiheit, freiere Hinwegsetzung über die hergebracht Meinung, andere besser eingerichtete Schulen und Universitäten, andere ehemaligen Ruhm und Verdienste, andere etwas anderes für sich angeführt, und der Streit hat nicht entschieden werden können. Bei der gegenwärtigen Veranlassung wird er es werden. Diejenige Bildung allein, die da strebt, und die es wagt, sich allgemein zu machen und alle Menschen ohne Unterschied zu erfassen, ist ein wirklicher Bestandteil des Lebens; und ist ihrer selbst sicher. Jede andere ist eine fremde Zuthat, die man blos zum Prunk anlegt, und die man nicht einmal mit recht gutem Gewissen an sich trägt. Es wird sich bei dieser Gelegenheit verrathen müssen, wo etwa die Bildung, deren man sich rühmt, nur bei wenigen Personen des Mittelstandes stattfindet, die dieselbe in Schriften darlegen, dergleichen Männer alle deutschen Staaten aufzuweisen haben; und wo hingegen dieselbe auch zu den höhern Ständen, welche den Staat berathen, hinaufgestiegen sei. Es wird sich sodann auch zeigen, wie man den hier und da gezeigten Eifer für die Errichtung und den Flor höherer Lehranstalten zu beurtheilen habe, und ob demselben reine Liebe zur Menschenbildung, die ja wol jedweden Zweig und besonders die allererste Grundlage derselben, mit dem gleichen Eifer ergreifen würde, oder ob ihm blos Sucht zu glänzen, und vielleicht dürftige Finanzspeculationen, zu Grunde gelegen haben.

Welcher deutsche Staat in Ausführung dieses Vorschlags der erste sein wird, der wird den größten Ruhm davon haben, sagte ich. Aber ferner, es wird dieser deutsche Staat nicht lange allein stehen, sondern ohne allen Zweifel bald Nachfolger und Nacheiferer finden. Daß nur der Anfang gemacht werde, ist die Hauptsache. Wäre es auch nichts anderes, so wird Ehrgefühl, Eifersucht, die Begierde, auch zu haben, was ein anderer hat, und, wo möglich, es noch besser zu haben, einen nach dem andern treiben, dem Beispiele zu folgen.

Auch werden sodann die oben von uns beigebrachten Betrachtungen über den eignen Vortheil des Staats, die vielleicht dermalen manchem zweifelhaft vorkommen dürften, in der lebendigen Anschauung bewährt, einleuchtender werden.

Wäre zu erwarten, daß sogleich jetzt und von Stund an alle deutsche Staaten ernstliche Anstalten machten, jenen Plan auszuführen, so könnte schon nach fünfundzwanzig Jahren das bessere Geschlecht, dessen wir bedürfen, dastehen, und wer hoffen dürfte, noch so lange zu leben, könnte hoffen, es mit seinen Augen zu sehen. Sollte aber, wie wir denn freilich auch auf diesen Fall rechnen müssen, unter allen dermalen bestehenden deutschen Staaten, kein einziger sein, der unter seinen höchsten Berathern einen Mann hätte, der da fähig wäre, alles das oben Vorausgesetzte einzusehen und davon ergriffen zu werden, und in welchem die Mehrheit der Berather diesem einen wenigstens nicht sich widersetzte: so würde freilich diese Angelegenheit wohlgesinnten Privatpersonen anheimfallen, und es wäre nun von diesen zu wünschen, daß sie einen Anfang mit der vorgeschlagenen neuen Erziehung machten. Zuvörderst haben wir hierbei im Auge große Gutsbesitzer, die auf ihren Landgütern dergleichen Erziehungsanstalten für die Kinder ihrer Unterthanen errichten könnten. Es gereicht Deutschland zum Ruhme und zur sehr ehrenvollen Auszeichnung vor den übrigen Nationen des neuern Europa, daß es unter dem genannten Stande immerfort hier und da mehrere gegeben hat, die es sich zum ernstlichen Geschäfte machten, für den Unterricht und die Bildung der Kinder auf ihren Besitzungen zu sorgen, und die gern das Beste, was sie wußten, dafür thun wollten. Es ist von diesen zu hoffen, daß sie auch jetzt geneigt sein werden, über das Vollkommene, das ihnen angetragen wird, sich zu belehren, und das Größere und Durchgreifende eben so gern zu thun, als sie bisher das Kleinere und Unvollständige thaten. Wol mag hier und da die Einsicht dazu beigetragen haben, daß es vorteilhafter für sie selbst sei, gebildete Unterthanen zu haben, denn ungebildete. Wo etwa der Staat durch Aufhebung des Verhältnisses der Unterthänigkeit diesen letzen Antrieb weggenommen hat, – möge er da desto ernstlicher seine unerläßliche Pflicht bedenken, nicht zugleich das einzige Gute, das bei Wohldenkenden an dieses Verhältniß geknüpft wurde, mit aufzuheben, und möge er in diesem Falle ja nicht versäumen, zu thun, was ohnedies seine Schuldigkeit ist, nachdem er diejenigen, die es freiwillig statt seiner thaten, dessen erledigt hat. Wir richten ferner in Absicht der Städte hierbei unsre Augen auf freiwillige Verbindungen gut gesinnter Bürger für diesen Zweck. Der Hang zur Wohlthätigkeit ist noch immer, so weit ich habe blicken können, unter keinem Drucke der Noth in deutschen Gemüthern erloschen. Durch eine Anzahl von Mängeln in unsern Einrichtungen, die sich insgesammt unter der Einheit der vernachlässigten Erziehung würden zusammenfassen lassen, hilft diese Wolthätigkeit der Noth dennoch selten ab, sondern scheint oft sie noch zu vermehren. Möchte man jenen trefflichen Hang endlich vorzüglich auf diejenige Wohlthat richten, die aller Noth und aller fernern Wohlthätigkeit ein Ende macht, auf die Wohlthat der Erziehung. – Noch aber bedürfen wir, und rechnen wir auf eine Wohltat und Aufopferung anderer Art, die nicht in Geben, sondern in Thun und Leisten besteht. Möchten angehende Gelehrte, denen es ihre Lage verstattet, den Zeitraum, der ihnen zwischen der Universität und ihrer Anstellung in einem öffentlichen Amte übrig bleibt, dem Geschäfte, über die Lehrweise an diesen Anstalten sich zu belehren und an denselben selbst zu lehren, widmen! Abgerechnet, daß sie sich hierdurch höchst verdient um das Ganze machen werden, kann man ihnen noch überdies versichern, daß sie selbst den allerhöchsten Gewinn davon tragen werden. Ihre gesammten Kenntnisse, die sie auf dem gewöhnlichen Universitätsunterricht oft so erstorben mit hinwegtragen, werden im Elemente der allgemeinen Anschauung, in welches sie hier hinein kommen, Klarheit und Lebendigkeit erhalten; sie werden lernen, dieselben mit Fertigkeit wieder zu geben und zu gebrauchen, sie werden sich, da im Kinde die ganze Fülle der Menschheit unschuldig und offen da liegt, einen Schatz von der wahren Menschenkenntniß, die allein diesen Namen verdient, erwerben, sie werden zu der großen Kunst des Lebens und Wirkens angeleitet werden, zu welcher in der Regel die hohe Schule keine Anweisung gibt.

Läßt der Staat die ihm angetragene Aufgabe liegen, so ist es für die Privatpersonen, welche dieselbe aufnehmen, ein desto größerer Ruhm. Fern sei es von uns, der Zukunft durch Muthmaßungen vorzugreifen, oder den Ton des Zweifels und des Mangels an Vertrauen selber anzuheben; worauf unsere Wünsche zunächst gehen, haben wir deutlich ausgesprochen; nur dies sei uns erlaubt, anzumerken: daß, wenn es wirklich also kommen sollte, daß der Staat und die Fürsten die Sache Privatpersonen überließen, dies dem bisherigen schon oben angemerkten und mit Beispielen belegten Gange der deutschen Entwicklung und Bildung gemäß sein, und dieser bis ans Ende sich gleich bleiben würde. Auch in diesem Falle würde der Staat zu seiner Zeit nachfolgen fürs erste wie ein einzelner, der den auf seinen Theil fallenden Beitrag eben auch leisten will, bis er sich etwa später besinnt, daß er kein Theil, sondern das Ganze sei, und daß das Ganze zu besorgen er so Pflicht als Recht habe. Von Stund an fallen alle selbstständige Bemühungen der Privatpersonen weg und unterordnen sich dem allgemeinen Plane des Staats.

Sollte die Angelegenheit diesen Gang nehmen, so wird es mit der beabsichtigten Verbesserung unsers Geschlechts freilich nur langsam, und ohne eine sichere und feste Uebersicht und mögliche Berechnung des Ganzen, vorwärts schreiten. Aber lasse man sich ja dadurch nicht abhalten, einen Anfang zu machen! Es liegt in der Natur der Sache selbst, daß sie niemals untergehen könne, sondern, nur einmal ins Werk gesetzt, durch sich selbst fortlebe, und immer weiter um sich greifend sich verbreite. Jeder, der durch diese Bildung hindurchgegangen ist, wird ein Zeuge für sie und ein eifriger Verbreiter; jeder wird den Lohn der erhaltenen Lehre dadurch abtragen, daß er selbst wieder Lehrer wird, und so viele Schüler, die einst auch wieder Lehrer werden, macht, als er kann; und dies geht nothwendig so lange fort, bis das Ganze ohne alle Ausnahme ergriffen sei.

Im Falle der Staat sich mit der Sache nicht befassen sollte, so haben Privatunternehmern zu befürchten, daß alle nur irgend vermögende Eltern ihre Kinder dieser Erziehung nicht überlassen werden. Wende man sich sodann in Gottes Namen und mit voller Zuversicht an die armen Verwaisten, an die im Elende auf den Straßen Herumliegenden, an alles, was die erwachsene Menschheit ausgestoßen und weggeworfen hat! So wie bisher, besonders in denjenigen deutschen Staaten, in denen die Frömmigkeit der Vorfahren die öffentlichen Erziehungsanstalten sehr vermehrt und reichlich ausgestattet hatte, eine Menge von Eltern den Ihrigen den Unterricht angedeihen ließen, weil sie dabei zugleich, wie bei keinem andern Gewerbe, den Unterhalt fanden: so laßt es uns notgedrungen umkehren und Brod geben denen, denen kein anderer es gibt, damit sie mit dem Brode zugleich auch Geistesbildung annehmen. Befürchten wir nicht, daß die Armseligkeit und die Verwilderung ihres vorigen Zustandes unserer Absicht hinderlich sein werde! Reißen wir sie nur plötzlich und gänzlich heraus aus demselben und bringen sie in eine durchaus neue Welt; lassen wir nichts an ihnen, das sie an das Alte erinnern könnte, so werden sie ihrer selbst vergessen und dastehen als neue so eben erst erschaffene Wesen. Daß in diese frische und reine Tafel nur das Gute eingegraben werde, dafür muß unser Unterrichtsgang bürgen und unsre Hausordnung. Es wird ein für alle Nachwelt warnendes Zeugniß sein über unsre Zeit, wenn gerade diejenigen, die sie ausgestoßen hat, durch diese Ausstoßung allein das Vorrecht erhalten, ein besseres Geschlecht anzuheben; wenn diese den Kindern derer, die mit ihnen nicht zusammen sein mochten, die beseligende Bildung bringen; und wenn sie die Stammväter werden unsrer künftigen Helden, Weisen, Gesetzgeber, Heilande der Menschheit.

Für die erste Errichtung bedarf es zuvörderst tauglicher Lehrer und Erzieher. Dergleichen hat die Pestalozzi'sche Schule gebildet, und ist stets erbötig, mehrere zu bilden. Ein Hauptaugenmerk wird anfangs sein, daß jede Anstalt der Art sich zugleich betrachte als eine Pflanzschule für Lehrer, und daß außer den schon fertigen Lehrern um diese herum sich eine Menge junger Männer versammle, die das Lehren lernen und ausüben zu gleicher Zeit, und in der Ausübung es immer besser lernen. Dies wird auch, falls diese Anstalten anfangs mit der Dürftigkeit zu ringen haben sollten, die Erhaltung der Lehrer sehr erleichtern. Die meisten sind doch in der Absicht gegenwärtig, um selbst zu lernen; dafür mögen sie denn auch ohne anderweitige Entschädigung das Gelernte eine Zeitlang zum Vortheil der Anstalt, wo sie es lernten, anwenden.

Ferner bedarf eine solche Anstalt Dach und Fach, die erste Ausstattung und ein hinlängliches Stück Land. Daß im weitern Fortgange dieser Einrichtungen, wenn die verhältnißmäßige Menge von schon herangewachsener Jugend in den Jahren, wo sie nach der bisherigen Einrichtung als Dienstboten nicht blos ihren Unterhalt, sondern zugleich auch ein Jahrlohn erwerben, sich in diesen Anstalten befinden wird, diese die schwächere Jugend übertragen, und bei der ohnedies nothwendigen Arbeitsamkeit und weisen Wirthschaft, diese Anstalten sich größtenteils selbst werden erhalten können, scheint einzuleuchten. Fürs erste, so lange die erstgenannte Art der Zöglinge noch nicht vorhanden ist, dürften dieselben größerer Zuschüsse bedürfen. Es ist zu hoffen, daß man sich zu Beiträgen, deren Ende man absieht, williger finden werde. Sparsamkeit, die dem Zwecke Eintrag thut, bleibe fern von uns; und ehe wir diese uns erlauben, ist es weit besser, daß wir gar nichts thun.

Und so halte ich denn dafür, daß, blos guten Willen vorausgesetzt, bei der Ausführung dieses Plans keine Schwierigkeit ist, die nicht durch Vereinigung mehrerer und durch die Richtung aller ihrer Kräfte auf diesen einigen Zweck leichtlich sollte überwunden werden können.

Zwölfte Rede.

Ueber die Mittel, uns bis zur Erreichung unsers Hauptzwecks aufrecht zu erhalten.

Diejenige Erziehung, die wir den Deutschen zu ihrer künftigen Nationalerziehung vorschlagen, ist nun sattsam beschrieben. Wird das Geschlecht, das durch dieselbe gebildet ist, nur einmal dastehen, diesem lediglich durch seinen Geschmack am Rechten und Guten, und schlechthin durch nichts anderes getriebene, dieses mit einem Verstande, der für seinen Standpunkt ausreichend das Rechte allemal sicher erkennt, versehene, dieses mit jeder geistigen und körperlichen Kraft, das Gewollte allemal durchzusetzen, ausgerüstete Geschlecht: so wird alles, was wir mit unsern kühnsten Wünschen begehren können, aus dem Dasein desselben von selbst sich ergeben, und aus ihm natürlich hervorwachsen. Diese Zeit bedarf unserer Vorschriften so wenig, daß wir vielmehr von derselben zu lernen haben würden.

Da inzwischen dieses Geschlecht noch nicht gegenwärtig ist, sondern erst heraufgezogen werden soll, und, wenn auch alles über unser Erwarten trefflich gehen sollte, wir dennoch eines beträchtlichen Zwischenraums bedürfen werden, um in jene Zeit hinüber zu kommen, so entsteht die näherliegende Frage: Wie sollen wir uns auch nur durch diesen Zwischenraum hindurch bringen? Wie sollen wir, da wir nichts besseres können, uns erhalten, wenigstens als den Boden, auf dem die Verbesserung vorgehen und als den Ausgangspunkt, an welchen dieselbe sich anknüpfen könne? Wie sollen wir verhindern, daß, wenn einst das also gebildete Geschlecht aus seiner Absonderung hervor unter uns träte, es nicht an uns eine Wirklichkeit vor sich finde, die nicht die mindeste Verwandtschaft habe zu der Ordnung der Dinge, welche es als das Rechte begriffen, und in welcher niemand dasselbe verstehe, oder den mindesten Wunsch und Bedürfniß einer solchen Ordnung der Dinge hege, sondern das Vorhandene als das ganz Natürliche und das einzig Mögliche ansehe? Würden nicht diese eine andere Welt im Busen Tragenden gar bald irre werden, und würde so nicht die Bildung eben so unnütz für die Verbesserung des wirklichen Lebens verhallen, wie die bisherige Bildung verhallt ist?

Geht die Mehrheit in ihrer bisherigen Unachtsamkeit, Gedankenlosigkeit und Zerstreutheit so ferner hin, so ist gerade dieses, als das nothwendig sich Ergebende, zu erwarten. Wer sich, ohne Aufmerksamkeit auf sich selbst, gehen läßt, und von den Umständen sich gestalten, wie sie wollen, der gewöhnt sich bald an jede mögliche Ordnung der Dinge. So sehr auch sein Auge durch etwas beleidigt werden mochte, als er es das erste mal erblickte, läßt es nur täglich auf dieselbe Weise wiederkehren, so gewöhnt er sich daran und findet es späterhin natürlich, und als eben so sein müssend, gewinnt es zuletzt gar lieb, und es würde ihm mit der Herstellung des erstern bessern Zustandes wenig gedient sein, weil dieser ihn aus seiner nun einmal gewohnten Weise zu sein herausrisse. Auf diese Weise gewöhnt man sich sogar an Sklaverei, wenn nur unsre sinnliche Fortdauer dabei ungekränkt bleibt, und gewinnt sie mit der Zeit lieb; und dies ist eben das Gefährlichste an der Unterworfenheit, daß sie für alle wahre Ehre abstumpft und sodann ihre sehr erfreuliche Seite hat für den Trägen, indem sie ihn mancher Sorge und manches Selbstdenkens überhebt.

Laßt uns auf der Hut sein gegen diese Ueberraschung der Süßigkeit des Dienens, denn diese raubt sogar unsern Nachkommen die Hoffnung künftiger Befreiung. Wird unser äußeres Wirken in hemmende Fesseln geschlagen, laßt uns desto kühner unsern Geist erheben zum Gedanken der Freiheit, zum Leben in diesem Gedanken, zum Wünschen und Begehren nur dieses einigen. Laßt die Freiheit auf einige Zeit verschwinden aus der sichtbaren Welt; geben wir ihr eine Zuflucht im innersten unsrer Gedanken, so lange, bis um uns herum die neue Welt emporwachse, die da Kraft habe, diese Gedanken auch äußerlich darzustellen. Machen wir uns mit demjenigen, was ohne Zweifel unserm Ermessen frei bleiben muß, mit unserm Gemüthe, zum Vorbilde, zur Weissagung, zum Bürgen desjenigen, was nach uns Wirklichkeit werden wird. Lassen wir nur nicht mit unserm Körper zugleich auch unsern Geist niedergebeugt und unterworfen, und in die Gefangenschaft gebracht werden! Fragt man mich, wie dies zu erreichen sei, so ist darauf die einzige alles in sich fassende Antwort diese: wir müssen eben zur Stelle werden, was wir ohnedies sein sollten, Deutsche. Wir sollen unsern Geist nicht unterwerfen: so müssen wir eben vor allen Dingen einen Geist uns anschaffen, und einen festen und gewissen Geist; wir müssen ernst werden in allen Dingen und nicht fortfahren, blos leichtsinniger Weise und nur zum Scherze dazusein; wir müssen uns haltbare und unerschütterliche Grundsätze bilden, die allem unserm übrigen

Denken und unserm Handeln zur festen Richtschnur dienen, Leben und Denken muß bei uns aus einem Stücke sein, und ein sich durchdringendes und gediegenes Ganzes; wir müssen in beiden der Natur und der Wahrheit gemäß werden, und die fremden Kunststücke von uns werfen; wir müssen, um es mit einem Worte zu sagen, uns Charakter anschaffen; denn Charakter haben und deutsch sein, ist ohne Zweifel gleichbedeutend, und die Sache hat in unsrer Sprache keinen besondern Namen, weil sie eben ohne alles unser Wissen und Besinnung aus unserm Sein unmittelbar hervorgehen soll.

Wir müssen zuvörderst über die großen Ereignisse unsrer Tage, ihre Beziehung auf uns, und das, was wir von ihnen zu erwarten haben, mit eigner Bewegung unsrer Gedanken nachdenken, und uns eine klare und feste Ansicht von allen diesen Gegenständen, und ein entschiednes und unwandelbares Ja oder Nein über die hierher fallenden Fragen verschaffen; jeder, der den mindesten Anspruch auf Bildung macht, soll das. Das thierische Leben des Menschen läuft in allen Zeitaltern ab nach denselben Gesetzen, und hierin ist alle Zeit sich gleich. Verschiedene Zeiten sind da nur für den Verstand, und nur derjenige, der sie mit dem Begriffe durchdringt, lebt sie mit, und ist da zu dieser seiner Zeit; ein andres Leben ist nur ein Thier- und Pflanzenleben. Alles, was da geschieht, unvernommen an sich vorübergehen zu lassen, gegen dessen Andrang wol gar geflissentlich Auge und Ohr zu verstopfen, sich dieser Gedankenlosigkeit wol gar noch als großer Weisheit zu rühmen, mag anständig sein einem Felsen, an den die Meereswellen schlagen, ohne daß er es fühlt, oder einem Baumstamme, den Stürme hin und her reißen, ohne daß er es bemerkt, keineswegs aber einem denkenden Wesen. – Selbst das Schweben in höhern Kreisen des Denkens spricht nicht los von dieser allgemeinen Verbindlichkeit, seine Zeit zu verstehen. Alles Höhere muß eingreifen wollen auf seine Weise in die unmittelbare Gegenwart, und wer wahrhaftig in jenem lebt, lebt zugleich auch in der letztern; lebte er nicht auch in dieser, so wäre dies der Beweis, daß er auch in jenem nicht lebte, sondern in ihm nur träumte. Jene Achtlosigkeit auf das, was unter unsern Augen vorgeht, und die künstliche Ableitung der allenfalls entstandenen Aufmerksamkeit auf andere Gegenstände, wäre das Erwünschteste, was einem Feinde unsrer Selbstständigkeit begegnen könnte. Ist er sicher, daß wir uns bei keinem Dinge etwas denken, so kann er eben, wie mit leblosen Werkzeugen, alles mit uns vornehmen, was er will; die Gedankenlosigkeit eben ist es, die sich an Alles gewöhnt, wo aber der klare und umfassende Gedanke, und in diesem das Bild dessen, was da sein sollte, immerfort wachsam bleibt, da kommt es zu keiner Gewöhnung. Diese Reden haben zunächst Sie eingeladen, und sie werden einladen die ganze deutsche Nation, in wie weit es dermalen möglich ist, dieselbe durch den Bücherdruck um sich zu versammeln, bei sich selbst eine feste Entscheidung zu fassen, und innerlich mit sich einig zu werden über folgende Fragen: 1) ob es wahr sei, oder nicht wahr, daß es eine deutsche Nation gebe, und daß deren Fortdauer in ihrem eigenthümlichen und selbständigen Wesen dermalen in Gefahr sei? 2) Ob es der Mühe werth sei, oder nicht werth sei, dieselbe zu erhalten? 3) Ob es irgend ein sicheres und durchgreifendes Mittel dieser Erhaltung gebe, und welches dieses Mittel sei?

Vorher war die hergebrachte Sitte unter uns diese, daß, wenn irgend ein ernsthaftes Wort, mündlich oder im Druck, sich vernehmen ließ, das tägliche Geschwätz sich desselben bemächtigte, und es in einen spaßhaften Unterhaltungsstoff seiner drückenden Langeweile verwandelte. Zunächst um mich herum habe ich dermalen nicht, so wie ehemals, bemerkt, daß man von meinen gegenwärtigen Vorträgen denselben Gebrauch gemacht hätte; von dem zeitigen Tone aber der geselligen Zusammenkünfte auf dem Boden des Bücherdrucks, ich meine die Literaturzeitungen und anderes Journalwesen, habe ich keine Kunde genommen, und weiß nicht, ob von diesem sich Scherz oder Ernst erwarten lassen. Wie dies sich verhalten möge, meine Absicht wenigstens ist es nicht gewesen, zu scherzen, und den bekannten Witz, den unser Zeitalter besitzt, wieder in den Gang zu bringen.

Tiefer unter uns eingewurzelt, fast zur andern Natur geworden, und das Gegenteil beinahe unerhört, war unter den Deutschen die Sitte, daß man alles, was auf die Bahn gebracht wurde, betrachtete als eine Aufforderung an jeden, der einen Mund hätte, nur geschwind und auf der Stelle sein Wort auch dazu zu geben und uns zu berichten, ob er auch derselben Meinung sei, oder nicht; nach welcher Abstimmung denn die ganze Sache vorbei sei, und das öffentliche Gespräch zu einem neuen Gegenstande eilen müsse. Auf diese Weise hatte sich aller literarischer Verkehr unter den Deutschen verwandelt, so wie die Echo der alten Fabel, in einen blosen reinen Laut, ohne allen Leib und körperlichen Gehalt. Wie in den bekannten schlechten Gesellschaften des persönlichen Verkehrs, so kam es auch in dieser nur darauf an, daß die Menschenstimme forthalle, und daß jeder ohne Stocken sie aufnehme, und sie dem Nachbar zuwerfe, keinesweges aber darauf, was da ertönte. Was ist Charakterlosigkeit und Undeutschheit, wenn es das nicht ist? Auch dies ist nicht meine Absicht gewesen, dieser Sitte zu huldigen, und nur das öffentliche Gespräch rege zu erhalten. Ich habe, eben auch, indem ich etwas anderes wollte, meinen persönlichen Antheil zu dieser öffentlichen Unterhaltung schon vorlängst hinlänglich abgetragen, und man könnte mich endlich davon lossprechen. Ich will nicht gerade auf der Stelle wissen, wie dieser oder jener über die in Anregung gebrachten Fragen denke, d. h. wie er bisher darüber gedacht, oder auch nicht gedacht habe. Er soll es bei sich selbst überlegen und durchdenken, so lange bis sein Urtheil fertig ist und vollkommen klar, und soll sich die nöthige Zeit dazu nehmen, und gehen ihm etwa die gehörigen Vorkenntnisse und der ganze Grad der Bildung, der zu einem Urtheile in diesen Angelegenheiten erfordert wird, noch ab, so soll er sich auch dazu die Zeit nehmen, sich dieselben zu erwerben. Hat nun einer auf diese Weise sein Urtheil fertig und klar, so wird nicht gerade verlangt, daß er es auch öffentlich abgebe; sollte dasselbe mit dem hier Gesagten übereinstimmen, so ist dieses eben schon gesagt, und es bedarf nicht eines zweiten Sagens, nur wer etwas Anderes und Besseres sagen kann, ist aufgefordert zu reden; dagegen aber soll es jeder in jedem Falle nach seiner Weise und Lage wirklich leben und treiben.

Am allerwenigsten endlich ist es meine Absicht gewesen, in diesen Reden unsern deutschen Meistern in Lehre und Schrift eine Schreibeübung vorzulegen, damit sie dieselbe verbessern, und ich bei dieser Gelegenheit erfahre, was sich etwa von mir hoffen läßt. Auch in dieser Rücksicht ist guter Lehre und Rathes schon sattsam an mich gewendet worden, und es müßte sich schon jetzt gezeigt haben, wenn Besserung zu erwarten wäre.

Nein, das war zunächst meine Absicht, aus dem Schwarme von Fragen und Untersuchungen und aus dem Heere widersprechender Meinungen über dieselben, in welchem die Gebildeten unter uns bisher herumgeworfen worden sind, so viele derselben ich könnte auf einen Punkt zu führen, bei welchem sie sich selbst Stand hielten, und zwar auf denjenigen, der uns am allernächsten liegt, den unserer eignen gemeinschaftlichen Angelegenheiten; in diesem einigen Punkte sie zu einer festen Meinung, bei der es nun unverrückt bleibe, und zu einer Klarheit, in der sie wirklich sich zurecht finden, zu bringen; so viel anderes auch zwischen ihnen streitig sein möge, wenigstens über dieses Eine sie zur Einmüthigkeit des Sinnes zu verbinden; auf diese Weise endlich einen festen Grundzug des Deutschen hervorzubringen, den, daß er es gewürdigt habe, sich über die Angelegenheit der Deutschen eine Meinung zu bilden; dagegen derjenige, der über diesen Gegenstand nichts hören und nichts denken möchte, von nun an mit Recht angesehen werden könnte, als nicht zu uns gehörend.

Die Erzeugung einer solchen festen Meinung, und die Vereinigung und das gegenseitige Sichverstehen mehrerer über diesen Gegenstand, wird, so wie es unmittelbar die Rettung ist unsers Charakters aus der unserer unwürdigen Zerflossenheit, zugleich auch ein kräftiges Mittel werden unsern Hauptzweck, die Einführung der neuen Nationalerziehung, zu erreichen. Besonders darum, weil wir selber, sowol jeder mit sich, als alle untereinander, niemals einig waren, heute dieses und morgen etwas anderes wollten, und jeder anders hineinschrie in das dumpfe Geräusch, sind auch unsere Regierungen, die allerdings und oft mehr als rathsam war, auf uns hörten, irre gemacht worden, und haben hin und her geschwankt, eben so wie unsre Meinung. Soll endlich einmal ein fester und gewisser Gang in die gemeinsamen Angelegenheiten kommen: was verhindert, daß wir zunächst bei uns selbst anfangen, und das Beispiel der Entschiedenheit und Festigkeit geben? Lasse sich nur einmal eine übereinstimmende und sich gleichbleibende Meinung hören, lasse ein entschiedenes und als allgemein sich ankündigendes Bedürfniß sich vernehmen, das der Nationalerziehung, wie wir voraussetzen: ich halte dafür, unsere Regierungen werden uns hören, sie werden uns helfen, wenn wir die Neigung zeigen, uns helfen zu lassen. Wenigstens würden wir im entgegengesetzten Falle sodann erst das Recht haben, uns über sie zu beklagen; dermalen, da unsre Regierungen ungefähr also sind, wie wir sie wollen, steht uns das Klagen übel an.

Ob es ein sicheres und durchgreifendes Mittel gebe zur Erhaltung der deutschen Nation, und welches dieses Mittel sei, ist die bedeutendste unter den Fragen, die ich dieser Nation zur Entscheidung vorgelegt habe. Ich habe diese Frage beantwortet, und die Gründe meiner Art der Beantwortung dargelegt, keinesweges um das Endurtheil vorschreiben, was zu nichts helfen könnte, indem jeder, der in dieser Sache Hand anlegen soll, in seinem eignen Innern durch eigne Thätigkeit sich überzeugt haben muß, sondern nur, um zum eignen Nachdenken und Urtheilen anzuregen. Ich muß von nun an jeden sich selbst überlassen; nur warnen kann ich noch, daß man durch seichte und oberflächliche Gedanken, die auch über diesen Gegenstand sich im Umlaufe befinden, sich nicht täuschen, vom tiefern Nachdenken sich nicht abhalten und durch nichtige Vertröstungen sich nicht abfinden lasse.

Wir haben z. B. schon lange vor den letzten Ereignissen, gleichsam auf den Vorrath, hören müssen, und es ist uns seitdem häufig wiederholt worden, daß, wenn auch unsre politische Selbständigkeit verloren sei, wir dennoch unsre Sprache behielten, und unsre Literatur, und in diesen immer eine Nation blieben, und damit über alles andere uns leichtlich trösten könnten. Worauf gründet sich denn zuvörderst die Hoffnung, daß wir auch ohne politische Selbständigkeit dennoch unsere Sprache behalten werden? Jene, die also sagen, schreiben doch wol nicht ihrem Zureden und ihren Ermahnung auf Kind und Kindeskind hinaus, und auf alle künftigen Jahrhunderte, diese wunderwirkende Kraft zu? Was von den jetztlebenden und gemachten Männern sich gewöhnt hat, in deutscher Sprache zu reden, zu schreiben, zu lesen, wird ohne Zweifel also fortfahren; aber was wird das nächstkünftige Geschlecht thun, und was erst das dritte? Welches Gegengewicht gedenken wir denn in diese Geschlechter hineinzulegen, das ihrer Begierde, demjenigen, bei welchem aller Glanz ist, und das alle Begünstigungen austheilt, auch durch Sprache und Schrift zu gefallen, die Wage halte? Haben wir denn niemals von einer Sprache gehört, welche die erste der Welt ist, unerachtet bekannt wird, daß die ersten Werke in derselben noch zu schreiben sind, und sehen wir nicht schon jetzt unter unsern Augen, daß Schriften, durch deren Inhalt man zu gefallen hofft, in ihr erscheinen? Man beruft sich auf das Beispiel zweier andern Sprachen, eine der alten, eine der neuen Welt, welche, unerachtet des politischen Unterganges der Völker, die sie redeten, dennoch als lebendige Sprachen fortgedauert. Ich will in die Weise dieser Fortdauer nicht einmal hineingehen; so viel aber ist auf den ersten Blick klar, daß beide Sprachen etwas in sich hatten, das die unsrige nicht hat, wodurch sie vor den Ueberwindern Gnade fanden, welche die unsrige niemals finden kann. Hätten diese Vertröster besser um sich geschaut, so würden sie ein anderes unseres Erachtens hier durchaus passendes Beispiel gefunden haben, das der wendischen Sprache. Auch diese dauert seit der Reihe von Jahrhunderten, daß das Volk derselben seine Freiheit verloren hat, noch immer fort, in den ärmlichen Hütten des an die Scholle gebundenen Leibeigenen nämlich, damit er in ihr, unverstanden von seinem Bedrücker, sein Schicksal beklagen könne.

Oder setze man den Fall, daß unsre Sprache lebendig und eine Schriftstellersprache bleibe, und so ihre Literatur behalte: was kann denn das für eine Literatur sein, die Literatur eines Volkes ohne politische Selbständigkeit? Was will denn der vernünftige Schriftsteller, und was kann er wollen? Nichts anderes, denn eingreifen in das allgemeine und öffentliche Leben, und dasselbe nach seinem Bilde gestalten und umschiffen; und wenn er dies nicht will, so ist alles sein Reden leerer Laut zum Kitzel müßiger Ohren. Er will ursprünglich und aus der Wurzel des geistigen Lebens heraus denken für diejenigen, die eben so ursprünglich wirken, d. i. regieren. Er kann deswegen nur in einer solchen Sprache schreiben, in der auch die Regierenden denken, in einer Sprache, in der regiert wird, in der eines Volkes, das einen selbstständigen Staat ausmacht. Was wollen denn zuletzt alle unsre Bemühungen selbst um die abgezogensten Wissenschaften? Lasset sein, der nächste Zweck dieser Bemühungen sei der, die Wissenschaft fortzupflanzen von Geschlecht zu Geschlecht, und in der Welt zu erhalten; warum soll sie denn auch erhalten werden? Offenbar nur, um zu rechter Zeit das allgemeine Leben und die ganze menschliche Ordnung der Dinge zu gestalten. Dies ist ihr letzter Zweck; mittelbar dient sonach, sei es auch erst in einer spätern Zukunft, jede wissenschaftliche Bestrebung dem Staate. Gibt sie diesen Zweck auf, so ist auch ihre Würde und ihre Selbständigkeit verloren. Wer aber diesen Zweck hat, der muß schreiben in der Sprache des herrschenden Volkes.

Wie es ohne Zweifel wahr ist, daß allenthalben, wo eine besondere Sprache angetroffen wird, auch eine besondere Nation vorhanden ist, die das Recht hat, selbstständig ihre Angelegenheiten zu besorgen und sich selber zu regieren; so kann man umgekehrt sagen. daß, wie ein Volk aufgehört hat, sich selbst zu regieren, es eben auch schuldig sei, seine Sprache aufzugeben und mit den Ueberwindern zusammenzufließen, damit Einheit, innerer Friede und die gänzliche Vergessenheit der Verhältnisse, die nicht mehr sind, entstehe. Ein nur halbverständiger Anführer einer solchen Mischung muß hierauf dringen, und wir können uns sicher darauf verlassen, daß in unserm Falle darauf gedrungen werden wird. Bis diese Verschmelzung erfolgt sei, wird es Uebersetzungen der verstatteten Schulbücher in die Sprache der Barbaren geben, d. i. derjenigen, die zu ungeschickt sind, die Sprache des herrschenden Volkes zu lernen, und die eben dadurch von allem Einflusse auf die öffentlichen Angelegenheiten sich ausschließen und sich zur lebenslänglichen Unterwürfigkeit verdammen; auch wird es diesen, die zur Stummheit über die wirklichen Gegebenheiten sich selbst verurtheilt haben, verstattet werden, an erdichteten Welthändeln ihre Redefertigkeit zu üben, oder ehemalige und alte Formen sich selber nachzuahmen, wo man für das erste an der zum Beispiel angeführten alten, für das letztere an der neuen Sprache die Belege aufsuchen mag. Eine solche Literatur möchten wir vielleicht noch auf einige Zeit behalten, und mit derselben mag sich trösten der, der keinen bessern Trost hat; daß aber auch solche, die wol fähig wären, sich zu ermannen, die Wahrheit zu sehen und aufgeschreckt zu werden durch ihren Anblick zu Entschluß und That, durch solchen nichtigen Trost, mit welchem einem Feinde unsrer Selbständigkeit recht eigentlich gedient sein würde, in dem trägen Schlummer erhalten werden: dieses möchte ich verhindern, wenn ich es könnte.

Man verheißt uns also die Fortdauer einer deutschen Literatur auf die künftigen Geschlechter. Um die Hoffnungen, die wir hierüber fassen können, näher zu beurtheilen, würde es sehr zuträglich sein, sich umzusehen, ob wir denn auch nur bis auf diesen Augenblick eine deutsche Literatur im wahren Sinne des Wortes noch haben. Das edelste Vorrecht und das heiligste Amt des Schriftstellers ist dies, seine Nation zu versammeln und mit ihr über ihre wichtigsten Angelegenheiten zu beratschlagen; ganz besonders aber ist dies von jeher das ausschließende Amt des Schriftstellers gewesen in Deutschland, indem dieses in mehrere abgesonderte Staaten zertrennt war, und als gemeinsames Ganzes fast nur durch das Werkzeug des Schriftstellers, durch Sprache und Schrift, zusammen gehalten wurde; am eigentlichsten und dringendsten wird es sein Amt in dieser Zeit, nachdem das letzte äußere Band, das die Deutschen vereinigte, die Reichsverfassung, auch zerrissen ist. Sollte es sich nun etwa zeigen – wir sprechen hieran nicht etwa aus, was wir wüßten oder befürchteten, sondern nur einen möglichen Fall, auf den wir jedoch ebenfalls im voraus Bedacht nehmen müssen – sollte es sich, sage ich, etwa zeigen, daß schon jetzt Diener besonderer Staaten von Angst, Furcht und Schrecken so eingenommen wären, daß sie solchen, eine Nation eben noch als daseiend voraussetzenden, und an dieselbe sich wendenden Stimmen, zuerst das Lautwerden, oder durch Verbote die Verbreitung versagten: so wäre dies ein Beweis, daß wir schon jetzt keine deutsche Schriftstellerei mehr hätten, und wir wüßten, wie wir mit den Aussichten auf eine künftige Literatur daran wären.

Was könnte es doch sein, daß diese fürchteten? Etwa, daß dieser und jener dergleichen Stimmen nicht gern hören werde? Sie würden für ihre zarte Besorgtheit wenigstens die Zeit übel gewählt haben. Schmähungen und Herabwürdigungen des Vaterländischen, abgeschmackte Lobpreisungen des Ausländischen können sie ja doch nicht verhindern; seien sie doch nicht so strenge gegen ein dazwischen tönendes vaterländisches Wort! Es ist wol möglich, daß nicht alle alles gleich gerne hören; aber dafür können wir zur Zeit nicht sorgen, uns treibt die Noth, und wir müssen eben sagen, was diese zu sagen gebietet. Wir ringen ums Leben; wollen sie, daß wir unsre Schritte abmessen, damit nicht etwa durch den erregten Staub irgend ein Staatskleid bestäubt werde? Wir gehen unter in den Fluten; sollen wir nicht um Hilfe rufen, damit nicht irgend ein schwachnerviger Nachbar erschreckt werde?

Wer sind denn diejenigen, die es nicht gerne hören könnten, und unter welcher Bedingung könnten sie es denn nicht gern hören? Allenthalben ist es nur die Unklarheit und die Finsternis die da schreckt. Jedes Schreckbild verschwindet, wenn man es fest ins Auge faßt. Lasset uns mit derselben Unbefangenheit und Unumwundenheit, mit der wir bisher jeden in diese Vorträge fallenden Gegenstand zerlegt haben, auch diesem Schrecknisse unter die Augen treten.

Man nimmt an, entweder, daß das Wesen, dem dermalen die Leitung eines großen Theils der Weltangelegenheiten anheimgefallen ist, ein wahrhaft großes Gemüth sei, oder man nimmt das Gegentheil an, und ein drittes ist nicht möglich. Im ersten Falle, worauf beruht denn alle menschliche Größe, außer auf der Selbständigkeit und Ursprünglichkeit der Person, und daß sie nicht sei ein erkünsteltes Gemächte ihres Zeitalters, sondern ein Gewächs aus der ewigen und ursprünglichen Geisterwelt, ganz so, wie es ist, hervorgewachsen, daß ihr eine neue und eigenthümliche Ansicht des Weltganzen aufgegangen sei, und daß sie festen Willen habe und eiserne Kraft, diese ihre Ansicht einzuführen in die Wirklichkeit? Aber es ist schlechthin unmöglich, daß ein solches Gemüth nicht auch außer sich an Völkern und Einzelnen, ehre, was in seinem Innern seine eigne Größe ausmacht, die Selbständigkeit, die Festigkeit, die Eigenthümlichkeit des Daseins. So gewiß es sich in seiner Größe fühlt und derselben vertraut, verschmäht es über armseligen Knechtssinn zu herrschen und groß zu sein unter Zwergen; es verschmäht den Gedanken, daß es die Menschen erst herabwürdigen müsse, um über sie zu gebieten; es ist gedrückt durch den Anblick des dasselbe umgebenden Verderbens, es thut ihm weh, die Menschen nicht achten zu können; alles aber, was sein verbrüdertes Geschlecht erhebt, veredelt, in ein würdigeres Licht setzt, thut wohl seinem selbst edlen Geiste, und ist sein höchster Genuß. Ein solches Gemüth sollte ungern vernehmen, daß die Erschütterungen, die die Zeiten herbeigeführt haben, benutzt werden, um eine alte ehrwürdige Nation, den Stamm der mehresten Völker des neuen Europa, und die Bildnerin aller, aus dem tiefen Schlummer aufzuregen und dieselbe zu bewegen, daß sie ein sicheres Verwahrungsmittel ergreifen, um sich zu erheben aus dem Verderben, welches dieselbe zugleich sichert, nie wieder herabzusinken und mit sich selbst zugleich alle übrigen Völker zu erheben? Es wird hier nicht angeregt zu ruhestörenden Auftritten; es wird vielmehr vor diesen, als sicher zum Verderben führend, gewarnt, es wird eine feste unwandelbare Grundlage angegeben, worauf endlich in einem Volke der Welt die höchste, reinste und noch niemals also unter den Menschen gewesene Sittlichkeit aufgebaut, für alle folgende Zeiten gesichert, und von da aus über alle andere Völker verbreitet werde; es wird eine Umschwung des Menschengeschlechts angegeben aus irdischen und sinnlichen Geschöpfen, zu reinen und edlen Geistern. Durch einen solchen Vorschlag, meint man, könne ein Geist, der selbst rein ist und edel und groß, oder irgend Jemand, der nach ihm sich bildet, beleidiget werden?

Was würden dagegen diejenigen, welche diese Furcht hegten und dieselbe durch ihr Handeln zugeständen, annehmen, und laut vor aller Welt bekennen, daß sie es annehmen? Sie würden bekennen, daß sie glauben, daß ein menschenfeindliches und ein sehr kleines und niedriges Princip über uns herrsche, dem jede Regung selbstständiger Kraft bange mache, der von Sittlichkeit, Religion, Veredlung der Gemüther nicht ohne Angst hören könne, indem allein in der Herabwürdigung der Menschen, in ihrer Dumpfheit und ihren Lastern, für ihn Heil sei und Hoffnung, sich zu erhalten. Mit diesem ihrem Glauben, der unsern andern Uebeln noch die drückende Schmach hinzufügen würde, von einem solchen beherrscht zu sein, sollen wir nun ohne weiteres und ohne die vorhergegangene einleuchtende Beweisführung einverstanden sein und in demselben handeln?

Den schlimmsten Fall gesetzt, daß sie rechte hätten, keinesweges aber wir, die wir das erstere durch unsere That annehmen, soll denn nun wirklich einem zu Gefallen, dem damit gedient ist, und ihnen zu Gefallen, die sich fürchten, das Menschengeschlecht herabgewürdigt werden und versinken, und soll keinem, dem sein Herz es gebietet, erlaubt sein, sie vor dem Verfalle zu warnen? Gesetzt, daß sie nicht blos recht hätten, sondern daß man sich auch noch entschließen sollte, im Angesichte der Mitwelt und der Nachwelt ihnen recht zu geben, und das eben hingelegte Urtheil über sich selbst laut auszusprechen: was wäre denn nun das Höchste und Letzte, das für den unwillkommenen Warner daraus erfolgen könnte? Kennen sie etwas Höheres, denn den Tod? Dieser erwartet uns ohnedies alle, und es haben vom Anbeginn der Menschheit an Edle um geringerer Angelegenheiten willen – denn wo gab es jemals eine höhere, als die gegenwärtige? – der Gefahr desselben getrotzt. Wer hat das Recht zwischen ein Unternehmen, das auf diese Gefahr begonnen ist, zu treten?

Sollte es, wie ich nicht hoffe, solche unter uns Deutschen geben, so würden diese ungebeten, ohne Dank, und, wie ich hoffe, zurückgerufen, ihren Hals dem Joche der geistigen Knechtschaft darbieten; sie würden, bitter schmähend, indem sie staatsklug zu schmeicheln glauben, weil sie nicht wissen, wie wahrer Größe zu Muthe ist, und die Gedanken derselben nach denen ihrer eigenen Kleinheit messen, sie würden die Literatur, mit der sie nichts Anderes anzufangen wissen, gebrauchen, und durch die Abschlachtung derselben als Opferthier ihren Hof zu machen. Wir dagegen greifen durch die That unsers Vertrauens und unsers Muthes, weit mehr, denn Worte es je vermöchten, die Größe des Gemüths, bei dem die Gewalt ist. Ueber das ganze Gebiet der ganzen deutschen Zunge hinweg, wo irgendhin unsre Stimme frei und unaufgehalten ertönt, ruft sie durch ihr bloses Dasein den Deutschen zu: Niemand will eure Unterdrückung, euren Knechtssinn, eure sklavische Unterwürfigkeit, sondern eure Selbständigkeit, eure wahre Freiheit, eure Erhebung und Veredlung will man; denn man hindert nicht, daß man sich öffentlich mit euch darüber berathschlage, und euch das unfehlbare Mittel dazu zeige. Findet diese Stimme Gehör und den beabsichtigten Erfolg, so setzt sie ein Denkmal dieser Größe und unsers Glaubens an dieselbe ein in den Fortlauf der Jahrhunderte, welches keine Zeit zu zerstören vermag, sondern das mit jedem neuen Geschlechte höher wächst und sich weiter verbreitet. Wer darf sich gegen den Versuch setzen, ein solches Denkmal zu errichten?

Anstatt also mit der zukünftigen Blüte unserer Literatur über unsre verlorne Selbständigkeit uns zu trösten, und von der Aufsuchung eines Mittels, dieselbe wieder herzustellen, uns durch dergleichen Trost abhalten zu lassen, wollen wir lieber wissen, ob diejenigen Deutschen, denen eine Art von Bevormundung der Literatur zugefallen ist, den übrigen selbst schreibenden oder lesenden Deutschen eine Literatur im wahren Sinne des Worts noch bis diesen Tag erlauben, und ob sie dafür halten, daß eine solche Literatur dermalen in Deutschland noch erlaubt sei, oder nicht; wie sie aber wirklich darüber denken, das wird sich demnächst entscheiden müssen.

Nach allem ist das Nächste, was wir zu thun haben, um bis zur völligen und gründlichen Verbesserung unsres Stammes uns auch nur aufzubehalten, dies, daß wir uns Charakter anschaffen, und diesen zunächst dadurch bewähren, daß wir uns durch eignes Nachdenken eine feste Meinung bilden über unsre wahre Lage, und über das sichere Mittel, dieselbe zu verbessern. Die Nichtigkeit des Trostes aus der Fortdauer unsrer Sprache und Literatur ist gezeigt. Noch aber gibt es andere, in diesen Reden noch nicht erwähnte Vorspiegelungen, welche die Bildung einer solchen festen Meinung verhindern. Es ist zweckmäßig, daß wir auch auf diese Rücksicht nehmen; jedoch behalten wir dieses Geschäft vor der nächsten Rede.

Dreizehnte Rede.
Fortsetzung der angefangenen Betrachtung.

Es sei noch ein Mehreres von nichtigen Gedanken und täuschenden Lehrgebäuden über die Angelegenheiten der Völker unter uns im Umlaufe, welches die Deutschen verhindere, eine ihrer Eigentümlichkeit gemäße feste Ansicht über ihre gegenwärtige Lage zu fassen, äußerten wir am Ende unserer vorigen Rede. Da diese Traumbilder gerade jetzt mit größerem Eifer zur öffentlichen Verehrung herumgeboten werden, und, nachdem so vieles andere wankend geworden, von manchem lediglich zur Ausfüllung der entstandenen leeren Stellen aufgefaßt werden könnten, so scheint es zur Sache zu gehören, dieselben mit größerem Ernste, als außerdem ihre Wichtigkeit verdienen dürfte, einer Prüfung zu unterwerfen.

Zuvörderst und vor allen Dingen: Die ersten, ursprünglichen und wahrhaft natürlichen Grenzen der Staaten sind ohne Zweifel ihre innern Grenzen. Was dieselbe Sprache redet, das ist schon vor aller menschlichen Kunst vorher durch die blose Natur mit einer Menge von unsichtbaren Banden an einandergeknüpft; es versteht sich unter einander und ist fähig, sich immerfort klarer zu verständigen, es gehört zusammen und ist natürlich eins und ein unzertrennliches Ganzes. Ein solches kann kein Volk anderer Abkunft und Sprache in sich aufnehmen und mit sich vermischen wollen, ohne wenigstens fürs erste sich zu verwirren und den gleichmäßigen Fortgang seiner Bildung mächtig zu stören. Aus dieser innern, durch die geistige Natur des Menschen selbst gezogenen Grenze ergibt sich erst die äußere Begrenzung der Wohnsitze, als die Folge von jener, und in der natürlichen Ansicht der Dinge sind keineswegs die Menschen, welche innerhalb gewisser Berge und Flüsse wohnen, um deswillen Ein Volk, sondern umgekehrt wohnen die Menschen beisammen und, wenn ihr Glück es so gefügt hat, durch Flüsse und Berge gedeckt, weil sie schon früher durch ein weit höheres Naturgesetz Ein Volk waren.

So saß die deutsche Nation, durch gemeinschaftliche Sprache und Denkart sattsam unter sich vereinigt und scharf genug abgeschnitten von den andern Völkern, in der Mitte von Europa da, als scheidender Wall nicht verwandter Stämme, zahlreich und tapfer genug, um ihre Grenzen gegen jeden fremden Anfall zu schützen, sich selbst überlassen durch ihre ganze Denkart wenig geneigt, Kunde von den benachbarten Völkerschaften zu nehmen, in derselben Angelegenheiten sich zu mischen und durch Beunruhigungen sie zur Feindseligkeit aufzureizen. Im Verlaufe der Zeiten bewahrte sie ihr günstiges Geschick vor dem unmittelbaren Antheile am Raube der andern Welten; dieser Gegebenheit, durch welche vor allen andern die Weise der Fortentwicklung der neuern Weltgeschichte, die Schicksale der Völker und der größte Theil ihrer Begriffe und Meinungen begründet worden sind. Seit dieser Gegebenheit erst zertheilte sich das christliche Europa, das vorher, auch ohne sein eignes deutliches Bewußtsein, Eins gewesen war, und als solches in gemeinschaftlichen Unternehmungen sich gezeigt hatte, in mehrere abgesondert Theile; seit jener Gegebenheit erst war eine gemeinschaftliche Beute aufgestellt, nach der jeder auf die gleiche Weise begehrte, weil alle sie auf die gleiche Weise brauchen konnten, und die jeder mit Eifersucht in den Händen des Andern erblickte; erst nun war ein Grund vorhanden zu geheimer Feindschaft und Kriegslust aller gegen alle. Auch wurde es nun erst zum Gewinne für Völker, Völker auch anderer Abkunft und Sprachen durch Eroberung, oder, wenn dies nicht möglich wäre, durch Bündnisse sich einzuverleiben und ihre Kräfte sich zuzueignen. Ein der Natur treu gebliebnes Volk kann, wenn seine Wohnsitze ihm zu enge werden, dieselben durch Eroberung des benachbarten Bodens erweitern wollen, um mehr Raum zu gewinnen, und es wird sodann die frühern Bewohner vertreiben; es kann einen rauhen und unfruchtbaren Himmelsstrich gegen einen mildern und gesegnetern vertauschen wollen, und es wird in diesem Falle abermals die frühern Besitzer austreiben; es kann, wenn es auch ausartet, blose Raubzüge unternehmen, auf denen es, ohne des Bodens oder der Bewohner zu begehren, blos alles Brauchbaren sich bemächtigt und die ausgeleerten Länder wieder verläßt; es kann endlich die frühern Bewohner des eroberten Bodens als eine gleichfalls brauchbare Sache, wie Sklaven der einzelnen unter sich vertheilen; aber daß es die fremde Völkerschaft, so wie dieselbe besteht, als Bestandteile des Staats sich anfüge, dabei hat es nicht den geringsten Gewinn, und es wird niemals in Versuchung kommen dies zu thun. Ist aber der Fall der, daß einem gleich starken, oder wol noch stärkern Nebenbuhler eine reizende gemeinschaftliche Beute abgekämpft werden soll, so steht die Rechnung anders. Wie auch übrigens sonst das überwundene Volk zu uns passen möge, so sind wenigstens seine Fäuste zur Bekämpfung des von uns zu beraubenden Gegners brauchbar und Jedermann ist uns, als eine Vermehrung der öffentlichen Streitkraft, willkommen. So nun irgend einem Weisen, der Friede und Ruhe gewünscht hätte, über diese Lage der Dinge die Augen klar aufgegangen wären, wovon hätte derselbe Ruhe erwarten können? Offenbar nicht von der natürlichen Beschränkung der menschlichen Habsucht dadurch, daß das Ueberflüssige keinem nütze; denn eine Beute, wodurch alle versucht werden, war vorhanden, und eben so wenig hätte er sie erwarten können von dem sich selbst eine Grenze setzenden Willen; denn unter solchen, von denen jedweder alles an sich reißt, was er vermag, muß der sich selbst Beschränkende nothwendig zu Grunde gehen. Keiner will mit dem andern theilen, was er dermalen zu eigen besitzt; jeder will dem andern das Seinige rauben, wenn er irgend kann. Ruht einer, so geschieht dies nur darum, weil er sich nicht für stark genug hält, Streit anzufangen; er wird ihn sicher anfangen, sobald er die erforderliche Stärke in sich verspürt. Somit ist das einzige Mittel die Ruhe zu erhalten dieses, daß niemals einer zu der Macht gelange, dieselbe stören zu können, und daß jedweder wisse, es sei auf der andern Seite gerade so viel Kraft zum Widerstande, als auf seiner Seite sei zum Angriffe; daß also ein Gleichgewicht und Gegengewicht der gesammten Macht entstehe, wodurch allein, nachdem alle andere Mittel verschwunden sind, jeder in seinem gegenwärtigen Besitzstande und alle in Ruhe erhalten werden. Diese beiden Stücke demnach: einen Raub, auf den kein einziger einiges Recht habe, alle aber nach ihm die gleiche Begierde, sodann die allgemeine, immerfort thätig sich regende wirkliche Raubsucht, setzt jenes bekannte System eines Gleichgewichts der Macht in Europa voraus; und unter diesen Voraussetzungen würde dieses Gleichgewicht freilich das einzige Mittel sein die Ruhe zu erhalten, wenn nur erst das zweite Mittel gefunden wäre, jenes Gleichgewicht hervorzubringen und es aus einem leeren Gedanken in ein wirkliches Ding zu verwandeln. Aber waren denn auch jene Voraussetzungen allgemein und ohne alle Ausnahme zu machen? War nicht im Mittelpunkte von Europa die übermächtige deutsche Nation rein geblieben von dieser Beute und von der Ansteckung mit der Lust darnach, und fast ohne Vermögen, Anspruch auf dieselbe zu machen? Wäre nur diese zu Einem gemeinschaftlichen Willen und Einer gemeinschaftlichen Kraft vereinigt geblieben, hätten doch dann die übrigen Europäer sich morden mögen in allen Meeren und auf allen Inseln und Küsten: in der Mitte von Europa hätte der feste Wall der Deutschen sie verhindert an einander zu kommen, – hier wäre Friede geblieben; und die Deutschen hätten sich, und mit sich zugleich einen Theil der übrigen europäischen Völker, in Ruhe und Wohlstand erhalten.

Es war dem nur den nächsten Augenblick berechnenden Eigennutze des Auslandes nicht gemäß, daß es also bliebe. Sie fanden die deutsche Tapferkeit brauchbar, um durch sie ihre Kriege zu führen, und die Hände derselben, um mit ihnen ihren Nebenbuhlern die Beute zu entreißen; es mußte ein Mittel gefunden werden, um diesen Zweck zu erreichen, und die ausländische Schlauheit siegte leicht über die deutsche Unbefangenheit und Verdachtlosigkeit. Das Ausland war es, welches zuerst der über Religionsstreitigkeiten entstandenen Entzweiung der Gemüther in Deutschland sich bediente, um diesen Inbegriff des gesammten christlichen Europa im Kleinen auf der innig verwachsenen Einheit eben so in abgesonderte und für sich bestehende Theile künstlich zu zertrennen, wie erst jenes, über einen gemeinsamen Raub, sich natürlich zertrennt hatte; das Ausland wußte diese also entstandenen besondern Staaten im Schooße der Einen Nation, die keinen Feind hatte, denn das Ausland selbst, und keine Angelegenheit, denn die gemeinsame, gegen die Verführungen und die Hinterlist dieses mit vereinigter Kraft sich zu setzen, – es wußte diese einander gegenseitig vorzustellen, als natürliche Feinde, gegen die jeder immerfort auf der Hut sein müsse, sich selbst dagegen darzustellen als die natürlichen Verbündeten gegen diese von den eignen Landsleuten drohende Gefahr; als die Verbündeten, mit denen allein sie selbst ständen oder fielen, und die sie daher gleichfalls in ihren Unternehmungen mit aller ihrer Macht unterstützen müßten. Nur durch dieses künstliche Bildungsmittel wurden alle Zwiste, die über irgend einen Gegenstand in der alten oder neuen Welt sich entspinnen mochten, zu eignen Zwisten der deutschen Stämme unter einander; jeder aus irgend einem Grunde entstandene Krieg mußte auf deutschem Boden und mit deutschem Blute ausgefochten werden, jede Verrückung des Gleichgewichts in derjenigen Nation, der der ganze Urquell dieser Verhältnisse fremd war, ausgeglichen werden, und die deutschen Staaten, deren abgesondertes Dasein schon gegen alle Natur und Vernunft stritt, mußten, damit sie doch etwas wären, zu Zulagen gemacht werden zu den Hauptgewichten in der Wage des europäischen Gleichgewichts, deren Zuge sie blind und willenlos folgten. So wie man in manchem ausländischen Staate die Bürger bezeichnet dadurch, daß sie von dieser oder einer andern fremden Partei seien und für dieses oder jenes auswärtige Bündniß stimmten, solche aber, die von der vaterländischen Partei seien, nicht namhaft zu machen weiß: so waren die Deutschen schon längst nur für irgend eine fremde Partei, und man traf selten auf einen, der die Partei der Deutschen gehalten und gemeint hätte, daß dieses Land sich mit sich selbst verbünden sollte.

Dies also ist der wahre Ursprung und die Bedeutung, dies der Erfolg für Deutschland und für die Welt von dem berüchtigten Lehrgebäude eines künstlich zu erhaltenden Gleichgewichts der Macht unter den europäischen Staaten. Wäre das christliche Europa Eins geblieben, wie es sollte und wie es ursprünglich war, so hätte man nie Veranlassung gehabt, einen solchen Gedanken zu erzeugen; das Eine ruht auf sich selbst und trägt sich selbst, und zertheilt sich nicht in streitende Kräfte, die mit einander in ein Gleichgewicht gebracht werden müßten; nur für das unrechtlich gewordene und zertheilte Europa erhielt jener Gedanke eine nothdürftige Bedeutung. Zu diesem unrechtlich gewordenen und zertheilten Europa gehörte Deutschland nicht. Wäre nur wenigstens dieses Eins geblieben, so hätte es auf sich selbst geruht im Mittelpunkte der gebildeten Erde, so wie die Sonne im Mittelpunkte der Welt; es hätte sich in Ruhe erhalten und durch sich seine nächste Umgebung, und hätte, ohne alle künstliche Vorkehrung, durch sein bloses natürliches Dasein, allem das Gleichgewicht gegeben. Nur der Trug des Auslandes mischte dasselbe in seine Unredlichkeit und seine Zwiste und brachte ihm jenen hinterlistigen Begriff bei, als eins der wirksamsten Mittel, dasselbe über seinen wahren Vortheil zu täuschen und in der Täuschung zu erhalten. Dieser Zweck ist nun hinlänglich erreicht und der beabsichtigte Erfolg liegt vollendet da vor unsern Augen. Können wir nun auch diesen nicht aufheben; warum sollen wir nicht wenigstens die Quelle desselben in unserm eignen Verstande, der fast noch das Einzige ist, das unsrer Botmäßigkeit überlassen geblieben, austilgen? Warum soll das alte Traumbild noch immer uns vor die Augen gestellt werden, nachdem das Uebel uns aus dem Schlafe geweckt hat? Warum sollen wir nicht wenigstens jetzt die Wahrheit sehen und das einzige Mittel, das uns hätte erretten können, erblicken – ob vielleicht unsre Nachkommen thun möchten, was wir einsehen; so wie wir jetzt leiden, weil unsre Väter träumten. Lasset uns begreifen, daß der Gedanke eines künstlich zu erhaltenden Gleichgewichts zwar für das Ausland ein tröstender Traum sein konnte bei der Schuld und dem Uebel, welche dasselbe drückten; daß er aber, als ein durchaus ausländisches Erzeugniß, niemals in dem Gemüthe eines Deutschen hätte Wurzel fassen und die Deutschen niemals in die Lage hätten kommen sollen, daß er bei ihnen Wurzel fassen gekonnt hätte; daß wir wenigstens jetzt in seiner Nichtigkeit ihn durchdringen, und daß wir einsehen müssen, daß nicht bei ihm, sondern allein bei der Einigkeit der Deutschen unter sich selber, das allgemeine Heil zu finden sei.

Eben so fremd ist dem Deutschen die in unsern Tagen so häufig gepredigte Freiheit der Meere; ob nun wirklich diese Freiheit oder blos das Vermögen, daß man selbst alle anderen von derselben ausschließen könne, beabsichtigt werde. Jahrhunderte hindurch, während des Wetteifers aller andern Nationen, hat der Deutsche wenig Begierde gezeigt, an derselben in einem ausgedehnten Maße Theil zu nehmen, und er wird es nie. Auch bedarf er derselben nicht. Sein reichlich ausgestattetes Land und sein Fleiß gewährt ihm alles, dessen der gebildete Mensch zum Leben bedarf; an Kunstfertigkeit, dasselbe für den Zweck zu verarbeiten, gebricht es ihm auch nicht; und um den einigen wahrhaften Gewinn, den der Welthandel mit sich führt, die Erweiterung der wissenschaftlichen Kenntniß der Erde und ihrer Bewohner an sich zu bringen, wird es sein eigner wissenschaftlicher Geist ihm nicht an einem Tauschmittel fehlen lassen. – O möchte doch nur den Deutschen sein günstiges Geschick eben so vor dem mittelbaren Antheile an der Beute der andern Welt bewahrt haben, wie es ihn vor dem unmittelbaren bewahrte! Möchte Leichtgläubigkeit und die Sucht, auch fein und vornehm zu leben, wie die andern Völker, uns nicht die entbehrlichen Waaren, die in fremden Welten erzeugt werden, zum Bedürfnisse gemacht haben; möchten wir in Absicht der weniger entbehrlichen lieber unserm freien Mitbürger erträgliche Bedingungen haben machen, als von dem Schweiße und Blute eines armen Sklaven jenseit der Meere Gewinn ziehen wollen: so hätten wir wenigstens nicht selbst den Vorwand geliefert zu unserm dermaligen Schicksale und würden nicht bekriegt, als Abkäufer und zu Grunde gerichtet, als ein Marktplatz. Fast vor einem Jahrzehnt, ehe irgend Jemand voraussehen konnte, was seitdem sich ereignet, ist den Deutschen gerathen worden, vom Welthandel sich unabhängig zu machen und als Handelsstaat sich zu schließen. Dieser Vorschlag verstieß gegen unsere Gewöhnungen, besonders aber gegen unsre abgöttische Verehrung der ausgeprägten Metalle und wurde leidenschaftlich angefeindet und bei Seite geschoben. Seitdem lernen wir, durch fremde Gewalt genöthigt, und mit Unehre, das, und noch weit mehr, entbehren, was wir damals mit Freiheit und zu unserer höchsten Ehre nicht entbehren zu können versicherten. Möchten wir diese Gelegenheit, da der Genuß wenigstens uns nicht besticht, ergreifen, um auf immer unsre Begriffe zu berichtigen! Möchten wir endlich einsehen, daß alle jene schwindelnden Lehrgebäude über Welthandel und Fabrikation für die Welt zwar für den Ausländer passen und gerade unter die Waffen desselben gehören, womit er von jeher uns bekriegt hat, daß sie aber bei den Deutschen keine Anwendung haben, und daß, nächst der Einigkeit dieser unter sich selber, ihre innere Selbstständigkeit und Handelsunabhängigkeit das zweite Mittel ist ihres Heils und durch sie des Heils von Europa.

Wage man es endlich auch noch das Traumbild einer Universalmonarchie, das, an die Stelle des seit einiger Zeit immer unglaublicher werdenden Gleichgewichts, der öffentlichen Verehrung dargeboten zu werden anfängt, in seiner Hassenswürdigkeit und Vernunftlosigkeit zu erblicken! Die geistige Natur vermochte das Wesen der Menschheit nur in höchst mannichfaltigen Abstufungen an Einzelnen, und an der Einzelheit im Großen und Ganzen, an Völkern darzustellen. Nur wie jedes dieser letzten, sich selbst überlassen, seiner Eigenheit gemäß, und in jedem derselben, jeder Einzelne jener Gemeinsamen, so wie seiner besondern Eigenheit gemäß, sich entwickelt und gestaltet, tritt die Erscheinung der Gottheit in ihrem eigentlichen Spiegel heraus, so wie sie soll; und nur der, der entweder ohne alle Ahnung für Gesetzmäßigkeit und göttliche Ordnung oder ein verstockter Feind derselben wäre, könnte einen

Eingriff in jenes höchste Gesetz der Geisterwelt wagen wollen. Nur in den unsichtbaren und den eignen Augen verborgenen Eigentümlichkeiten der Nation, als demjenigen, wodurch sie mit der Quelle ursprünglichen Lebens zusammenhängen, liegt die Bürgschaft ihrer gegenwärtigen und zukünftigen Würde, Tugend, Verdienstes; werden diese durch Vermischung und Verreibung abgestumpft, so entsteht Abtrennung von der geistigen Natur, aus dieser Flachheit, aus dieser die Verschmelzung aller zu dem gleichmäßigen und an einander hangenden Verderben. Sollen wir es den Schriftstellern, die über alle unsre Uebel uns mit der Aussicht trösten, daß wir dafür auch Unterthanen der beginnenden neuen Universalmonarchie sein werden, glauben, daß irgend jemand eine solche Zerreibung aller Keime des Menschlichen in der Menschheit beschlossen habe, um den zerfließenden Teig in irgend eine Form zu drücken; und daß eine so ungeheure Roheit oder Feindseligkeit gegen das menschliche Geschlecht zu unserm Zeitalter möglich sei?

Oder wenn wir uns auch entschließen wollten, dieses durchaus Unglaubliche fürs erste zu glauben: durch welches Werkzeug soll denn ferner ein solcher Plan ausgeführt werden; welche Art von Volk soll denn sein, die bei dem gegenwärtigen Bildungszustande von Europa für irgend einen neuen Universalmonarchen die Welt erobere? Schon seit einer Reihe von Jahrhunderten haben die Völker Europas aufgehört, Wilde zu sein und einer zerstörenden Tätigkeit um ihrer selbst willen sich zu freuen. Alle suchen hinter dem Kriege einen endlichen Frieden; hinter der Anstrengung die Ruhe, hinter der Verwirrung die Ordnung; und alle wollen ihre Laufbahn mit dem Frieden eines häuslichen und stillen Lebens gekrönt sehen. Auf eine Zeit lang mag selbst ein nur vorgebildeter Nationalvortheil sie zum Kriege begeistern; wenn die Aufforderung immer auf dieselbe Weise zurückkehrt, verschwindet das Traumbild und die Fieberkraft, die dasselbe gegeben hat; die Sehnsucht nach ruhiger Ordnung kehrt zurück und die Frage: für welchen Zweck thue und trage ich denn nun dies alles? erhebt sich. Diese Gefühle alle müßte zuvörderst ein Welteroberer unserer Zeit austilgen, und in diesem Zeitalter, das durch seine Natur ein Volk von Wilden nicht gibt, mit besonnener Kunst eins hineinbilden. Aber noch mehr. Dem von Jugend auf an einen gebildeten Anbau der Länder, an Wohlstand und Ordnung gewöhnten Auge thut, wenn man den Menschen nur ein wenig zur Ruhe kommen läßt, der Anblick derselben allenthalben, wo er ihn antrifft, wohl, indem er ihm den Hintergrund seiner eignen, doch niemals ganz auszurottenden Sehnsucht darstellt, und es schmerzt ihn selbst, denselben zerstören zu müssen. Auch gegen dieses dem gesellschaftlichen Menschen tief eingeprägte Wohlwollen und gegen die Wehmuth über die Uebel, die der Krieger über die eroberten Länder bringt, muß ein Gegengewicht gefunden werden. Es gibt kein anderes, denn die Raubsucht. Wird es zum herrschenden Antrieb des Kriegers, sich einen Schatz zu machen, und wird er gewöhnt, bei Verheerung blühender Länder an nichts anderes mehr zu denken, denn daran, was er für seine Person bei dem allgemeinen Elende gewinnen könne, so ist zu erwarten, daß die Gefühle des Mitleids und des Erbarmens in ihm verstummen. Außer jener barbarischen Rohheit müßte demnach ein Welteroberer unsrer Zeit die Seinigen auch noch zur kühlen und besonnenen Raubsucht bilden; er müßte Erpressungen nicht bestrafen, sondern vielmehr aufmuntern.

Auch müßte die Schande, die natürlich auf der Sache ruht, erst wegfallen, und Rauben müßte für ein ehrenvolles Zeichen eines feinen Verstandes gelten, zu den Großthaten gezählt werden und den Weg zu allen Ehren und Würden bahnen. Wo ist eine Nation im neuern Europa also ehrlos, daß man sie auf diese Weise abrichten könnte? Oder setzet, daß ihm selbst diese Umbildung gelänge, so wird nun gerade durch sein Mittel die Erreichung seines Zwecks vereitelt werden. Ein solches Volk erblickt von nun an in eroberten Menschen, Ländern und Kunsterzeugungen nichts mehr, denn ein Mittel, in höchster Eil Geld zu machen, um weiter zu gehen und abermals Geld zu machen; es erpreßt schnell und wirft das Ausgesogene weg auf jedes mögliche Schicksal; es haut ab den Baum, zu dessen Früchten es gelangen will; wer mit solchen Werkzeugen handelt, dem werden alle Künste der Verführung, der Ueberredung und des Truges vereitelt; nur aus der Entfernung können sie täuschen, wie man sie in der Nähe erblickt, fällt die thierische Rohheit und die schamlose und freche Raubsucht selbst dem blödsinnigsten in die Augen, und der Abscheu des ganzen menschlichen Geschlechts erklärt sich laut. Mit solchen kann man die Erde zwar ausplündern und wüste machen und sie zu einem dumpfen Chaos zerreiben, nimmermehr aber sie zu einer Universalmonarchie ordnen.

Die genannten Gedanken und alle Gedanken dieser Art, sind Erzeugnisse eines blos mit sich selber spielenden und in seinem Gespinnste zuweilen auch hängen bleibenden Denkens, unwerth deutscher Gründlichkeit und Ernstes.

Höchstes sind einige dieser Bilder, wie z. B. das eines politischen Gleichgewichts, taugliche Hilfslinien, um in einem ausgedehnten und verworrenen Mannichfaltigen der Erscheinung sich zurecht zu finden und es zu ordnen; aber an das natürliche Vorhandensein dieser Dinge zu glauben oder ihre Verwirklichung anzustreben, ist eben so, als ob Jemand die Pole, die Mittagslinie, die Wendekreise, durch die seine Betrachtung auf der Erde sich zurecht findet, an der wirklichen Erdkugel ausgedrückt und bezeichnet aufsuchte. Möchte es Sitte werden in unserer Nation, nicht blos zum Scherze und gleichsam versuchend, was dabei herauskommen werde, zu denken, sondern also, als ob wahr sein solle und wirklich gelten im Leben, was wir denken: so wird es überflüssig werden, vor solchen Truggestalten einer ursprünglich ausländischen und die Deutschen blos berückenden Staatsklugheit zu warnen.

Diese Gründlichkeit, Ernst und Gewicht unsrer Denkweise wird, wenn wir sie einmal besitzen, auch hervorbrechen in unserm Leben. Besiegt sind wir; ob wir nun zugleich auch verachtet und mit Recht verachtet sein wollen, ob wir zu allem andern Verluste auch noch die Ehre verlieren wollen, das wird noch immer von uns abhängen. Der Kampf mit den Waffen ist beschlossen; es erhebt sich, so wir es wollen, der neue Kampf der Grundsätze, der Sitten, des Charakters.

Geben wir unsern Gästen ein Bild treuer Anhänglichkeit an Vaterland und Freunde, unbestechlicher Rechtschaffenheit und Pflichtliebe, aller bürgerlichen und häuslichen Tugenden, als freundliches Gastgeschenk mit in ihre Heimat, zu der sie doch wol endlich einmal zurückkehren werden. Hüten wir uns, sie zur Verachtung gegen uns einzuladen; durch nichts aber würden wir es sicherer, als wenn wir sie entweder übermäßig fürchteten, oder unsre Weise dazusein aufzugeben, und in der ihrigen ihnen ähnlich zu werden strebten. Fern zwar sei von uns die Ungebühr, daß der Einzelne die Einzelnen herausfordere und reize; übrigens aber wird es die sicherste Maßregel sein, allenthalben unsern Weg also fortzugehen, als ob wir mit uns selber allein wären, und durchaus kein Verhältniß anzuknüpfen, das uns die Nothwendigkeit nicht schlechthin auflegt; und das sicherste Mittel hierzu wird sein, daß jeder sich mit dem begnüge, was die alten vaterländischen Verhältnisse ihm zu leisten vermögen, die gemeinschaftliche Last nach seinen Kräften mit trage, jede Begünstigung aber durch das Ausland für eine entehrende Schmach halte.

Leider ist es beinahe allgemeine europäische und so auch deutsche Sitte geworden, daß man im Falle der Wahl lieber sich wegwerfen, denn als das erscheinen wolle, was man imponirend nennt, und es dürfte vielleicht das ganze Lehrgebäude der angenommenen guten Lebensart auf die Einheit jenes Grundsatzes sich zurückführen lassen. Möchten Deutsche bei der gegenwärtigen Veranlassung lieber gegen diese Lebensart, denn gegen etwas Höheres verstoßen! Möchten wir, obwol dies ein solcher Verstoß sein dürfte, bleiben, so wie wir sind, ja, wenn wir es vermöchten, noch stärker und entschiedener werden, also wie wir sein sollen! Möchten wir der Ausstellungen, die man uns zu machen pflegt, daß es uns gar sehr an Schnelligkeit und leichter Fertigkeit gebreche, und daß wir über allem zu ernst, zu schwer und zu gewichtig werden, uns so wenig schämen, daß wir uns vielmehr bestrebten, sie immer mit größerem Rechte und in weiterer Ausdehnung zu verdienen.

Es befestige uns in diesem Entschlusse die leicht zu erlangende Ueberzeugung, daß wir mit aller unsrer Mühe dennoch niemals jenen recht sein werden, wenn wir nicht ganz aufhören, wir selber zu sein, was dem überhaupt gar nicht mehr Da-sein gleich gilt. Es gibt nämlich Völker, welche, indem sie selbst ihre Eigenthümlichkeit beibehalten und dieselbe geehrt wissen wollen, auch den andern Völkern die ihrigen zugestehen, und sie ihnen gönnen und verstatten: zu diesen gehören ohne Zweifel die Deutschen, und es ist dieser Zug in ihrem ganzen vergangenen und gegenwärtigen Weltleben so tief begründet, daß sie sehr oft, um gerecht zu sein sowol gegen das gleichzeitige Ausland als gegen das Alterthum, ungerecht gewesen sind gegen sich selbst. Wiederum gibt es andere Völker, denen ihr eng in sich selbst verwachsenes Selbst niemals die Freiheit gestattet, sich zu kalter und ruhiger Betrachtung des Fremden abzusondern, und die daher zu glauben genöthigt sind, es gebe nur eine einzige mögliche Weise als gebildeter Mensch zu bestehen, und dies sei jedesmal die, welche in diesem Zeitpunkte gerade ihnen irgend einen Zufall angeworfen; alle übrigen Menschen in der Welt hätten keine andere Bestimmung, denn also zu werden, wie sie sind, und sie hätten ihnen den größten Dank abzustatten, wenn sie die Mühe über sich nehmen wollten, sie also zu bilden. Zwischen Völkern der ersten Art findet eine der Ausbildung zum Menschen überhaupt höchst wohlthätige Wechselwirkung der gegenseitigen Bildung und Erziehung statt, und eine Durchdringung, bei welcher dennoch jeder, mit dem guten Willen des andern, sich selbst gleich bleibt. Völker von der zweiten Art vermögen nichts zu bilden, denn sie vermögen nichts in seinem vorhandenen Sein anzufassen; sie sollen nur alles Bestehende vernichten und außer sich allenthalben eine leere Stätte hervorbringen, in der sie nur immer die eigne Gestalt wiederholen können; selbst ihr anfängliches scheinbares Hineingehen in fremde Sitte ist nur die gutmütige Herablassung des Erziehers zum jetzt noch schwachen, aber gute Hoffnung gebenden Lehrlinge; selbst die Gestalten der vollendeten Vorwelt gefallen ihnen nicht, bis sie dieselben in ihr Gewand gehüllt haben, und sie würden, wenn sie könnten, dieselben aus den Gräbern aufwecken, um sie nach ihrer Weise zu erziehen. Ferne zwar bleibe von mir die Vermessenheit, irgend eine vorhandene Nation im Ganzen und ohne Ausnahme, jener Beschränktheit zu beschuldigen. Laßt uns vielmehr annehmen, daß auch hier diejenigen, die sich nicht äußern, die bessern sind. Soll man aber die, die unter uns erschienen sind und sich geäußert haben, nach diesen ihren Aeußerungen beurtheilen, so scheint zu folgen, daß sie in die geschilderte Classe zu setzen sind.

Eine solche Aeußerung scheint eines Beleges zu bedürfen, und ich führe, von den übrigen Ausflüssen dieses Geistes, die vor den Augen von Europa liegen, schweigend, nur den einigen Umstand an, den folgenden: – Wir haben mit einander Krieg geführt; wir unsers Theils sind die Ueberwundenen, jene die Sieger; dies ist wahr und wird zugestanden. Damit nun könnten jene ohne Zweifel sich begnügen. Ob nun etwa jemand unter uns fortführe, dafür zu halten, wir hätten dennoch die gerechte Sache für uns gehabt und den Sieg verdient, und es sei zu beklagen, daß er nicht uns zu Theil geworden: wäre denn dies so übel, und könnten es uns denn jene, die ja von ihrer Seite gleichfalls denken mögen, was sie wollen, so sehr verargen? Aber nein, jenes zu denken, sollen wir uns nicht unterstehen. Wir sollen zugleich erkennen, welch ein Unrecht es sei, jemals anders zu wollen, denn sie, und ihnen zu widerstehen; wir sollen unsre Niederlagen als das heilsamste Ereignis für uns selbst, und sie als unsre größten Wohlthäter segnen. Anders kann es ja nicht sein, und man hat diese Hoffnung zu unserm guten Verstande. – Doch was spreche ich länger aus, was beinahe vor zweitausend Jahren mit vieler Genauigkeit z. B. in den Geschichtsbüchern des Tacitus, ausgesprochen worden ist? Jene Ansicht der Römer von dem Verhältnisse der bekriegten Barbaren gegen sie, welche Ansicht bei diesen denn doch auf einen einige Entschuldigung verdienenden Schein sich gründete, daß es verbrecherische Rebellion und Auflehnung gegen göttliche und menschliche Gesetze sei, ihnen Widerstand zu leisten, und daß ihre Waffen den Völkern nichts anders zu bringen vermöchten, denn Segen, und ihre Ketten nichts anderes, denn Ehre – diese Ansicht ist es, die man in diesen Tagen von uns genommen, und mit sehr vieler Gutmüthigkeit uns selbst angemuthet und bei uns vorausgesetzt hat. Ich gebe dergleichen Aeußerungen nicht für übermüthigen Hohn aus, ich kann begreifen, wie man bei großem Eigendünkel und Beschränktheit im Ernste also glauben und dem Gegentheile ehrlich denselben Glauben zutrauen könne, wie ich denn z. B. dafür halte, daß die Römer wirklich so glaubten; aber ich gebe nur zu bedenken, ob diejenigen unter uns, denen es unmöglich fällt, jemals zu jenem Glauben sich zu bekehren, auf irgend eine Ausgleichung rechnen können.

Tief verächtlich machen wir uns dem Auslande, wenn wir vor den Ohren desselben uns, einer dem andern, deutsche Stämme, Stände, Personen, über unser gemeinschaftliches Schicksal anklagen und einander gegenseitige bittere und leidenschaftliche Vorwürfe machen. Zuvörderst sind alle Anklagen dieser Art größtenteils unbillig, ungerecht, ungegründet. Welche Ursachen es sind, die Deutschlands letztes Schicksal herbeigeführt haben, haben wir oben angegeben; diese sind seit Jahrhunderten bei allen deutschen Stämmen ohne Ausnahme auf die gleiche Weise einheimisch gewesen; die letzten Ereignisse sind nicht die Folgen irgend eines besondern Fehltrittes eines einzelnen Stammes oder seiner Regierung, sie haben sich lange genug vorbereitet, und hätten, wenn es blos auf die in uns selbst liegenden Gründe angekommen wäre, schon vor langem uns eben sowol treffen können. Hierin ist die Schuld oder Unschuld aller wol gleich groß, und die Berechnung ist nicht wohl mehr möglich. Bei der Herbeieilung des endlichen Erfolgs hat sich gefunden, daß die einzelnen deutschen Staaten nicht einmal sich selbst, ihre Kräfte und ihre wahre Lage kannten; wie könnte denn irgend einer sich anmaßen, aus sich selbst herauszutreten und über fremde Schuld ein auf gründliche Kenntniß sich stützendes Endurtheil zu fällen?

Mag es sein, daß über alle Stämme des deutschen Vaterlandes hinweg einen gewissen Stand ein gegründeterer Vorwurf trifft, nicht, weil er eben auch nicht mehr eingesehen oder vermocht, als die andern alle, was eine gemeinschaftliche Schuld ist, sondern weil er sich das Ansehen gegeben, als ob er mehr einsähe und vermöchte, und alle übrigen von der Verwaltung der Staaten verdrängt. Wäre nun auch ein solcher Vorwurf gegründet; wer soll ihn aussprechen, und wozu ist es nöthig, daß er gerade jetzt lauter und bitterer denn je, ausgesprochen und verhandelt werde? Wir sehen, daß Schriftsteller es thun. Haben diese nun ehemals, als bei jenem Stande noch alle Macht und alles Ansehen, mit der stillschweigenden Einwilligung der entschiedenen Mehrheit des übrigen Menschengeschlechts, sich befand, eben also geredet, wie sie jetzt reden; wer kann es ihnen verdenken, daß sie an ihre durch die Erfahrung sehr bestätigte ehemalige Rede erinnern? Wir hören auch, daß sie einzelne genannte Personen, die ehemals an der Spitze der Geschäfte standen, vor das Volksgericht führen, ihre Untauglichkeit, ihre Trägheit, ihren bösen Willen darlegen und klar darthun, daß aus solchen Ursachen nothwendig solche Wirkungen hervorgehen mußten.

Haben sie schon ehemals, als bei den Angeklagten noch die Gewalt war, und die auf ihrer Verwaltung nothwendig erfolgen müssenden Uebel noch abzuwenden waren, ebendasselbe eingesehen, was sie jetzt einsehen, und es eben so laut ausgesprochen; haben sie schon damals ihre Schuldigen mit derselben Kraft angeklagt, und kein Mittel unversucht gelassen, das Vaterland aus ihren Händen zu erretten, und sind sie blos nicht gehört worden: so thun sie sehr recht, an ihre damals verschmähte Warnung zu erinnern. Haben sie aber etwa ihre dermalige Weisheit nur aus dem Erfolge gezogen, aus welchem seitdem alles Volk mit ihnen ebendieselbe gezogen hat, warum sagen jetzt eben sie, was alle andern nun ebensowohl wissen? Oder haben sie vielleicht gar damals aus Gewinnsucht geschmeichelt, oder aus Furcht geschwiegen, vor dem Stande und den Personen, über die jetzt, nachdem sie die Gewalt verloren haben, ungemäßigt ihre Strafrede hereinbricht; o so vergessen sie künftig nicht unter den Quellen unserer Uebel neben dem Adel und den untauglichen Ministern und Feldherren, auch noch die politischen Schriftsteller anzuführen, die erst nach gegebnem Erfolge wissen, was da hätte geschehen sollen, so wie der Pöbel auch; und die den Gewalthabern schmeicheln, die Gefallenen aber schadenfroh verhöhnen!

Oder rügen sie etwa die Irrthümer der Vergangenheit, die freilich durch alle ihre Rüge nicht vernichtet werden kann, nur darum, damit man sie in der Zukunft nicht wieder begehe; und ist es blos ihr Eifere eine gründliche Verbesserung der menschlichen Verhältnisse zu bewirken, der sie über die Rücksichten der Klugheit und des Anstandes so kühn hinwegsetzt? Gern möchten wir ihnen diesen guten Willen zutrauen, wenn nur die Gründlichkeit der Einsicht und des Verstandes sie berechtigte, in diesem Fache guten Willen zu haben.

Nicht sowol die einzelnen Personen, die von ohngefähr auf den höchsten Plätzen sich befunden haben, sondern die Verbindung und Verwicklung des Ganzen: der ganze Geist der Zeit, die Irrthümer, die Unwissenheit, Seichtigkeit, Verzagtheit, und der von diesen unabtrennliche unsichere Schritt, die gesammten Sitten der Zeit sind es, die unsre Uebel herbeigeführt haben; und so sind es denn weit weniger die Personen, welche gehandelt haben, denn die Plätze, und jedermann, und die heftigen Tadler selbst können mit hoher Wahrscheinlichkeit annehmen, daß sie, an demselben Platze sich befindend, durch die Umgebungen ohngefähr zu demselben Ziele würden hingedrängt worden sein. Träume man weniger von überlegter Bosheit und Verrath! Unverstand und Trägheit reichen fast allenthalben aus, um die Gegebenheiten zu erklären; und dies ist eine Schuld, von der keiner ohne tiefe Selbstprüfung sich ganz lossprechen sollte, da zumal, wo in der ganzen Masse sich ein sehr hohes Maß von Kraft der Trägheit befindet, dem Einzelnen, der da durchdringen sollte, ein sehr hoher Grad von Kraft der Thätigkeit beiwohnen müßte. Werden daher auch die Fehler der Einzelnen noch so scharf ausgezeichnet, so ist dadurch der Grund des Uebels noch keineswegs entdeckt, noch wird er dadurch, daß diese Fehler in der Zukunft vermieden werden, gehoben. Bleiben die Menschen fehlerhaft, so können sie nicht anders, denn Fehler machen, und wenn sie auch die ihrer Vorgänger fliehen, so werden in dem unendlichen Raume der Fehlerhaftigkeit gar leicht sich neue finden. Nur eine gänzliche Umschaffung, nur das Beginnen eines ganz neuen Geistes kann uns helfen. Werden sie auf desselben Entwicklung mit hinarbeiten, dann wollen wir ihnen neben dem Ruhme des guten Willens auch noch den des rechten und heilbringenden Verstandes gern zugestehen.

Diese gegenseitigen Vorwürfe sind, sowie sie ungerecht sind und unnütz, zugleich äußerst unklug, und müssen uns tief herabsetzen in den Augen des Auslandes, dem wir zum Ueberflusse die Kunde derselben auf alle Weise erleichtern und aufdringen. Wenn wir nicht müde werden, ihnen vorzuerzählen, wie verworren und abgeschmackt alle Dinge bei uns gewesen seien, und in welchem hohen Grade wir elend regiert worden; müssen sie nicht glauben, daß, wie auch irgend sie sich gegen uns betragen möchten, sie doch noch immer viel zu gut für uns seien, und niemals uns zu schlecht werden könnten? Müssen sie nicht glauben, daß wir bei unsrer großen Ungeschicktheit und Unbeholfenheit, mit dem demüthigsten Danke jedwedes Ding aufzunehmen haben, das sie aus dem reichen Schatze ihrer Regierungs-, Verwaltungs- und

Gesetzgebungskunst uns schon dargereicht haben, oder noch für die Zukunft uns zudenken? Bedarf es von unsrer Seite dieser Unterstützung ihrer ohnedies nicht unvortheilhaften Meinung von sich selbst, und der geringfügigen von uns? Werden nicht dadurch gewisse Aeußerungen, die man außerdem für bittern Hohn halten müßte, als daß sie erst deutschen Ländern, die vorher kein Vaterland gehabt hätten, eins brächten, oder, daß sie eine sklavische Abhängigkeit der Personen als solcher von andern Personen, die bei uns gesetzlich gewesen wäre, abschafften, zur Wiederholung unsrer eignen Ausdrücke und zum Nachhalle unsrer eignen Schmeichelworte? Es ist eine Schmach, die wir Deutschen mit keinem der andern europäischen Völker, die in den übrigen Schicksalen uns gleich geworden sind, theilen, daß wir, sobald nur fremde Waffen unter uns geboten, gleich als ob wir schon lange auf diesen Augenblick gewartet hätten, und uns schnell, ehe die Zeit vorüber ginge, eine Güte thun wollten, in Schmähungen uns ergossen über unsre Regierungen, unsre Gewalthaber, denen wir vorher auf eine geschmacklose Weise geschmeichelt hatten, und über alles Vaterländische.

Wie wenden wir andern, die wir unschuldig sind, die Schmach ab von unsrem Haupt, und lassen die Schuldigen allein stehen? Es gibt ein Mittel. Es werden von dem Augenblicke an keine Schmähschriften mehr gedruckt werden, sobald man sicher ist, daß keine mehr gekauft werden, und sobald die Verfasser und Verleger derselben nicht mehr auf Leser rechnen können, die durch Müßiggang, leere Neugier und Schwatzsucht, oder durch die Schadenfreude, gedemüthigt zu sehen, was ihnen einst das schmerzhafte Gefühl der Achtung einflößte, angelockt werden. Gebe jeder, der die Schmach fühlt, eine ihm zum Lesen dargebotene Schmähschrift mit der gebührenden Verachtung zurück; thue er es, obwol er glaubt, er sei der einzige, der also handelt, bis es Sitte unter uns wird, daß jeder Ehrenmann also thut; und wir werden, ohne gewaltsame Bücherverbote, gar bald dieses schmachvollen Theils unsrer Literatur erledigt werden.

Am allertiefsten endlich erniedrigt es uns vor dem Auslande, wenn wir uns darauf legen, demselben zu schmeicheln. Ein Theil von uns hat schon früher sich sattsam verächtlich, lächerlich und ekelhaft gemacht, indem sie den vaterländischen Gewalthaber bei jeder Gelegenheit groben Weihrauch darbrachten, und weder Vernunft, noch Anstand, gute Sitte und Geschmack verschonten, wo sie glaubten, eine Schmeichelrede anbringen zu können. Diese

Sitte ist binnen der Zeit abgekommen, und diese Lobeserhebungen haben sich zum Theil in Scheltworte verwandelt. Wir gaben indessen unsern Weihrauchwolken, gleichsam damit wir nicht aus der Uebung kämen, eine andere Richtung nach der Seite hin, wo jetzt die Gewalt ist. Schon das erste, sowol die Schmeichelei selbst, als daß sie nicht verbeten wurde, mußte jeden ernsthaft denkenden Deutschen schmerzen; doch blieb die Sache unter uns. Wollen wir jetzt auch das Ausland zum Zeugen machen dieser unsrer niedrigen Sucht, sowie zugleich der großen Ungeschicklichkeit, mit welcher wir uns derselben entledigen, und so der Verachtung unsrer Niedrigkeit auch noch den lächerlichen Anblick unsrer Ungelenkigkeit hinzufügen? Es fehlt uns nämlich in dieser Verrichtung an aller dem Ausländer eignen Feinheit; um doch ja nicht überhört zu werden, werden wir plump und übertreibend und heben mit Vergötterungen und Versetzungen unter die Gestirne gleich an. Dazu kommt, daß es bei uns das Ansehen hat, als ob es vorzüglich der Schrecken und die Furcht sei, die unsre Lobeserhebungen uns auspressen; aber es ist kein Gegenstand lächerlicher, denn ein Furchtsamer, der die Schönheit und Anmuth desjenigen lobpreist, was er in der That für ein Ungeheuer hält, das er durch diese Schmeichelei nur bestechen will, ihn nicht zu verschlingen.

Oder sind vielleicht diese Lobpreisungen nicht Schmeichelei, sondern der wahrhafte Ausdruck der Verehrung und Bewunderung, die sie dem großen Genie, das nach ihnen die Angelegenheiten der Menschen leitet, zu zollen genöthigt sind? Wie wenig kennen sie auch hier das Gepräge der wahren Größe! Darin ist dieselbe in allen Zeitaltern und unter allen Völkern sich gleich gewesen, daß sie nicht eitel war, so wie umgekehrt von jeher sicherlich klein war und niedrig, was Eitelkeit zeigte. Der wahrhaften, auf sich selber ruhenden Größe, gefallen nicht Bildsäulen von der Mitwelt errichtet, oder der Beiname des Großen und der schreiende Beifall und die Lobpreisungen der Menge; vielmehr weiset sie diese Dinge mit gebührender Verachtung von sich weg und erwartet ihr Urtheil über sich zunächst von dem eignen Richter in ihrem Innern, und das laute von der richtenden Nachwelt. Auch hat mit derselben immer der Zug sich beisammen gefunden, daß sie das dunkle und räthselhafte Verhängniß ehrt und scheut, des stets rollenden Rades des Geschicks eingedenk bleibt und sich nicht groß oder selig preisen läßt vor ihrem Ende. Also sind jene Lobredner im Widerspruche mit sich selbst und machen durch die That ihrer Worte den Inhalt derselben zur Lüge. Hielten sie den Gegenstand ihrer vorgegebenen Verehrung wirklich für groß, so würden sie sich bescheiden, daß er über ihren Beifall und ihr Lob erhaben sei, und ihn durch ehrfurchtsvolles Stillschweigen ehren. Indem sie sich ein Geschäft daraus machen, ihn zu loben; so zeigen sie dadurch, daß sie ihn in der That für klein und niedrig halten, und für so eitel, daß ihre Lobpreisungen ihm gefallen könnten, und daß sie dadurch irgend ein Uebel von sich zu wenden, oder irgend ein Gut sich zu verschaffen vermöchten.

Jener begeisterte Ausruf: welch' ein erhabenes Genie, welch' eine tiefe Weisheit, welch' ein umfassender Plan! was sagt er denn nun zuletzt aus, wenn man ihn recht ins Auge faßt? Er sagt aus, daß das Genie so groß sei, daß auch wir es vollkommen begreifen, die Weisheit so tief, daß auch wir sie durchschauen, der Plan so umfassend, daß auch wir ihn vollständig nachzubilden vermögen. Er sagt demnach aus, daß der Gelobte ungefähr von demselben Maße der Größe sei, wie der Lobende, jedoch nicht ganz, indem ja der letzte den ersten vollkommen versteht und übersieht, und sonach über demselben steht, und falls er sich nur recht anstrengte, wol noch etwas Größeres leisten könnte. Man muß eine sehr gute Meinung von sich selbst haben, wenn man glaubt, daß man also auf eine gefällige Weise seinen Hof machen könne; und der Gelobte muß eine sehr geringe von sich haben, wenn er solche Huldigungen mit Wohlgefallen aufnimmt. Nein, biedere, ernste, gesetzte, deutsche Männer und Landsleute, fern bleibe ein solcher Unverstand von unserm Geiste, und eine solche Besudelung von unsrer, zum Ausdrucke des Wahren gebildeten Sprache! Ueberlassen wir es dem Auslande, bei jeder neuen Erscheinung mit Erstaunen aufzujuchzen; in jedem Jahrzehende sich einen neuen Maßstab der Größe zu erzeugen und neue Götter zu erschaffen; und Gotteslästerungen zu reden, um Menschen zu preisen. Unser Maßstab der Größe bleibe der alte: daß groß sei nur dasjenige, was der Ideen, die immer nur Heil über die Völker bringen, fähig sei und von ihnen begeistert; über die lebenden Menschen aber laßt uns das Urtheil der richtenden Nachwelt überlassen!

Vierzehnte Rede.
Beschluß des Ganzen.

Die Reden, welche ich hierdurch beschließe, haben freilich ihre laute Stimme zunächst an Sie gerichtet, aber sie haben im Auge gehabt die ganze deutsche Nation, und sie haben in ihrer Absicht alles, was, so weit die deutsche Zunge reicht, fähig wäre, dieselben zu verstehen, um sich herum versammelt, in den Raum, in dem Sie sichtbarlich athmen. Wäre es mir gelungen, in irgend eine Brust, die hier unter meinem Auge geschlagen hat, einen Funken zu werfen, der da fortglimme und das Leben ergreife, so ist es nicht meine Absicht, daß diese allein und einsam bleiben, sondern ich möchte, über den ganzen gemeinsamen Boden hinweg, ähnliche Gesinnungen und Entschlüsse zu ihnen sammeln und an die ihrigen anknüpfen, so daß über den vaterländischen Boden hinweg, bis an dessen ferneste Grenzen, aus diesem Mittelpunkte heraus eine einzige fortfließende und zusammenhängende Flamme vaterländischer Denkart sich verbreite und entzünde. Nicht zum Zeitvertreib müßiger Ohren und Augen haben sie sich diesem Zeitalter bestimmt, sondern ich will endlich einmal wissen, und jeder Gleichgesinnte soll es mit mir wissen, ob auch außer uns etwas ist, das unserer Denkart verwandt ist. Jeder Deutsche, der noch glaubt, Glied einer Nation zu sein, der groß und edel von ihr denkt, auf sie hofft, für sie wagt, duldet und trägt, soll endlich herausgerissen werden aus der Unsicherheit seines Glaubens; er soll klar sehen, ob er recht habe oder nur ein Thor oder Schwärmer sei, er soll von nun an, entweder mit sicherem und freudigem Bewußtsein seinen Weg fortsetzen, oder mit rüstiger Entschlossenheit Verzicht thun auf ein Vaterland hienieden, und sich allein mit dem himmlischen trösten. Ihnen, nicht als diesen und diesen Personen in unserm täglichen und beschränkten Leben, sondern als Stellvertretern der Nation, und hindurch durch Ihre Gehörswerkzeuge, der ganzen Nation rufen diese Reden also zu:

Es sind Jahrhunderte herabgesunken, seitdem ihr nicht also zusammenberufen worden seid, wie heute; in solcher Anzahl; in einer so großen, so dringenden, so gemeinschaftlichen Angelegenheit, so durchaus als Nation und Deutsche. Auch wird es euch niemals wiederum also geboten werden. Merket ihr jetzt nicht auf und gehet in euch, lasset ihr auch diese Reden wieder als einen leeren Kitzel der Ohren, oder als ein wunderliches Ungethüm an euch vorübergehen, so wird kein Mensch mehr auf euch rechnen. Endlich einmal höret, endlich einmal besinnet euch. Geht nur diesesmal nicht von der Stelle, ohne einen festen Entschluß gefaßt zu haben; und jedweder, der diese Stimme vernimmt, fasse diesen Entschluß bei sich selbst und für sich selbst, gleich als ob er allein da sei, und alles allein thun müsse. Wenn recht viele einzeln so denken, so wird bald ein großes Ganzes dastehen, das in eine einige engverbundene Kraft zusammenfließe. Wenn dagegen jedweder, sich selbst ausschließend, auf die übrigen hofft, und den andern die Sache überläßt, so gibt es gar keine anderen, und alle zusammen bleiben, so wie sie vorher waren. – Fasset ihn auf der Stelle, diesen Entschluß. Saget nicht, laß uns noch ein wenig ruhen, noch ein wenig schlafen und träumen, bis etwa die Besserung von selber komme. Sie wird niemals von selbst kommen. Wer, nachdem er einmal das Gestern versäumt hat, das noch bequemer gewesen wäre zur Besinnung, selbst heute noch nicht wollen kann, der wird es morgen noch weniger können. Jeder Verzug macht uns nur noch träger, und wiegt uns nur noch tiefer ein in die freundliche Gewöhnung an unsern elenden Zustand. Auch können die äußern Antriebe zur Besinnung niemals stärker und dringender werden. Wen diese Gegenwart nicht aufregt, der hat sicher alles Gefühl verloren. – Ihr seid zusammenberufen, einen letzten und festen Entschluß und Beschluß zu fassen; keineswegs etwa zu einem Befehle, einem Auftrag, einer Anmuthung an andere, sondern zu einer Anmuthung an euch selber. Eine Entschließung sollt ihr fassen, die jedweder nur durch sich selbst und in seiner eigenen Person ausführen kann. Es reicht hierbei nicht hin jenes müßige Vorsatznehmen, jenes Wollen, irgend einmal zu wollen, jenes träge Sichbescheiden, daß man sich darein ergeben wolle, wenn man etwa einmal von selber besser würde; sondern es wird von euch gefordert ein solcher Entschluß, der zugleich unmittelbar Leben sei, und inwendige That, und der da ohne Wanken oder Erkältung fortdaure und fortwalte, bis er am Ziele sei.

Oder ist vielleicht in euch die Wurzel, aus der ein solcher in das Leben eingreifender Entschluß allein hervorwachsen kann, völlig ausgerottet und verschwunden? Ist wirklich und in der That euer ganzes Wesen verdünnet, und zerflossen zu einem hohlen Schatten, ohne Saft und Blut und eigene Bewegkraft; und zu einem Traume, in welchem zwar bunte Gesichter sich erzeugen und geschäftig einander durchkreuzen, der Leib aber todtähnlich und erstarrt daliegen bleibt? Es ist dem Zeitalter seit langem unter die Augen gesagt, und in jeder Einkleidung wiederholt worden, daß man ungefähr also von ihm denke. Seine Wortführer haben geglaubt, daß man dadurch nur schmähen wolle, und haben sich für aufgefordert gehalten, auch von ihrer Seite wiederum zurück zu schmähen, wodurch die Sache wieder in ihre natürliche Ordnung komme. Im übrigen hat nicht die mindeste Aenderung oder Besserung sich spüren lassen. Habt ihr es vernommen, ist es fähig gewesen, euch zu entrüsten: nun, so strafet doch diejenigen, die so von euch denken und reden, geradezu durch eure That der Lüge; zeiget euch anders vor aller Welt Augen, und jene sind vor aller Welt Augen der Unwahrheit überwiesen. Vielleicht, daß sie gerade in der Absicht, von euch also widerlegt zu werden, und weil sie an jedem andern Mittel, euch aufzuregen, verzweifelten, also hart von euch geredet haben. Wie viel besser hätten sie es sodann mit euch gemeint, als diejenigen, die euch schmeicheln, damit ihr erhalten werdet in der trägen Ruhe und in der nichts achtenden Gedankenlosigkeit!

So schwach und so kraftlos ihr auch immer sein möget, man hat in dieser Zeit euch die klare und ruhige Besinnung so leicht gemacht, als sie vorher niemals war. Das, was eigentlich in die Verworrenheit über unsere Lage, in unsere Gedankenlosigkeit, in unser blindes Gehenlassen uns stürzte, war die süße Selbstzufriedenheit mit uns und unserer Weise dazusein. Es war bisher gegangen, und ging eben so fort; wer uns zum Nachdenken aufforderte, dem zeigten wir, statt einer andern Widerlegung, triumphirend unser Dasein und Fortbestehen, das sich ohne alles unser Nachdenken ergab. Es ging aber nur darum, weil wir nicht auf die Probe gestellt wurden. Wir sind seitdem durch sie hindurchgegangen. Seit dieser Zeit, sollten doch wol die Täuschungen, die Blendwerke, der falsche Trost, durch die wir alle uns gegenseitig verwirrten, zusammengestürzt sein! – Die angeborenen Vorurtheile, welche, ohne von hier oder da auszugehen, wie ein natürlicher Nebel über alle sich verbreiteten, und alle in dieselbe Dämmerung einhüllten, sollten doch wol nun verschwunden sein? Jene Dämmerung hält nicht mehr unsere Augen; sie kann uns aber auch nicht ferner zur Entschuldigung dienen. Jetzt stehen wir da, rein, leer, ausgezogen von allen fremden Hüllen und Umhängen, blos als das, was wir selbst sind. Jetzt muß es sich zeigen, was dieses Selbst ist, oder nicht ist.

Es dürfte Jemand unter euch hervortreten und mich fragen: was gibt gerade Dir, dem einzigen unter allen deutschen Männern und Schriftstellern, den besondern Auftrag, Beruf, und das Vorrecht uns zu versammeln und auf uns einzudringen? hätte nicht jeder unter den tausenden der Schriftsteller Deutschlands, eben dasselbe Recht dazu, wie du; von deren keiner es thut, sondern du allein dich hervordrängst? Ich antworte, daß allerdings jeder dasselbe Recht gehabt hätte, wie ich, und daß ich gerade darum es thue, weil keiner unter ihnen es vor mir gethan hat; und daß ich schweigen würde, wenn ein anderer es früher gethan hätte. Dies war der erste Schritt zu dem Ziele einer durchgreifenden Verbesserung; irgend einer mußte ihn thun. Ich war der, der es zuerst lebendig einsah; darum wurde ich der, der es zuerst that. Es wird nach diesem irgend ein anderer Schritt der zweite sein; diesen zu thun haben jetzt alle dasselbe Rechte; wirklich thun aber wird ihn abermals nur ein einzelner. Einer muß immer der erste sein, und wer es sein kann, der sei es eben!

Ohne Sorge über diesen Umstand verweilet ein wenig mit eurem Blicke bei der Betrachtung, auf die wir schon früher euch geführt haben, in welchem beneidenswürdigen Zustande Deutschland sein würde, und in welchem die Welt, wenn das erstere das Glück seiner Lage zu benutzen, und seinen Vortheil zu erkennen gewußt hätte. Heftet darauf euer Auge auf das, was beide nunmehr sind; und lasset euch durchdringen von dem Schmerz und dem Unwillen, der jeden Edlen hierbei erfassen muß. Kehret dann zurück zu euch selbst, und sehet, daß ihr es seid, die die Zeit von den Irrthümern der Vorwelt lossprechen, von deren Augen sie den Nebel hinwegnehmen will, wenn ihr es zulaßt, daß es euch verliehen ist, wie keinem Geschlechte vor euch, das Geschehene ungeschehen zu machen, und den nicht ehrenvollen Zwischenraum auszutilgen aus dem Geschichtsbuche der Deutschen.

Lasset vor euch vorübergehen die verschieden Zustände, zwischen denen ihr eine Wahl zu treffen habt. Gehet ihr ferner so hin in eurer Dumpfheit und Achtlosigkeit, so erwarten euch zunächst alle Uebel der Knechtschaft; Entbehrungen, Demüthigungen, der Hohn und Uebermuth des Ueberwinders; ihr werdet herumgestoßen werden in allen Winkeln, weil ihr allenthalben nicht recht und im Wege seid, so lange, bis ihr durch Aufopferung eurer Nationalität und Sprache euch irgend ein untergeordnetes Plätzchen erkauft, und bis auf diese Weise allmählich euer Volk auslöscht. Wenn ihr euch dagegen ermannt zum Aufmerken, so findet ihr zuvörderst eine erträgliche und ehrenvolle Fortdauer, und sehet noch unter euch und um euch herum ein Geschlecht aufblühen, das euch und den Deutschen das rühmlichste Andenken verspricht. Ihr sehet im Geiste durch dieses Geschlecht den deutschen Namen zum glorreichsten unter allen Völkern erheben, ihr sehet diese Nation als Wiedergebärerin und Wiederherstellerin der Welt.

Es hängt von euch ab, ob ihr das Ende sein wollt und die letzten eines nicht achtungswürdigen und bei der Nachwelt gewiß sogar über die Gebühr verachteten Geschlechts, bei dessen Geschichte die Nachkommen, falls es nämlich in der Barbarei, die da beginnen wird, zu einer Geschichte kommen kann, sich freuen werden, wenn es mit ihnen zu Ende ist, und das Schicksal preisen werden, daß es gerecht sei; oder, ob ihr der Anfang sein wollt, und der Entwicklungspunkt einer neuen, über alle eure Vorstellungen herrlichen Zeit, und diejenigen, von denen an die Nachkommenschaft die Jahre ihres Heils zähle. Bedenket, daß ihr die letzten seid, in deren Gewalt diese große Veränderung steht. Ihr habt doch noch die Deutschen als Eins nennen hören, ihr habt ein sichtbares Zeichen ihrer Einheit, ein Reich und einen Reichsverband gesehen, oder davon vernommen, unter euch haben noch von Zeit zu Zeit Stimmen sich hören lassen, die von dieser höhern Vaterlandsliebe begeistert waren. Was nach euch kommt, wird sich an andere Vorstellungen gewöhnen, es wird fremde Formen und einen andern Geschäfts- und Lebensgang annehmen; und wie lange wird es noch dauern, daß keiner mehr lebe, der Deutsche gesehen. oder von ihnen gehört habe?

Was von euch gefordert wird, ist nicht viel. Ihr sollt es nur über euch erhalten, euch auf kurze Zeit zusammenzunehmen und zu denken über das, was euch unmittelbar und offenbar vor den Augen liegt. Darüber nur sollt ihr euch eine feste Meinung bilden, derselben treu bleiben, und sie in eurer nächsten Umgebung auch äußern und aussprechen. Es ist die Voraussetzung, es ist unsere sichere Ueberzeugung, daß der Erfolg dieses Denkens bei euch allen auf die gleiche Weise ausfallen werde; und daß, wenn ihr nur wirklich denket, und nicht hingehet in der bisherigen Achtlosigkeit, ihr übereinstimmend denken werdet; daß wenn ihr nur überhaupt Geist euch anschaffet, und nicht in dem blosen Pflanzenleben verharren bleibt, die Einmüthigkeit und Eintracht des Geistes von selbst kommen werde. Ist es aber einmal dazu gekommen, so wird alles übrige, was uns nöthig ist, sich von selbst ergeben.

Dieses Denken aber wird denn auch in der That gefordert, von jedem unter euch, der da noch denken kann über etwas offen vor seinen Augen Liegendes, in seiner eigenen Person. Ihr habt Zeit dazu; der Augenblick will euch nicht übertäuben und überraschen; die Acten der mit euch gepflogenen Unterhandlungen bleiben unter euren Augen liegen. Legt sie nicht aus den Händen, bis ihr einig geworden seid mit euch selbst. Lasset, o lasset euch ja nicht lässig machen durch das Verlassen auf andere, oder auf irgend etwas, das außerhalb eurer selbst liegt; noch durch die unverständige Weisheit der Zeit, daß die Zeitalter sich selbst machen, ohne alles menschliche Zuthun, vermittelst irgend einer unbekannten Kraft. Diese Reden sind nicht müde geworden, euch einzuschärfen, daß euch durchaus nichts helfen kann, denn ihr euch selber, und sie finden nöthig, es bis auf den letzten Augenblick zu wiederholen. Wol mögen Regen und Thau und unfruchtbare oder fruchtbare Jahre gemacht werden, durch eine uns unbekannte und nicht unter unserer Gewalt stehende Macht; aber die ganz eigentümliche Zeit der Menschen, die menschlichen Verhältnisse, machen nur die Menschen sich selber, und schlechthin keine außer ihnen befindliche Macht. Nur wenn sie alle insgesammt gleich blind und unwissend sind, fallen sie dieser verborgenen Macht anheim: aber es steht bei ihnen, nicht blind und unwissend zu sein. Zwar in welchem höhern oder niedern Grade es uns übel gehen wird, dies mag abhängen theils von jener unbekannten Macht, ganz besonders aber von dem Verstande und dem Willen derer, denen wir unterworfen sind. Ob aber jemals es uns wieder wohlgehen soll, dies hängt ganz allein von uns ab, und es wird sicherlich nie wieder irgend ein Wohlsein an uns kommen, wenn wir nicht selbst es uns verschaffen, und insbesondere, wenn nicht jeder einzelne unter uns in seiner Weise thut und wirket, als ob er allein sei, und als ob lediglich auf ihm das Heil der künftigen Geschlechter beruhe.

Dies ist's, was ihr zu thun habt; dies ohne Säumen zu thun, beschwören euch diese Reden.

Sie beschwören euch, Jünglinge. Ich, der ich schon seit geraumer Zeit aufgehört habe, zu euch zu gehören, halte dafür, und habe es auch in diesen Reden ausgesprochen, daß ihr noch fähiger seid eines jeglichen über das Gemeine hinausliegenden Gedankens und erregbarer für jedes Gute und Tüchtige, weil euer Alter noch näher liegt den Jahren der kindlichen Unschuld und der Natur. Ganz anders sieht diesen Grundzug an euch die Mehrheit der älteren Welt an. Diese klaget euch an der Anmaßung, des vorschnellen, vermessenen und eure Kräfte überfliegenden Urtheils, der Rechthaberei, der Neuerungssucht. Jedoch lächelt sie nur gutmüthig dieser eurer Fehler. Alles dieses, meint sie, sei begründet lediglich durch euren Mangel an Kenntniß der Welt, d. h. des allgemeinen menschlichen Verderbens, denn für etwas anders an der Welt haben sie nicht Augen. Jetzt nur, weil ihr gleichgesinnt Gehilfen zu finden hofftet und den grimmigen und hartnäckigen Widerstand, den man euren Entwürfen des Bessern entgegensetzen werde, nicht kenntet, hättet ihr Muth. Wenn nur das jugendliche Feuer eurer Einbildungskraft einmal verflogen sein werde, wenn ihr nur die allgemeine Selbstsucht, Trägheit und Arbeitsscheu wahrnehmen würdet, wenn ihr nur die Süßigkeit des Fortgehens in dem gewohnten Gleise selbst einmal recht würdet geschmeckt haben, so werde euch die Lust, besser und klüger sein zu wollen, denn die andern alle, schon vergehen. Sie greifen diese gute Hoffnung von euch nicht etwa aus der Luft; sie haben dieselbe an ihrer eigenen Person bestätigt gefunden. Sie müssen bekennen, daß sie in den Tagen ihrer unverständigen Jugend ebenso von Weltverbesserung geträumt haben, wie ihr jetzt; dennoch seien sie bei zunehmender Reife so zahm und ruhig geworden wie ihr sie jetzt sehet. Ich glaube ihnen; ich habe selbst schon in meiner nicht sehr langwierigen Erfahrung erlebt, daß Jünglinge, die erst andere Hoffnung erregten, dennoch späterhin jenen wohlmeinenden Erwartungen dieses reifen Alters vollkommen entsprachen. Thut dies nicht länger, Jünglinge, denn wie könnte sonst jemals ein besseres Geschlecht beginnen? Der Schmelz der Jugend zwar wird von euch abfallen, und die Flamme eurer Einbildungskraft wird aufhören, sich aus sich selber zu ernähren: aber fasset diese Flamme und verdichtet sie durch klares Denken, macht euch zu eigen die Kunst dieses Denkens, und ihr werdet die schönste Ausstattung des Menschen, den Charakter, noch zur Zugabe bekommen. An jenem klaren Denken erhaltet ihr die Quelle der ewigen Jugendblüte; wie auch euer Körper altere, oder eure Kniee wanken, euer Geist wird in stets erneueter Frischheit sich wiedergebären, und euer Charakter feststehen und ohne Wandel. Ergreift sogleich die sich hier euch darbietende Gelegenheit; denkt klar über den euch zur Berathung vorgelegten Gegenstand; die Klarheit, die in Einem Punkte für euch angebrochen ist, wird sich allmählich auch über allen übrigen verbreiten.

Diese Reden beschwören euch Alte. So wie ihr eben gehört habt, denkt man von euch, und sagt es euch unter die Augen; und der Redner setzt in seiner eigenen Person freimüthig hinzu, daß, die freilich auch nicht selten vorkommenden und um so verehrungswürdigern Ausnahmen abgerechnet, in Absicht der großen Mehrheit unter euch man vollkommen recht hat. Gehe man durch die Geschichte der letzten zwei oder drei Jahrzehnte; alles außer ihr selbst stimmt überein, sogar ihr selbst, jeder in dem Fache, das ihn nicht unmittelbar trifft, stimmt mit überein, daß, immer die Ausnahmen abgerechnet und nur auf die Mehrheit gesehen, in allen Zweigen, in der Wissenschaft, so wie in den Geschäften des Lebens, die größere Untauglichkeit und Selbstsucht sich bei dem höheren Alter gefunden habe. Die ganze Mitwelt hat es mit angesehen, daß jeder, der das Bessere und Vollkommenere wollte, außer dem Kampfe mit seiner eigenen Unklarheit und den übrigen Umgebungen, noch den schwersten Kampf mit euch zu führen hatte; daß ihr des festen Vorsatzes waret, es müsse nichts aufkommen, was ihr nicht ebenso gemacht und gewußt hättet; daß ihr jede Regung des Denkens für eine Beschimpfung eures Verstandes ansahet; und daß ihr keine Kraft ungebraucht ließet, um in dieser Bekämpfung des Bessern zu siegen; wie ihr denn gewöhnlich auch wirklich siegtet. So waret ihr die aufhaltende Kraft aller Verbesserungen, welche die gütige Natur aus ihrem stets jugendlichen Schooße uns darbot, so lange, bis ihr versammelt wurdet zu dem Staube, der ihr schon vorher waret, und das folgende Geschlecht, im Kriege mit euch, euch gleich geworden war und eure bisherige Verrichtung übernahm. Ihr dürft nur auch jetzt handeln, wie ihr bisher bei allen Anträgen zur Verbesserung gehandelt habt, ihr dürft nur wiederum eure eitle Ehre, daß zwischen Himmel und Erde nichts sein solle, das ihr nicht schon erforscht hättet, dem gemeinsamen Wohle vorziehen: so seid ihr durch diesen letzten Kampf alles fernern Kämpfens überhoben, es wird keine Besserung erfolgen, sondern Verschlimmerung auf Verschlimmerung, so daß ihr noch manche Freude erleben könnt.

Man wolle nicht glauben, daß ich das Alter als Alter verachte und herabsetze. Wird nur durch Freiheit die Quelle des ursprünglichen Lebens und seiner Fortbewegung aufgenommen in das Leben, so wächst die Klarheit und mit ihr die Kraft, so lange das Leben dauert. Ein solches Leben lebt sich besser, die Schlacken der irdischen Abkunft fallen immer mehr ab, und es veredelt sich herauf zum ewigen Leben und blüht ihm entgegen. Die Erfahrung eines solchen Alters söhnt nicht aus mit dem Bösen, sondern sie macht nur die Mittel klarer und die Kunst gewandter, um dasselbe siegreich zu bekämpfen. Die Verschlimmerung durch zunehmendes Alter ist lediglich die Schuld unsrer Zeit, und allenthalben, wo die Gesellschaft sehr verdorben ist, muß dasselbe erfolgen. Nicht die Natur ist es, die uns verdirbt, diese erzeugt uns in Unschuld, die Gesellschaft ist. Wer nun der Einwirkung derselben einmal sich übergibt, der muß natürlich immer schlechter werden, je länger er diesem Einflusse ausgesetzt ist. Es wäre der Mühe werth, die Geschichte anderer sehr verdorbener Zeitalter in dieser Rücksicht zu untersuchen und zu sehen, ob nicht z. B. auch unter der Regierung der römischen Imperatoren das, was einmal schlecht war, mit zunehmendem Alter immer schlechter geworden.

Euch Alte sonach und Erfahrene, die ihr die Ausnahme macht, euch zuvörderst beschwören diese Reden, bestätigt, bestärkt, berathet in dieser Angelegenheit die jüngere Welt, die ehrfurchtsvoll ihre Blicke nach euch richtet. Euch andere aber, die ihr in der Regel seid, beschwören sie: helfen sollt ihr nicht, störet nur dieses einzige Mal nicht, stellt euch nicht wieder, wie bisher immer, in den Weg mit eurer Weisheit und euren tausend Bedenklichkeiten. Diese Sache, so wie jede vernünftige Sache in der Welt, ist nicht tausendfach, sondern einfach, welches auch unter die tausend Dinge gehört, die ihr nicht wißt. Wenn eure Weisheit retten könnte, so würde sie uns ja früher gerettet haben, denn ihr seid es ja, die uns bisher berathen haben. Dies ist nun, so wie alles andere, vergeben, und soll euch nicht weiter vorgerückt werden. Lernt nur endlich einmal euch selbst erkennen, und schweiget.

Diese Reden beschwören euch Geschäftsmänner. Mit wenigen Ausnahmen waret ihr bisher dem abgezogenen Denken und aller Wissenschaft, die für sich selbst etwas zu sein begehrte, von Herzen feind, obwol ihr euch die Miene gabet, als ob ihr dieses alles nur vornehm verachtetet; ihr hieltet die Männer, die dergleichen trieben, und ihre Vorschläge so weit von euch weg, als ihr irgend konntet; und der Vorwurf des Wahnsinnes, oder der Rath sie ins Tollhaus zu schicken, war der Dank, auf den sie bei euch am gewöhnlichsten rechnen konnten. Diese hinwiederum getrauten sich zwar nicht über euch mit derselben Freimütigkeit sich zu äußern, weil sie von euch abhingen, aber ihres innern Herzens wahrhafte Meinung war die: daß ihr mit wenigen Ausnahmen seichte Schwätzer seiet und aufgeblasene Prahler, Halbgelehrte, die durch die Schule nur hindurchgelaufen, blinde Zutapper und Fortschleicher im alten Geleise, und die sonst nichts wollten oder könnten. Straft sie durch die That der Lüge, und ergreifet hierzu die jetzt euch dargebotene Gelegenheit; legt ab jene Verachtung für gründliches Denken und Wissenschaft, laßt euch bedeuten und höret und lernet, was ihr nicht wißt; außerdem behalten eure Ankläger Recht.

Diese Reden beschwören euch Denker, Gelehrte und Schriftsteller, die ihr dieses Namens noch werth seid. Jener Tadel der Geschäftsmänner an euch war in gewissem Sinne nicht ungerecht. Ihr ginget oft zu unbesorgt in dem Gebiete des blosen Denkens fort, ohne euch um die wirkliche Welt zu bekümmern und nachzusehen, wie jenes an diese angeknüpft werden könne; ihr beschriebet euch eure eigene Welt, und ließet die wirkliche zu verachtet und verschmähet auf der Seite liegen. Zwar muß alle Anordnung und Gestaltung des wirklichen Lebens ausgehen vom höheren ordnenden Begriffe, und das Fortgehen im gewohnten Geleise thut's ihm nicht; dies ist eine ewige Wahrheit, und drückt in Gottes Namen mit unverhohlener Verachtung jeglichen nieder, der es wagt, sich mit den Geschäften zu befassen ohne dieses zu wissen. Zwischen dem Begriffe jedoch, und der Einführung desselben in jedwedes besondere Leben, liegt eine große Kluft. Diese Kluft auszufüllen ist sowol das Werk des Geschäftsmannes, der freilich schon vorher so viel gelernt haben soll, um euch zu verstehen, als auch das eurige, die ihr über der Gedankenwelt das Leben nicht vergessen sollt. Hier trefft ihr beide zusammen. Statt über die Kluft hinüber einander scheel anzusehen und herabzuwürdigen, beeifere sich vielmehr jeder Theil von seiner Seite dieselbe auszufüllen, und so den Weg zur Vereinigung zu bahnen. Begreift es doch endlich, daß ihr Beide untereinander euch also notwendig seid, wie Kopf und Arm sich nothwendig sind.

Diese Reden beschwören noch in andern Rücksichten euch Denker, Gelehrte, Schriftsteller, die ihr dieses Namens noch werth seid. Eure Klagen über die allgemeine Seichtigkeit, Gedankenlosigkeit und Verflossenheit, über den Klugdünkel und das unversiegbare Geschwätz, über die Verachtung des Ernstes und der Gründlichkeit in allen Ständen mögen wahr sein, wie sie es denn sind. Aber welcher Stand ist es denn, der diese Stände insgesamt erzogen hat, der ihnen alles Wissenschaftliche in ein Spiel verwandelt, und von der frühesten Jugend an zu jenem Klagdünkel und jenem Geschwätze sie angeführt hat? Wer ist es denn, der auch die der Schule entwachsenen Geschlechter noch immerfort erzieht? Der in die Augen fallendste Grund der Dumpfheit des Zeitalters ist der, daß es sich dumpf gelesen hat an den Schriften, die ihr geschrieben habt. Warum laßt ihr dennoch immerfort euch so angelegen sein, dieses müßige Volk zu unterhalten, unerachtet ihr wißt, daß es nichts gelernt hat und nichts lernen will; nennt es Publikum, schmeichelt ihm als eurem Richter, hetzt es auf gegen eure Mitbewerber, und sucht diesen blinden und verworrenen Haufen durch jedes Mittel auf eure Seite zu bringen; gebt endlich selbst in euren Recensiranstalten und Journalen ihm so Stoff wie Beispiel seiner vorschnellen Urtheilerei, indem ihr da eben so ohne Zusammenhang, und so aus freier Hand in den Tag hinein urtheilt, meist ebenso abgeschmackt, wie es auch der letzte eurer Leser könnte? Denkt ihr nicht alle so, gibt es unter euch noch Bessergesinnte, warum vereinigen sich denn nicht diese Bessergesinnten, um dem Unheile ein Ende zu machen? Was insbesondere jene Geschäftsmänner anbelangt; diese sind bei euch durch die Schule gelaufen, ihr sagt es selbst. Warum habt ihr denn diesen ihren Durchgang nicht wenigstens dazu benutzt, um ihnen einige stumme Achtung für die Wissenschaften einzuflößen, und besonders dem hochgeborenen Jünglinge den Eigendünkel bei Zeiten zu brechen, und ihm zu zeigen, daß Stand und Geburt in Sachen des Denkens nichts fördert? Habt ihr ihm vielleicht schon damals geschmeichelt und ihn ungebührlich hervorgehoben, so traget nun, was ihr selbst veranlaßt habt!

Sie wollen euch entschuldigen, diese Reden, mit der Voraussetzung, daß ihr die Wichtigkeit eures Geschäfts nicht begriffen hättet; sie beschwören euch, daß ihr euch von Stund an bekannt macht mit dieser Wichtigkeit und es nicht länger als ein bloses Gewerbe treibt. Lernt euch selbst achten, und zeigt in eurem Handeln, daß ihr es thut, und die Welt wird euch achten. Die erste Probe davon werdet ihr ablegen durch den Einfluß, den ihr auf die angetragene Entschließung euch geben, und durch die Weise, wie ihr euch dabei benehmen werdet.

Diese Reden beschwören euch Fürsten Deutschlands. Diejenigen, die euch gegenüber so thun, als ob man euch gar nichts sagen dürfte, oder zu sagen hätte, sind verächtliche Schmeichler, sie sind arge Verleumder eurer selbst; weiset sie weit weg von euch. Die Wahrheit ist, daß ihr eben so unwissend geboren werdet, als wir andern alle, und daß ihr hören müßt und lernen, gleich wie auch wir, wenn ihr herauskommen sollt aus dieser natürlichen Unwissenheit. Euer Antheil an der Herbeiführung des Schicksals, das euch zugleich mit euren Völkern betroffen hat, ist hier auf die mildeste, und wie wir glauben, auf die allein gerechte und billige Weise dargelegt worden, und ihr könnt euch, falls ihr nicht etwa nur Schmeichelei, niemals aber Wahrheit hören wollt, über diese Reden nicht beklagen. Dies alles sei vergessen, so wie wir andern alle auch wünschen, daß unser Antheil an der Schuld vergessen werde.

Jetzt beginnt, so wie für uns alle, also auch für euch, ein neues Leben. Möchte doch diese Stimme durch alle die Umgebungen hindurch, die euch unzugänglich zu machen pflegen, bis zu euch dringen! Mit stolzem Selbstgefühl darf sie euch sagen: ihr beherrschet Völker, treu, bildsam, des Glücks würdig, wie keiner Zeit und keiner Nation Fürsten sie beherrscht haben. Sie haben Sinn für die Freiheit und sind derselben fähig; aber sie sind euch gefolgt in den blutigen Krieg gegen das, was ihnen Freiheit schien, weil ihr es so wolltet.

Einige unter euch haben späterhin anders gewollt, und sie sind euch gefolgt in das, was ihnen ein Ausrottungskrieg scheinen mußte gegen einen der letzen Reste deutscher Unabhängigkeit und Selbstständigkeit; auch weil ihr es so wolltet. Sie dulden und tragen seitdem die drückende Last gemeinsamer Uebel; und sie hörten nicht auf, euch treu zu sein, mit inniger Ergebung an euch zu hangen, und euch zu lieben, als ihre ihnen von Gott verliehenen Vormünder. Möchtet ihr sie doch, unbemerkt von ihnen, beobachten können; möchtet ihr doch, frei von den Umgebungen, die nicht immer die schönste Seite der Menschheit euch darbieten, herabsteigen können in die Häuser des Bürgers, in die Hütten des Landmanns, und dem stillen und verborgenen Leben dieser Stände, zu denen die in den höhern Ständen seltener gewordene Treue und Biederkeit ihre Zuflucht genommen zu haben scheint, betrachtend folgen können; gewiß, o gewiß würde euch der Entschluß ergreifen, ernstlicher denn jemals nachzudenken, wie ihnen geholfen werden könne. Diese Reden haben euch ein Mittel der Hilfe vorgeschlagen, das sie für sicher, durchgreifend und entscheidend halten. Lassen eure Räthe sich berathschlagen, ob sie es auch so finden, oder ob sie ein besseres wissen, nur, daß es eben so entscheidend sei. Die Ueberzeugung aber, daß etwas geschehen müsse, und auf der Stelle geschehen müsse, und etwas Durchgreifendes und Entscheidendes geschehen müsse, und daß die Zeit der halben Maßregeln und der Hinhaltungsmittel vorüber sei; diese Ueberzeugung möchten sie gern, wenn sie könnten, bei euch selbst hervorbringen, indem sie zu eurem Biedersinne noch das meiste Vertrauen hegen.

Euch Deutsche insgesammt, welchen Platz in der Gesellschaft ihr einnehmen möget, beschwören diese Reden, daß jeder unter euch, der da denken kann, zuvörderst denke über den angeregten Gegenstand, und daß jeder dafür thue, was gerade ihm an seinem Platze am nächsten liegt.

Es vereinigen sich mit diesen Reden und beschwören euch eure Vorfahren. Denket, daß in meine Stimme sich mischen die Stimmen eurer Ahnen aus der grauen Vorwelt, die mit ihren Leibern sich entgegen gestemmt haben der heranströmenden römischen Weltherrschaft, die mit ihrem Blute erkämpft haben die Unabhängigkeit der Berge, Ebenen und Ströme, welche unter euch den Fremden zur Beute geworden sind. Sie rufen euch zu: vertretet uns, überliefert unser Andenken eben so ehrenvoll und unbescholten der Nachwelt, wie es auf euch gekommen ist, und wie ihr euch dessen und der Abstammung von uns, gerühmt habt. Bis jetzt galt unser Widerstand für edel und groß und weise, wir schienen die Eingeweihten zu sein, und die Begeisterten des göttlichen Weltplans. Gehet mit euch unser Geschlecht aus, so verwandelt sich unsre Ehre in Schimpf, und unsre Weisheit in Thorheit. Denn sollte der deutsche Stamm einmal untergehen in das Römerthum, so war es besser, daß es in das alte geschähe, denn in ein neues. Wir standen jenem und besiegten es; ihr seid verstäubt worden vor diesem. Auch sollt ihr nun, nachdem einmal die Sachen also stehen, sie nicht besiegen mit leiblichen Waffen; nur euer Geist soll sich ihnen gegenüber erheben und aufrecht stehen. Euch ist das größere Geschick zu Theil worden, überhaupt das Reich des Geistes und der Vernunft zu begründen, und die rohe körperliche Gewalt insgesammt, als beherrschendes der Welt, zu vernichten. Werdet ihr dies thun, dann seid ihr würdig der Abkunft von uns.

Auch mischen in diese Stimmen sich die Geister eurer spätern Vorfahren, die da fielen im heiligen Kampfe für Religions- und Glaubensfreiheit. Rettet auch unsere Ehre, rufen sie euch zu. Uns war nicht ganz klar, wofür wir stritten; außer dem rechtmäßigen Entschlusse, in Sachen des Gewissens durch äußere Gewalt uns nicht gebieten zu lassen, trieb uns noch ein höherer Geist, der uns niemals sich ganz enthüllte. Euch ist er enthüllt, dieser Geist, falls ihr eine Sehkraft habt für die Geisterwelt, und blickt euch an mit hohen klaren Augen. Das bunte und verworrene Gemisch der sinnlichen und geistigen Antriebe durch einander soll überhaupt der Weltherrschaft entsetzt werden, und der Geist allein, rein und ausgezogen von allen sinnlichen Antrieben, soll an das Ruder der menschlichen Angelegenheiten treten. Damit diesem Geiste die Freiheit werde, sich zu entwickeln und zu einem selbstständigen Dasein emporzuwachsen, dafür floß unser Blut. An euch ist's, diesem Opfer seine Bedeutung und seine Rechtfertigung zu geben, indem ihr diesen Geist einsetzt in die ihm bestimmte Weltherrschaft. Erfolgt nicht dieses, als das Letzte, worauf alle bisherige Entwicklung unsrer Nation zielte, so werden auch unsre Kämpfe zum vorüberrauschenden leeren Possenspiele und die von uns erfochtene Geistes- und Gewissensfreiheit ist ein leeres Wort, wenn es von nun an überhaupt nicht länger Geist oder Gewissen geben soll.

Es beschwören euch eure noch ungeborne Nachkommen. Ihr rühmt euch eurer Vorfahren, rufen sie euch zu, und schließt mit Stolz euch an an eine edle Reihe. Sorget, daß bei euch die Kette nicht abreiße; machet, daß auch wir uns eurer rühmen können, und durch euch, als untadeliches Mittelglied hindurch, uns anschließen an dieselbe glorreiche Reihe. Veranlasset nicht, daß wir uns der Abkunft von euch schämen müssen, als einer niedern, barbarischen, sklavischen, daß wir unsere Abstammung verbergen oder einen fremden Namen und eine fremde Abkunft erlügen müssen, um nicht sogleich, ohne weitere Prüfung, weggeworfen und zertreten zu werden. Wie das nächste Geschlecht, das von euch ausgehen wird, sein wird, also wird euer Andenken ausfallen in der Geschichte: ehrenvoll, wenn dieses ehrenvoll für euch zeugt; sogar über die Gebühr schmählich, wenn ihr keine laute Nachkommenschaft habt, und der Sieger eure Geschichte macht. Noch niemals hat ein Sieger Neigung oder Kunde genug gehabt, um die Ueberwundenen gerecht zu beurtheilen. Je mehr er sie herabwürdigt, desto gerechter steht er selbst da. Wer kann wissen, welche Großthaten, welche treffliche Einrichtungen, welche edle Sitten manchen Volkes der Vorwelt, in Vergessenheit gerathen sind, weil die Nachkommen unterjocht wurden, und der Ueberwinder seinen Zwecken gemäß, unwidersprochen, Bericht über sie erstattete.

Es beschwöret euch selbst das Ausland, inwiefern dasselbe nur noch im mindesten sich selbst versteht, und noch ein Auge hat für seinen wahren Vortheil. Ja, es gibt noch unter allen Völkern Gemüther, die noch immer nicht glauben können, daß die großen Verheißungen eines Reichs des Rechts, der Vernunft und der Wahrheit an das Menschengeschlecht, eitel und ein leeres Trugbild seien, und die daher annehmen, daß die gegenwärtige eiserne Zeit nur ein Durchgang sei zu einem bessern Zustande. Diese, und in ihnen die gesammte neuere Menschheit, rechnet auf euch. Ein großer Theil derselben stammt ab von uns, die übrigen haben von uns Religion und jedwede Bildung erhalten. Jene beschwören uns bei dem gemeinsamen vaterländischen Boden, auch ihrer Wiege, den sie uns frei hinterlassen haben; diese bei der Bildung, die sie von uns, als Unterpfand eines höhern Glücks bekommen haben, – uns selbst auch für sie, und um ihrer willen zu erhalten, so wie wir immer gewesen sind, aus dem Zusammenhange des neu entsprossenen Geschlechts nicht dieses ihm so wichtige Glied herausreißen zu lassen, damit, wenn sie einst unsers Rathes, unsers Beispiels, unsrer Mitwirkung gegen das wahre Ziel des Erdenlebens hin bedürfen, sie uns nicht schmerzlich vermissen.

Alle Zeitalter, alle Weise und Gute, die jemals auf dieser Erde geathmet haben, alle ihre Gedanken und Ahnungen eines Höhern, mischen sich in diese Stimmen und umringen euch und heben flehende Hände zu euch auf; selbst, wenn man so sagen darf, die Vorsehung und der göttliche Weltplan bei Erschaffung eines Menschengeschlechts, der ja nur da ist, um von Menschen gedacht, und durch Menschen in die Wirklichkeit eingeführt zu werden, beschwöret euch, seine Ehre und sein Dasein zu retten. Ob jene, die da glaubten es müsse immer besser werden mit der Menschheit, und die Gedanken einer Ordnung und einer Würde derselben seien keine leeren Träume, sondern die Weissagung und das Unterpfand der einstigen Wirklichkeit, recht behalten sollen, oder diejenigen, die in ihrem Thier- und Pflanzenleben hinschlummern und jedes Ausfluges in höhere Welten spotten: – darüber ein letztes Endurtheil zu begründen, ist euch anheimgefallen. Die alte Welt mit ihrer Herrlichkeit und Größe, so wie mit ihren Mängeln ist versunken, durch die eigne Unwürde und durch die Gewalt eurer Väter. Ist in dem, was in diesen Reden dargelegt worden, Wahrheit, so seid unter allen neueren Völkern ihr es, in denen der Keim der menschlichen Vervollkommnung am entschiedensten liegt, und denen der Vorschritt in der Entwicklung derselben aufgetragen ist. Gehet ihr in dieser eurer Wesenheit zu Grunde, so gehet mit euch zugleich alle Hoffnung des gesammten Menschengeschlechts auf Rettung aus der Tiefe seiner Uebel zu Grunde. Hoffet nicht und tröstet euch nicht mit der aus der Luft gegriffenen, auf blose Wiederholung der schon eingetretenen Fälle rechnenden Meinung, daß ein zweites mal, nach Untergang der alten Bildung, eine neue, auf den Trümmern der ersten, aus einer halb barbarischen Nation hervorgehen werde. In der alten Zeit war ein solches Volk mit allen Erfordernissen zu dieser Bestimmung ausgestaltet, vorhanden, und war dem Volke der Bildung recht wohl bekannt, und ist von ihnen beschrieben; und diese selbst, wenn sie den Fall ihres Unterganges zu setzen vermocht hätten, würden an diesem Volke das Mittel der Wiederherstellung haben entdecken können. Auch uns ist die gesammte Oberfläche der Erde recht wohl bekannt, und alle die Völker, die auf derselben leben. Kennen wir denn nun ein solches, dem Stammvolke der neuen Welt ähnliches Volk, von welchem die gleichen Erwartungen sich fassen ließen? Ich denke, jeder, der nur nicht blos schwärmerisch meint und hofft, sondern gründlich untersuchend denkt, werde diese Frage mit Nein beantworten müssen. Es ist daher kein Ausweg: wenn ihr versinkt, so versinkt die ganze Menschheit mit, ohne Hoffnung einer einstigen Wiederherstellung.

Dies war es, E. V., was ich Ihnen, als meinen Stellvertreter der Nation, und durch Sie der gesammten Nation am Schlusse dieser Reden noch einschärfen wollte und sollte.

Ende.